# 台江年鉴

YEARBOOK OF TAIJIANG

2014

《台江年鉴》编纂委员会 编

方志出版社
Publishing House of Local Records

**图书在版编目（CIP）数据**

台江年鉴. 2014 / 《台江年鉴》编纂委员会编. --
北京：方志出版社，2015.6
ISBN 978-7-5144-1633-6

I. ①台… II. ①台… III. ①台江区-2014-年鉴
IV. ①Z527.34

中国版本图书馆CIP数据核字（2015）第128672号

**台江年鉴（2014）**

| | |
|---|---|
| **编　　者：** | 《台江年鉴》编纂委员会 |
| **责任编辑：** | 刘方圆 |
| **出 版 人：** | 冀祥德 |
| **出 版 者：** | 方志出版社 |
| | 地址 北京市朝阳区潘家园东里9号（国家方志馆4层） |
| | 邮编 100021 |
| | 网址 http://www.fzph.org |
| **发　　行：** | 方志出版社发行中心 |
| | （010）67110500 |
| **经　　销：** | 各地新华书店 |
| **印　　刷：** | 福州三才印刷有限公司 |
| **开　　本：** | 889×1194　1/16 |
| **印　　张：** | 14 |
| **字　　数：** | 488千字 |
| **版　　次：** | 2015年6月第1版　2015年6月第1次印刷 |
| **印　　数：** | 0001～1300册 |

ISBN 978-7-5144-1633-6　定价：180.00元



ISBN 978-7-5144-1633-6

# 《台江年鉴》编纂委员会

（2014年8月21日成立）

# 《台江年鉴（2014）》编辑部

主　　编：游善纯

常务副主编：陈祥榕

副 主 编：董　斌　王　慧　官孝熙（特邀）

编　　审：微　雨

审　　校：管旬辉

责任编辑：官孝熙　何嘉芳　方平康　涂江华　李秀丹

目录翻译：微　雨

设计排版：福建九仙文化传媒有限公司

# 《台江年鉴（2014）》撰稿人名单

（按姓氏笔画为序）

于　晨　方朝明　方平康　王　军　王林佳　王　润　卢振云　石丽钦　石　鑫　叶　枫

江　峰　江　锋　江思毅　刘剑敏　齐海绪　阮碧玉　孙冠亚　许婷婷　朱　芳　陈红星

陈鸿燕　陈健勇　陈嘉强　陈　林　陈　玲　陈平平　陈仕丹　陈　婷　陈　雯　陈　欣

陈　渝　陈　颖　陈　钊　何　锋　何嘉芳　李红灯　李　健　李　谧　李　炫　李　勇

宋　岗　吴　娜　吴文宏　吴耀昌　杨　凡　杨　芳　杨　沃　杨　毅　严为民　张　晨

张建星　张　偲　林　华　林　泓　林　海　林　玲　林梁鑫　林　敏　林梦茵　林青芳

林　思　林　无　林　翔　林新媚　林言枝　林　怡　林欲静　林寅生　罗颂逸　尚定根

郑崇云　郑　凤　郑　真　周开元　卓文达　郑紫薇　侯敏凤　洪　雯　柯发平　姚　强

高龙华　郭金光　唐福乐　陶小红　涂　颖　翁爱靖　翁　昕　徐瑜茜　黄惠容　黄　娟

黄丽惠　黄　鹏　黄思明　黄诗艳　黄伟滨　黄晓榕　黄元湘　商宝玉　程　慧　程珊珊

彭　恋　舒　信　谢　闽　谢志洪　詹文凤　蔡静洋　蔡　燊　熊装彦　樊建华　潘　清

潘晓丽　戴苏闽　檀凌颖

# 编辑说明

一、《台江年鉴》首编于2014年8月，由台江区人民政府主办，《台江年鉴》编纂委员会编纂，一年1卷。《台江年鉴（2014）》以马列主义、毛泽东思想、邓小平理论和“三个代表”重要思想、科学发展观为指导，主要记载2013年度台江区政治、经济、文化、社会诸方面的发展变化和重大事项，是中华人民共和国成立以来台江区第一部地方综合年鉴，具有存史、资治、教化的社会功能。考虑到此书为首卷本，部分内容在时间上略有上延。

二、本卷年鉴采用栏目—分目—条目三级结构层次，主体设有特载、专文、大事记、区情概貌、中共台江区委、人民代表大会、人民政府、政治协商、民主党派与工商联、社会团体、外事 侨务 港澳台事务、法治、国防建设、综合经济管理、财政 税务、工业 民营经济 商贸服务业、城区建设与管理、环境保护、建筑业 房地产业、交通、邮政通信与政府信息化建设、商务区建设、对外及港澳台经济贸易、科学技术、教育、文化 出版 传媒、卫生 体育、旅游、社会民生、街道、区委调研课题（选编）、集体 人物、台江区2013年规范性文件（选录）、统计资料等34个栏目，共160个分目。卷首为彩页，卷末为索引。

三、本卷年鉴主要由区直各部门单位和各街道提供。全书内容经过多次编辑、编审、审校、返回原供稿单位确认，最终由出版社审定。

四、本卷年鉴有些全局性的工作，考虑到各部门、各单位职能交叉、工作分工不同，有些条目内容记述采取详略不同、角度各异的交叉描述。有关全区的综合统计数据由台江区统计局提供，各职能部门统计数据由各部门提供、审定。由于统计口径不一致，部分数据可能略有差异，请读者以台江区统计局正式公布的统计数据为准。

五、特载、区委调研课题（选编）栏目文章，均为原文选录，不作改动。

六、本卷年鉴配备双重检索系统，书前刊有中英文目录，书后备有索引。

七、本卷年鉴稿件撰稿人若为3人以上，署单位名称。

八、本卷年鉴的组稿、编纂出版得到全区各级领导的关怀与重视，得到各承编单位的大力支持。谨此，《台江年鉴》编辑部向所有关心、支持和直接参与编纂工作的人员深表谢忱和敬意。

由于《台江年鉴（2014）》属初次编纂，涉及内容广泛，限于经验和水平，疏漏和差错之处在所难免，敬请广大读者不吝批评指正，以便在下一年度《台江年鉴》中予以勘正。

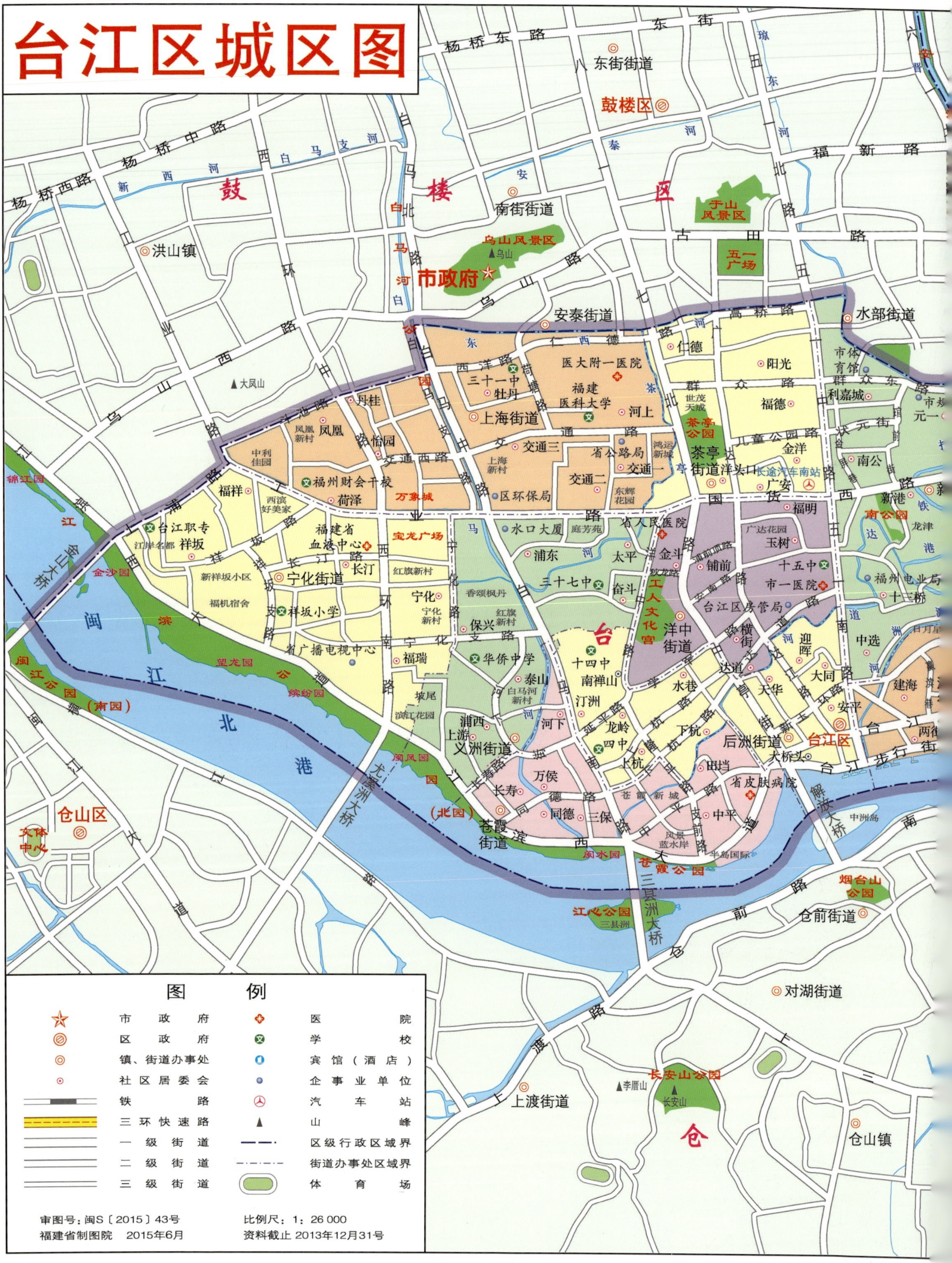
台江区城区图
鼓楼区
鼓
楼
区
台
仓山区
仓
市政府
乌山风景区
于山风景区
五一广场
茶亭公园
工人文化宫
南公园
金沙园
锦江园
闽江公园（南园）
闽江公园（北园）
望龙园
缤纷园
闽风园
闽水园
苍霞公园
江心公园
烟台山公园
长安山公园
宝龙广场
万象城
闽江
北港
杨桥东路
杨桥中路
杨桥西路
东街街道
南街街道
安泰街道
水部街道
上海街道
宁化街道
茶亭街道
洋中街道
义洲街道
后洲街道
苍霞街道
仓前街道
对湖街道
上渡街道
仓山镇
洪山镇
古田路
福新路
乌山路
高桥路
群众东路
儿童公园路
交通西路
工业路
宁化路
江滨西大道
台江步行街
解放大桥
三县洲大桥
尤溪洲大桥
金山大桥
医大附一医院
福建医科大学
省人民医院
市一医院
省皮肤病院
台江区房管局
台江区
长途汽车南站
三十一中
三十七中
十四中
十五中
四中
台江职专
福州财会干校
华侨中学
祥坂小学
福建省血液中心
省公路局
区环保局
水口大厦
省广播电视中心
福州电业局
图例
市政府
区政府
镇、街道办事处
社区居委会
铁路
三环快速路
一级街道
二级街道
三级街道
医院
学校
宾馆（酒店）
企事业单位
汽车站
山峰
区级行政区域界
街道办事处区域界
体育场
审图号：闽S〔2015〕43号
福建省制图院 2015年6月
比例尺：1：26 000
资料截止 2013年12月31号

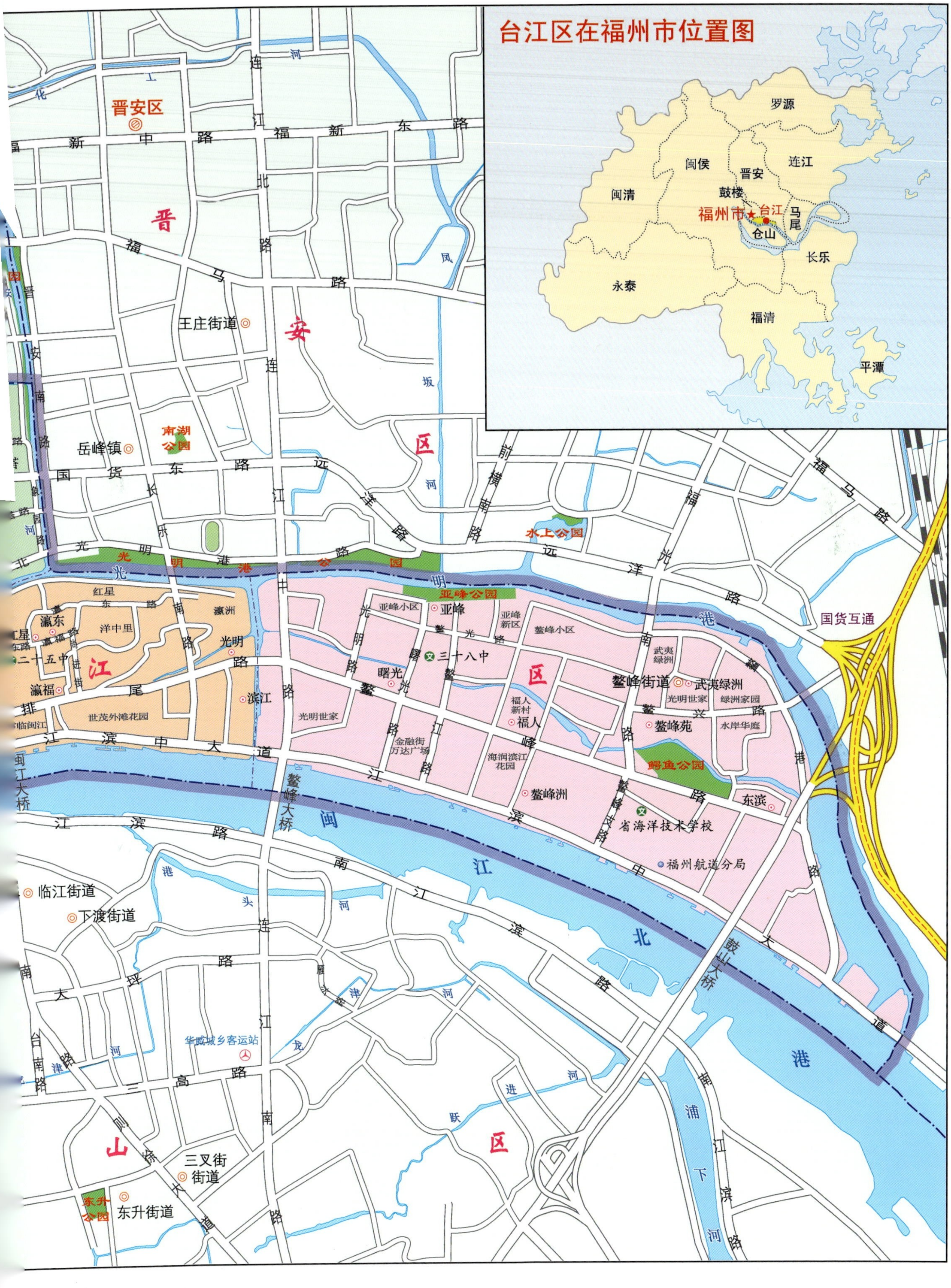

台江区在福州市位置图
罗源
闽侯
连江
晋安
闽清
鼓楼
福州市
台江
马尾
仓山
长乐
永泰
福清
平潭
晋安区
福新中路
福新东路
晋
安
区
福马路
王庄街道
连江北路
南湖公园
岳峰镇
国货东路
远洋路
光明港公园
水上公园
亚峰公园
亚峰小区
亚峰
亚峰新区
鳌峰小区
国货互通
红星
瀛东
洋中里
瀛洲
光明
二十五中
三十八中
曙光
江
区
武夷绿洲
鳌峰街道
光明世家
绿洲家园
瀛福
滨江
世茂外滩花园
光明世家
福人新村
福人
鳌峰苑
水岸华庭
金融街万达广场
海润滨江花园
鳄鱼公园
鳌峰洲
东滨
省海洋技术学校
福州航道分局
江滨中大道
鳌峰大桥
闽江北港
鼓山大桥
江滨南路
临江街道
下渡街道
南江滨大道
华威城乡客运站
三高路
山
区
三叉街街道
东升公园
东升街道

远眺台江

①②（区委宣传部 供）

（区委宣传部 供）

台江区濒临闽江下游北岸，辖区面积 18 平方千米，辖 10 个街道、52 个社区，常住人口 45 万人，日流动人口 25 万人。2200 多年前，闽越王无诸从江上登岸，在大庙山筑起高台设坛祭天，“登南城翘望，有台临江”，台江、南台由此而得名。辖区内有张真君祖殿、福州商务总会旧址、采峰别墅等一大批省、市级文物古迹。台江上下杭地区更是“福州商魂”的发源地，孕育出“商帮会馆”兴盛的商贾文化。台江区地理位置优越，是福州重要的对外窗口之一。城区基础设施完善，交通十分便捷，以闽江北港、光明港河等“一江四河”为中心的生态景观廊道及江滨路、五一路等为中心的“三横六纵”主干道景观轴线加速构建。人流、物流、资金流和信息流集聚的特点突出，单位面积土地利用率与产出率位居全省前列。

2013 年，台江区大力实施“中心突破、两翼齐飞”发展战略，全力唱响“拆出来、建起来、招进来”的科学发展“三部曲”，加快打造“海峡现代金融中心”“省会总部经济集聚区”“国际化电子商务基地”“闽水文化之旅”及“上下杭历史文化街区”五大品牌，着力构建现代服务业体系。

（文字来源：区委办）

江景如画

① 茶亭公园　　（郑帅 摄）

② 闽江公园　　（区委宣传部 供）

（朱明亮 摄）

碧绿的江，是有台临江的江。闽江的水在门边，台江的门在水边。一江活泼秀逸的水，从武夷的深处淌流而来。其中，有一段江水见过无诸在大庙山受封闽越王，有一段江水穿堂过弄遇见上杭和下杭，还有一段江水承载着百货随潮船入市，也有一段江水栉沐苍霞晚照哺育翻译《天演论》的严复和翻译《茶花女》的林纾，更有一段江水好奇驻足便竟熔铸出一派商贸大腹地。一部台江史，就是一部枕水史，甜涩淡咸。洗去历史的埃尘，披上时代的新装，台江人民正激情满怀，让枕水的台江展露出更美风姿。真可谓：荡荡江水，泱泱泽区。山水相傍，不墨而画。闽风古韵，源远流长。幸福新风，民生惠泽。转型跨越，足音铿锵。和谐宜居，尽展新姿。

（文字来源：《台江宣传》）

八角亭——省级文保单位　　（朱明亮 摄）

上下杭民居　　（朱明亮 摄）

古田会馆　　（朱明亮 摄）

中共福建省委常委、福州市委书记杨岳（左二）走访台江区鳌峰街道亚峰社区 （区委办 供）

福州市市长杨益民（右三）到台江上下杭历史文化街区开展调研活动　　（区委办 供）

区委书记张忠（左一）调研重点项目　　　　　　　　　　　　（区委办 供）

区长陈曾勇（前排右二）检查安全生产工作　　　　　　　　　（区政府办 供）

区人大常委会主任林培清（右一）走访区人大代表，协调解决履职中存在的困难和问题
（区人大办 供）

区政协主席林品光（右一）参加政协百联慰问活动 （区政协办 供）

福州闽江北岸中央商务区，是福州市重点建设项目，为复合型功能组合（精英商务平台、区域标志商圈、星级会议酒店、成熟生活社区等四大功能），位于宁化片区，西起上浦路，东至西二环路，南临闽江，北至工业路，占地面积 109.47 公顷，可出让面积 49.73 公顷。

（区发改局 供）

福州海峡金融商务区位于鳌峰片区，西起长乐南路，东至九孔闸，南临闽江北岸，北至鳌峰路，扩区后占地面积 105.73 公顷。其中，一期西起长乐南路，东至台江万达广场，占地面积 63.47 公顷；二期西起台江万达广场，东至九孔闸，占地面积 63.33 公顷；周边项目占地面积 23.93 公顷。

（区发改局 供）

万宝商圈

福州市服装商贸中心——中亭街　　（区委宣传部 供）

台江步行街

（朱明亮 摄）

（李辉 摄）

万达广场

（区委宣传部 供）

苏宁广场 （黄铭 摄）

宝龙万象广场平战结合地下人防工程效果图 （区发改局 供）

中央第五街 （黄铭 摄）

红星商务大楼 （瀛洲街道 供）

科技电子商务中心效果图 （区建投中心 供）

①

②

① 榕都318文化创意艺术街区，建设和运营总投入7300万元，文化创意产业公共服务平台功能需求改造投入近1000万元。入驻企业45家（含入驻孵化园6家），以创意、设计、策划类为主，街（园）区年总产值2亿元。

（区委宣传部 供）

（区委宣传部 供）

（区委办 供）

②③ 闽江是福建的母亲河，两岸风光无限，呈现集自然景观和人文景观为一体的闽都江海风情。台江区12千米的江岸线风光如画，让人心醉神往。依托江岸美景而延伸的“闽江游”已成为福州的一道美丽风景线。“闽水文化之旅”跻身“福州十佳旅游线路”，王梓“游艇派”、华宏游艇俱乐部等游艇产业项目陆续投入运营。

闽江北港驳岸整治一期工程先行先试段开工仪式（苍霞街道 供）

闽江北港驳岸公园（郑帅 摄）

西二环台江段住宅小区景观改造后整齐划一　　（郑帅摄）

武夷绿洲社区整洁优美　　（区委办供）

①

②

③

④

① 改造后的同德新村无物业小区　（区委办供）
② 改造后的达道河　（区委办供）
③ 滨江休闲广场新砌花坛及花化　（区园林局供）
④ 沿江社区绿化完善　（郑帅摄）

①

②

③

④

① 上海新苑　　（郑帅 摄）

② 回迁户拿到上海新苑安置房的钥匙喜笑颜开　　（郑帅 摄）

③ 红星苑 —— 一期安置房　　（区委办 供）

④ 福机限价房落架　　（郑帅 摄）

⑤ 上下杭历史文化街区安置房源公示　　（郑帅 摄）

11月8日，区新闻门户网站"台江新闻网"（www.tjxww.cn）开通上线，由区委宣传部主办，以新闻为核心内容，包括台江要闻、社会新闻、媒体聚焦、新闻人物、新闻专题、国际新闻、国内新闻、福州新闻等多个栏目。另设旅游购物、便民咨询和美食推荐等版面。

（区委宣传部 供）

区行政服务中心工商窗口工作人员为市民办理注册登记　（林言枝 摄）

洋中街道金斗社区“有事您动嘴 办事我跑腿”工作办理模式（洋中街道 供）

宁化街道社区卫生服务中心效果图（宁化街道 供）

后洲街道社区“四点半学校”　　（区委宣传部 供）

社会管理创新进商圈——宝龙警务室　　（区委办 供）

读书月·中国梦　　（区委文明办 供）

青春志·中国梦　　（区委办 供）

“十番音乐”少年艺术团到高雄开展民间文化交流 （区委办 供）

南台墨影书法展 （区文联 供）

9 月 17 日，区“全国科普日”活动在祥坂小学启动　　（郑帅 摄）

全民总动员　“支持健康上网，拒绝网络成瘾”签名活动　　（区委宣传部 供）

区福乐家园与育智学校的学生共同庆祝“六一” （区残联 供）

区福乐家园特奥运动日 （区残联 供）

1 月 17 日，区首届优秀人才表彰大会　　（区委组织部 供）

11 月 18 日，中亭街成立全省首家“党员诚信店”服务中心　　（区委组织部 供）

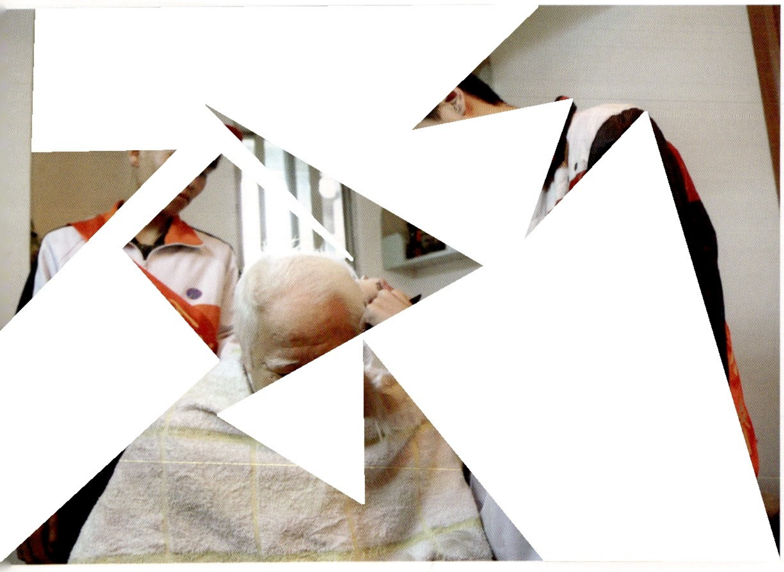

“美丽福州 你我同行”志愿服务活动 （区委文明办 供）

人口早教中心的孩子们在老师家长的引导下游戏 （区委宣传部 供）

苍霞街道“孝老爱亲拗九节”活动 （俞松 摄）

# 文明过大年

（区委文明办 供）

（区委文明办 供）

# 灯会嘉年华

（朱明亮 摄）

（朱明亮 摄）

（陈绍森 摄）

# 总目

# 目 录

## 特 载



## 专 文



## 大事记



## 区情概貌



## 中共台江区委

## 人民代表大会

## 人民政府



## 政治协商

## 民主党派与工商联



## 社会团体

## 外事 侨务 港澳台事务



## 法 治

## 国防建设



## 综合经济管理

## 财政 税务



## 工业 民营经济 商贸服务业



## 城区建设与管理

## 环境保护



## 建筑业 房地产业



## 交 通



## 邮政通信与政府信息化建设

## 商务区建设



## 对外及港澳台经济贸易



## 科学技术



## 教育



## 文化 出版 传媒



## 卫生 体育

## 旅 游



## 社会民生



## 街 道

## 区委调研课题（选编）



## 集体 人物

## 台江区 2013 年规范性文件（选录）



## 统计资料



## 索 引

# CONTENTS

## Special Issue



## Special Articles



## Memorabilia



## District profile



## Taijiang District Committee of the CPC



## People' s Congress



## People' s Government



## Political consultation



## The democratic parties and the association of industry and commerce

## Social organizations



## Foreign affairs, Hong Kong, Macao and Taiwan Affairs



## Government by law



## National defense construction



## Comprehensive economic management



## Finance and tax



## Industry & Private economy & Commercial service industry



## City construction and management



## Environmental protection



## Construction and real estate



## Transportation



## Postal communication and government information construction



## Business district construction

## International and Hong Kong,Macao and Taiwan's business and economy



## Science and technology



## Education



## Culture, publication and media



## Health and sports



## Tourism



## Social life



## Subdistricts



## Research projects(elected) of the district commission



## The collective and person



## Excerption of regulatory documents of Taijiang in 2013

## 中共台江区委书记张忠 2013 年 1 月 2 日在区委十一届八次全会上的讲话

同志们：

这次会议的主要任务是，深入学习贯彻党的十八大、中央经济工作会议和省委九届六次全体（扩大）会议、市委十届五次全体（扩大）会议精神，回顾总结去年工作，研究部署今年任务，进一步动员全区广大干部群众凝心聚力、团结拼搏，努力推动台江科学发展、跨越发展。下面，我代表区委常委会讲三点意见：

### 一、认真学习、深刻领会，切实把思想和行动统一到中央和省委、市委全会的重要部署上来

党的十八大是在我国进入全面建成小康社会决定性阶段召开的一次十分重要的会议。认真学习宣传贯彻党的十八大精神，对于动员全党全国各族人民在以习近平同志为总书记的党中央领导下，高举中国特色社会主义伟大旗帜，满怀信心为全面建成小康社会，夺取中国特色社会主义新胜利而奋斗，具有重大现实意义和深远历史意义。一段时间以来，全区各级各部门认真按照中央和省委、市委、区委的部署，精心组织、全面发动，广泛开展多种形式的学习活动，掀起了学习宣传贯彻十八大精神的热潮。

学习宣传贯彻党的十八大精神是当前和今后一个时期的首要政治任务。全区各级各部门一定要高度重视，持之以恒，扎扎实实地抓好学习、宣传、贯彻，突出“精度、速度、广度和深度”。为深入学习宣传贯彻党的十八大精神，区委于前段时间在全区开展了“学习贯彻十八大、齐心奋力促跨越”主题调研实践活动，由区四套班子领导带头，围绕产业发展、“三维”（央企、外企、民企）对接、加强和创新社会管理等十一个专题开展调研，进一步明晰了贯彻落实党的十八大精神的工作重点和思路举措，并结合吸收调研成果，制定下发了《2013 年台江区工作思路》。我们提出的总的要求是：高举中国特色社会主义伟大旗帜，坚持以邓小平理论、“三个代表”重要思想、科学发展观为指导，全面落实区第十一次党代会的部署，坚定信心、把握机遇，凝心聚力、开拓进取，全面推进社会主义经济、政治、文化、社会、生态文明建设和党的建设，在更高起点上加快建设科学发展、文明幸福的新台江，推动台江科学发展新跨越。

一要始终坚持转型提升，全力打造现代服务业强区。强化产业支撑作用，加速产业转型升级，致力打造“五大品牌”，构建具有省会特征和台江特色的现代产业体系。发展壮大现有商贸基础，着力提升重点商圈辐射作用。全速推进两大商务区开发建设，做大做强总部经济、楼宇经济，不断增强经济发展内生动力。围绕闽江口发展区总体布局，加强与沿海、沿江县（市）区的对接互补、融合发展。切实抓好“五大战役”和重点项目建设，进一步强化“三维”对接，深度谋划和精心运作一批影响长远、关系全局的优质项目。着力增强创新驱动发展新动力，努力构建以企业为主体、市场为导向、产学研相结合的技术创新体系。

二要始终坚持激发活力，全力推动文化繁荣发展。坚持先进文化引领作用，加强社会主义核心价值体系建设，积极培育社会主义核心价值观，进一步筑牢团结奋斗的思想基础。持续推进公民思想道德教育和未成年人思想道德建设，着力培育文明和谐的道德风尚。加快文化产业和文体事业发展，促进文化繁荣发展，提升台江文化软实力。不断改善公共文化设施，推进一批惠及全民的文化工程建设。充分挖掘台江文化特色，全力做好传统文化保护和宣

传工作，积极培育文化创意等新兴文化亮点，激发文化活力，提升台江文化知名度和影响力。

三要始终坚持以人为本，全力改善民生和创新管理。坚持“民有所呼、我有所为”，始终把群众的冷暖安危放在心上，努力实现好、维护好、发展好人民群众的根本利益。优先发展教育、就业、医疗、养老等民生社会事业，努力实现“学有优教、劳有多得、病有良医、老有厚养、住有宜居”。认真谋划、加快推动一批为民办实事项目，着力解决人民群众关注的热点、难点问题，确保兑现承诺、取信于民。着力加强和创新社会管理，完善网格化社会管理布局，妥善解决矛盾纠纷，营造和谐稳定的社会环境。

四要始终坚持综合治理，全力建设生态宜居城区。唱响“拆出来，建起来，招进来”的台江科学发展“三部曲”，全力加快“三旧”（旧厂房、旧城区、旧村庄）改造步伐，实现城市建设与产业发展的“两轮驱动”。围绕打造“美丽台江”目标，致力幸福指数、环境指数的提升，巩固环保模范城市创建成果，努力实现生活空间宜居适度、生态空间山清水秀。持续推进生态文明建设，切实增强全民节约意识、环保意识、生态意识，营造爱护生态环境的良好风气。

五要始终坚持突出民主，全力推进民主法治建设。坚持党的领导、人民当家作主、依法治国有机统一，发展更加广泛、更加充分、更加健全的人民民主。支持人大及其常委会充分发挥地方国家权力机关作用，支持人民政协围绕团结和民主两大主题履行职能，发展和壮大最广泛的爱国统一战线，推进协商民主广泛、多层、制度化发展。进一步研究解决党管武装工作的新情况新问题，扎实推进双拥工作。支持工会、共青团、妇联等人民团体按照法律和各自章程参与社会管理和公共服务。扩大基层民主，保障基层群众享有更多更切实的民主权利。推进依法治区，加快建设服务型政府，规范完善政务公开和机关效能建设，不断增强政府公信力和执行力。

六要始终坚持改革创新，全力提高党建科学化水平。要以党的执政能力建设、先进性和纯洁性建设为主线，以改革创新精神全面加强和改进党的建设。全面加强基层党组织和干部队伍建设，全面推广社区“135”、非公“三五”、机关“1263”党建工作机制，致力抓基层打基础。加强党的作风建设，认真落实中央“八项规定”，以优良的党风促政风带民风。加强反腐倡廉建设，完善惩治和预防腐败体系，做到干部清正、政府清廉、政治清明，为推进跨越发展提供坚强保障。

## 二、把握目标、稳中求进，全力抓好今年经济社会发展各项工作

2012 年以来，全区上下牢牢把握稳中求进的总基调，着力推进经济结构调整，加快经济发展方式转变，全力保障和改善民生，全区经济社会保持了平稳较快发展的良好态势。预计 2012 年可完成地区生产总值 277 亿元，比增 11.5%；财政总收入 24.23 亿元，比增 12.85%。在国内外经济形势复杂多变、各种困难问题增多的情况下，之所以能够仍然保持较好的发展势头，关键在于我们抓好“四个突出”：一是突出转变主线。着眼加快推进产业转型升级，改造提升传统商贸业，发展壮大商务服务业，培育扶持新兴服务业，持续壮大区域经济总量，富有台江特色的现代服务业体系逐步形成。二是突出项目抓手。强化项目带动、战役推动，全力实施“五大战役”，千方百计加快重点项目建设，积极推进“三维”对接，进一步夯实了台江发展后劲。三是突出民生理念。把保障和改善民生作为践行宗旨、履行职责的重要内容，大力推进社会建设，抓好就业、医疗、教育等重点工作，办成了一批惠及群众的实事好事。四是突出务实作风。强化服务意识，深入开展以“扎根沃土接地气、全力服务促发展”为主题的“三服务”活动，大力弘扬“榕树精神”和“台江精神”，营造了干事创业的良好氛围。

2013 年，台江发展所面临的形势将更为复杂严峻，经济的不确定性、不稳定性因素可能增多，保持经济平稳较快发展的压力仍在加大，但面对危机，我们要坚定信心、危中寻机、主动作为，力争赢得新发展。要认真把握全年经济工作的总体方向。中央强调要继续把握好稳中求进的工作总基调，我们要充分认识并把握好稳与进二者之间的有机联系。立足台江实际，坚持稳中求进、着力在进，好中求快、又好又快，积极主动地融入闽江口发展区建设大局，努力推动台江科学发展、跨越发展。要积极应对宏观经济政策调整。中央提出今年将继续实施积极的财政政策和稳健的货币政策，充分发挥逆周期调节和推动结构调整的作用。我们要准确把握精神实质，充分利用政策预调、微调的发展空间，发挥滨江区位和商贸特色优势，加快现代产业体系的构建，大力实施项目带动，扶持壮大中小微企业，不断增强实体经济发展的活力动力。要进一步明确自身发展定位。虽然我区当前经济发展的一些矛盾和问题依然存在，比如产业结构不够合理，产业实力不够雄厚，等等。但我们要紧紧抓住当前重要转型期的机遇，切实按照习总书记强调的“底线思维”方法，凡事从最坏处准备，努力争取最好的结果。要强化思想先导作用，坚定发展信心，明确发展目标，谋足发展对策，狠抓工作落实，既要求发展速度，又要保证发展质量。

根据中央经济工作会议和省委、市委全会精神，2013 年全区经济工作的总体要求是：坚持以邓小平理论、“三个代表”重要思想和科学发展观为指导，深入贯彻落实党

的十八大和省、市、区党代会精神，传承弘扬“3820”工程战略精髓，以提高经济增长质量和效益为中心，着力稳中求进、开拓创新，加快推进产业结构调整，持续深化改革开放，进一步强化创新驱动，努力增进民生福祉，着力构建“实力台江”“美丽台江”“文明台江”“和谐台江”“幸福台江”，在更高起点上推动台江科学发展新跨越。按照这一总体要求，今年我区经济工作的主要奋斗目标将按照不低于市里下达我区的指标制定，待市里有关指标明确后，我区将正式下达。关于今年工作具体任务，陈曾勇同志还将作全面部署，请大家认真抓好落实。这里，我着重强调几个方面：

一要多措并举扩大内需。要紧紧抓住国内经济转型、居民消费升级等有利契机，坚持以扩大内需作为战略基点，大力推进投资、消费，进一步增强经济发展内生动力。要强化投资拉动。把握投资导向，加大对现代产业、公共服务、基础设施等领域的投资，不断提高固定资产投资的强度、密度和效益。扎实做好“五大战役”项目的衔接和结转，加快苏宁广场等一批在建项目进度，力促落地项目早动工、早投产、早达效，以项目建设强力拉动投资增长，为区域经济发展奠定坚实基础。要加大招商力度。以招商引资作为扩大投资的有效举措，落实优惠扶持措施，有效利用我区两大商务区项目招商资源及辖区现有的楼宇招商资源，强化“三维”对接，争取更多大项目、好项目落户台江，进一步充实“三维”项目库。要扩大消费需求。重点加快现代商贸、特色旅游、文化创意等服务业发展，推动节能家电、住房、汽车等高端消费，积极培育消费热点，提高消费层次，扩大消费规模。要抓住春节等消费旺季，进一步整顿市场秩序，组织做好宣传促销活动，努力营造良好的消费环境，增强节庆消费的拉动作用。

二要着力强化产业支撑。要以深化产业结构战略性调整作为主攻方向，重点抓好存量调整和增量优选工作，着力构建具有省会特征和台江特色的现代产业体系。要推进存量调整，繁荣提升现有几大商圈，做好新增和提升限上商贸企业工作，进一步优化限上限下比例结构，发展壮大现有商贸基础。要充分发挥金融、科技优势，加强辖区商贸企业与金融机构、电子商务企业的对接融合，促进互利共赢、共同壮大。要抓好增量优选，重点发展商务服务、金融服务、电子商务等现代服务业，大力吸引国内外知名、大型企业在我区设立集团总部、地区总部、销售和研发中心。要严格把好项目、企业准入关，以先进、高端、集约的增量推动总量壮大、结构调优。要大力发展实体经济，扶持服务各类企业，在腾新食品成功上市的基础上，力推顶点软件、智恒电子等省级重点上市后备企业尽快成功上市。

三要持续深化开放合作。要充分发挥台江区位和资源优势，奋力推进开放，着力构建全方位、多层次、宽领域的大开放格局。要积极推进对外合作。积极参与福州与港澳台以及发达地区的交流合作，争取更多项目落户。要主动融入闽江口发展区建设，拓展与连江、长乐、罗源等沿江、沿海县（市）区在商贸、文化、旅游等方面的交流合作，努力对接马尾新城建设和平潭开放开发，促进连片发展、共同繁荣。要深入实施“回归工程”。延伸触角，盯紧不放，不达目的不罢休地吸引在外乡亲以总部回归、项目回迁、资金回流等方式回乡投资兴业，掀起榕商回归创业新热潮。要努力营造良好环境。进一步深化行政审批制度改革，深入推进电子政务全国试点工作，提升工作效能和服务水平。要多想办法，少找借口，知难而进，努力创造最优的项目落地、投资发展的软环境。

四要大力推进生态建设。要以生态环境为依托，大力加强生态文明建设，全面推进城区环境综合整治，努力建设“美丽台江”。要切实强化城区承载。按照“三部曲”要求，扎实做好片区内房屋征收工作，加快推进白马河浦西村和江墘下地块等已启动项目征收工作，确保年初全面收官。全面启动上下杭历史文化街区保护性开发改造，适时启动南公园片区、谋划启动二十五中片区的旧屋改造，加快推动海峡金融商务区扩区收储和闽江北岸中央商务区二期地块征收工作，进一步优化城区发展布局，拓展城区发展空间。要全面推进环境综合整治。以“一江四河、三横六纵”为重点，高起点、高标准推进闽江北港驳岸整治一期工程先行先试段建设，全面展开光明港等内河沿线景观整治，着力构筑优美水系轴线景观带。推进拆墙透绿、增绿补绿，大幅提高主干道沿线景观和绿化、花化、彩化水平。大力推进环境卫生保洁市场化运作推广，提升城市管理水平，努力实现宜居宜业。

五要切实保障民生福祉。坚持以人为本、民生优先，切实解决好人民群众最关心最直接最现实的利益问题，促进改革发展成果普惠共享。要协调推进社会事业，加大教育投入，扎实推进台六小等改扩建，进一步完善校园基础设施，改善办学条件。要完善社会保障体系，认真做好城镇老年居民养老保险和居民医疗保险工作，健全完善社会救助帮扶机制，推进公共服务均等化。要加快推进福机新苑等一批保障房建设，努力改善群众特别是困难群众的居住条件，让老百姓生活得更安心、更放心、更舒心。要加强和创新社会管理，深入推进“三进三提升”工作，加快网格化社会管理服务试点推广，努力实现辖区网格化服务管理全覆盖。持续深化“平安台江”建设，大力推进信访积案化解，有效消除矛盾纠纷隐患，确保城区社会和谐稳定。

### 三、转变作风、开拓进取，营造实干兴区的良好环境

全区各级各部门要深刻领会“实干兴邦、空谈误国”的深刻内涵，大力弘扬“滴水穿石”精神，深入践行“三为”（为

党旗增辉、为发展服务、为百姓造福）要求，增强统筹发展、持续发展的能力。

一要解放思想，增强开拓创新的意识。要强化思想认识先导作用，勇于探索新思路，敢于尝试新举措，以更宽的眼界、更广的思路、更大的胸襟来思考和谋划台江当前和未来的发展。要拿出干事创业的勇气和方法，向困难和矛盾挑战，向自我挑战，突破瓶颈难题，赢得更广阔的天地。

二要创先争优，形成比学赶超的氛围。今年各县（市）区你追我赶的态势将十分激烈。我们务必要发扬时不我待、只争朝夕的精神，立赶超之志，鼓奋进之气。各级各部门从一月份开始，就要盯紧抓实各指标的进展及在全市的位次，学习兄弟县（市）区的好经验、好做法，向强者看齐，同先进赛跑，力争发展得更好更快。

三要齐抓共管，提升推动发展的能力。推动台江科学发展新跨越，全区上下重任在肩，务必集中力量，形成合力。各级各部门都要围绕中心、服务大局，积极主动地在大局中找准定位，明确目标，出台举措，以项目运作来具体推动各项工作的有序有效开展，形成人人有责任、层层抓落实的工作格局。要对关系全局和长远的重大工作强化跟踪督办，严格落实各项奖惩措施，真正做到以工作实绩检验干部、以工作实绩体现作为。

四要苦干实干，提高服务群众的水平。要按照中央政治局“八项规定”和省、市实施意见的要求，把更多的时间和精力用于察实情、办实事、求实效。各级各部门领导干部要积极挑起大梁、自觉扛起责任，坚持“一线工作法”，扑下身子、挽起袖子、埋头苦干。对定下的事情，要雷厉风行，说办就办，一门心思、一鼓作气、锲而不舍地干。要努力改进服务群众的作风，扎扎实实地依靠走基层掌握第一手情况，依靠打基础夯实发展根基，依靠接地气赢得群众口碑，以实际行动兑现为民承诺，真正取信于民。

五要廉洁自律，筑牢拒腐防变的防线。要严格执行中央和省委、市委有关廉洁自律的各项规定，认真做好“廉洁过年”各项工作。各级党员领导干部要全面掌握“8个禁止”“52个不准”的基本内容和基本要求，带头过健康、文明、俭朴的节日。要加强监督检查，坚决查处违纪违规行为，严肃追究相关领导的责任。在这里，我代表区四套班子作廉政承诺：严格遵守省委、市委关于“八个严禁”的要求及《廉政准则》各项规定，请大家监督。

同志们，做好全年工作，任务艰巨、使命光荣。让我们紧密团结在以习近平同志为总书记的党中央周围，深入贯彻落实科学发展观，全面贯彻党的十八大和省委九届六次全会、市委十届五次全会精神，取得贯彻十八大开局之年的新业绩，为福州发挥省会城市龙头引领作用做出我区应有贡献。

# 政府工作报告
## ——台江区人民政府区长陈曾勇2012年12月31日在福州市台江区第十六届人民代表大会第二次会议上的报告

各位代表：

现在，我代表福州市台江区人民政府向大会作政府工作报告，请予审议，并请区政协各位委员和其他列席人员提出意见。

### 2012年工作回顾

2012年是新一届政府履职的开局之年。一年来，在市委、市政府和区委的正确领导下，在区人大和区政协的监督支持下，区人民政府认真学习贯彻党的十八大精神，坚持以邓小平理论、“三个代表”重要思想和科学发展观为指导，积极应对经济下行压力增大的严峻形势，攻坚克难，奋发有为，较好完成了区十六届人大一次会议确定的各项目标任务，实现经济社会各项事业平稳较快发展。预计2012年全区生产总值277亿元，比增11.5%；规模以上工业增加值22.35亿元，扣除市电业局售电量增速放缓影响，比增12.5%；财政收入克服本地区万达项目收入级次调整等困难，完成财政总收入24亿元，比增11.7%，其中，公共财政收入13.8亿元，比增7.0%；出口总额比增3.0%；实际利用外资0.95亿美元（按验资口径）；全社会固定资产投资251亿元，比增5.9%；商品销售额849亿元，比增23.0%；社会消费品零售总额296亿元，比增18.5%；城镇居民人均可支配收入27502元，比增12.0%；人口自然增长率2.1‰。一年来的主要工作及成效是：

#### （一）经济平稳较快发展，综合实力不断增强

产业特色更加凸显。商贸经济繁荣活跃，万（象）宝

（龙）、万达、中亭街等商业综合体成为城乡居民购物消费的重要集散地，东百、天虹等11家商贸大户实现年销售额超60亿元；红星美凯龙、居然之家购物广场等高端建材家居商贸快速崛起，中央第五街、世茂洲际酒店、江滨外滩1号等商贸项目相继竣工；新增、提升工业规模以上企业74家，产业内部结构持续优化。电子商务产业快速发展，海峡电子商务产业基地成功获评全国首批、全省唯一的“国家电子商务示范基地”，省国际电子商务中心、鼎天农业、永安电子商务列为国家电子商务试点单位，海峡电子商务产业基地一期入驻企业年销售额近10亿元。滨江旅游业持续升温，“闽江游”年接待游客达12.5万人次。商标品牌战略成效明显，“德诚”“一丁”申报中国驰名商标，“金源泉”等12个品牌被认定为福建省著名商标，省级著名商标数较去年翻一番。

项目建设扎实推进。继续打好“五大战役”，全年共组织实施省级“五大战役”项目5项，年度投资38.23亿元，完成年度计划139.5%；实施市级“五大战役”项目30项，年度投资81.51亿元，完成年度计划120.4%；实施区级“五大战役”项目105项，年度投资275亿元，比增27%。海峡金融商务区扩区规划基本完成，目前已入驻项目22个，金融机构区域总部达10个。申发大厦、百联大厦已竣工，升龙大厦、恒丰大厦、金座大厦基本实现项目封顶，新增商务面积35万平方米；福建交通物流信息大厦、水晶花园等项目加快建设，一批高层、超高层建筑正在拔地而起；台资金融总部富邦金控正式落户，建行福建省分行大楼、福州农商银行大楼、海峡银行大楼、进出口银行福建省分行大楼等一批金融总部项目开工建设，发展后劲进一步增强。闽江北岸中央商务区控制性规划及城市设计工作有序推进，已入驻的8个项目全部动工，苏宁项目购物广场封顶，海西金融大厦、升龙环球大厦、融侨广场等在建项目序时推进。

开放合作持续深入。制定加快创新型城区建设、旅游产业发展、海洋经济发展等实施意见，加强创新驱动，促进大开发、大建设战略实施。充分利用“5•18”海交会、“9•8”投洽会等平台，签约外资项目23项，总投资3.45亿美元，协议外资3.29亿美元，取得历年来最好成绩。“三维”对接、“回归工程”等招商活动扎实推进，首个央企项目宝钢集团（福建）区域总部成功落户，华美纸业集团总部项目达成合作协议，神华集团、华电新能源总部基地等一批优质项目正在洽谈跟进。企业上市步伐加快，腾新食品首发上市，顶点软件、智恒电子等5家企业列入省级重点上市后备企业。科技创新能力进一步提升，艾迪康、闽冠电气等4家企业申报国家高新技术企业。区域交流合作有效拓展，与新疆昌吉州奇台县缔结友好县区，与罗源县、建宁县开展对口协作，在经贸、旅游、教育、劳务等多方面建立常态化合作机制。

### （二）城区面貌显著改善，宜居品质不断提升

旧城改造步伐加快。鳌光路地块、斗池路地块、省港口工程公司地块、台五小、台六小教育预留地征收任务基本完成；光明港台江段、琯后街及二开关厂地块进入扫尾阶段；三捷河、白马河浦西村、江墘下等地块全面启动。地铁1号线达道站及地铁枢纽大厦地块、上海东新村地块加快扫尾攻坚；上下杭历史文化街区及太平汀洲、苍霞旧屋区整体规划基本完成，保护改造和房屋征收前期工作有序推进。白马河浦西村、江墘下地块实施全省首个“模拟征迁”试点，为我市房屋征迁工作提供有益尝试。保障性安居工程同步推进，鳌港苑三期、红星苑一期竣工交房，上海新苑转入外部装修，红星苑三期主体结构封顶，福机安置房启动主体建设，新港苑进入地下施工。

环境整治力度加大。深入开展环境综合整治大会战，圆满完成120天整治任务，道路交通建设、居住环境整治、水系综合治理等八大任务取得初步成效。光明港一支河、瀛洲河、达道河等6条内河综合整治工程全部竣工验收，闽江北港驳岸整治一期工程先行先试段整治工作全面启动。拓宽、改造宁化路、透龙路等7条道路以及西洋里、排尾弄等16条小街巷，城区路网进一步完善。启动东二环路、国货东路、安南路等5条路段立面综合整治，提前完成福瑞新村、桂园怡景等第一批10处拆墙透绿工程，同德园、横街巷新村等11个无物业小区得到整治提升。新增城市公共绿地109亩，完成五一路、台江路等5条主次干道花化、彩化，“一路一风景”改造工作初现成效。

城市管理持续加强。落实市容环境长效化、网格化管理，集中整治乱张贴、占道经营、违法建设等城市管理顽疾，依法拆除违法建设面积8500多平方米，“市容六乱”“五小”店等8个专项整治取得较好成效。实施道路交通安全综合整治“三年行动”暨集中整治大会战，查纠道路交通违法行为27万起，较大事故数同比下降50%。探索数字化、标准化、动态化城市管理模式，启动“数字城管”系统试运行，试点后洲街道、洋中街道环卫清扫保洁市场化改革。完善饮用水源安全体系建设，完成敖江塘坂水源与东南区水厂的水源管道互通，内河沿岸企业全部排污接管。启动空气自动监测工作，增设PM2.5大气自动检测设备，环境监测机构标准化建设全面完成。

### （三）民生保障更加有力，各项事业全面进步

社会事业蓬勃发展。全年投入教育事业经费3.76亿元，完成9所学校3万平方米校安建设和宁化小学重建，改扩建台一小、三十六中，洋中街道中心幼儿园建成投入使用，26所义务教育学校标准化建设全部达标，我区以一类区优秀等级顺利通过省级“三项教育督导”评估。完善基层医

疗机构网络，完成区妇幼保健院（所）整合和业务用房提升改造，新建宁化街道社区卫生服务中心，实现社区卫生服务中心全覆盖；实行社区全科医师签约服务，与3万多名居民签订服务协议书，基层医疗卫生服务水平进一步提升；深入实施基本药物零差价制度，社区卫生服务中心门诊人数增长15.7%，门诊人次收费水平下降25元。公共文化服务体系不断完善，全民健身活动广泛开展，区文化馆、图书馆、博物馆、青少年活动中心等公共文体基础设施全部向公众开放，青少年校外体育活动中心投入使用。《上下杭民间故事》《双杭寻古》画册正式出版，纪录片《百年上下杭》荣获中国电视纪录片十优作品奖。

保障体系更趋健全。全区各级财政用于民生支出4.65亿元，占公共财政预算支出51.77%。年初确定的28项为民办实事项目基本得到落实。积极拓宽就业渠道，支持创业带动就业，新增城镇就业7431人，下岗失业人员再就业2266人。全面实行低保对象家庭动态跟踪管理，低保对象实现“应保尽保”。扎实推进城镇居民社会养老保险工作，7795名60周岁以上人员基础养老金全部发放到位。巩固和提升城镇居民基本医疗保险参保率，参保人数达6.7万人。健全社会救助体系，落实“三无”人员保障政策，及时救助生活困难群体，全年发放低保金、医疗补助金、救济金1240万元。落实各项优抚安置政策，提高优抚对象抚恤标准，1000多户优抚对象得到帮扶。大力发展老龄事业，新建25个社区居家养老服务站，实现社区居家养老服务全覆盖，为3万多名居家老人提供各类养老服务。

基层基础得到巩固。完成全区73个社区居委会换届选举，社区工作者生活补贴和社会保险待遇进一步提高。加强和创新社会管理，探索开展社会管理“三进三提升”活动，首创引入民办非企业社团组织参与小区事务管理，培育万象商圈社会管理服务中心和苍霞街道家园事务服务中心两大品牌。大力推进“135”社区工作模式，成功打造金斗社区、天华社区等一批“精品社区”“星级社区”。持续深化“平安台江”各项建设，强化治安基础防控，完成“天网工程”建设，“一个中心、三支队伍”作用有效发挥，社会治安满意率达94.07%，我区荣获第二批省级“平安先行县（市、区）”称号。围绕“五个坚决防止”目标，稳妥化解处置多起敏感案（事）件，排查矛盾纠纷1070起，调解成功率99%，行政调解、司法调解、人民调解相结合的“大调解”机制作用明显。深入开展大接访活动，接待群众来访623批次、1463人次，有效化解拆迁安置、劳动社保等一批信访突出问题。坚持开展周末消防及安全生产大检查，深化消防安全等七个专项整治，消除木屋毗连区、集贸市场等重点场所各类安全隐患2800余处，安全生产形势总体平稳。

### （四）政府建设得到加强，服务效能不断提高

依法行政成效明显。依法接受区人大及其常委会的法律监督和工作监督，自觉接受区政协的民主监督，广泛听取各民主党派、工商联、人民团体和社会各界人士意见建议，全年办理省、市、区人大代表建议、批评、意见215件，省、市、区政协委员提案148件，满意率分别达100%和99.3%。深入开展“法律六进”活动，启动法治文化社区创建工作试点，“六五”普法扎实推进，我区被确定为全国普法依法治理工作联系点。

政务服务不断提升。深入开展“三服务”活动，支持中小微企业和民营经济发展，及时帮助企业协调解决实际困难和问题。完善行政服务中心建设，政府门户网站完成改版升级，295项政府信息公开、行政职权、政务服务事项的梳理、编码、录入工作全面完成，权力运行更加公开、透明、有效。依托电子政务平台，全面推进政务公开和政务服务全国试点工作以及全省、全市政务公开标准化建设，政府信息公开首次实行电子监察。加大惩庸治懒力度，严肃查处不作为、慢作为、乱作为，效能问责17人次。

廉政建设扎实推进。健全行风建设监督评议机制和廉情预警机制，规范行政执法行为，坚决纠正部门和行业不正之风，惩治和预防腐败体系进一步完善。扎实开展廉政风险防控工作，认真组织实施工程建设领域突出问题等专项整治，巩固“小金库”、公务用车等治理成果，行政监察和审计监督等工作进一步加强。深化预算管理体制改革，全面推行“阳光采购”和财政投资评审制度，严格控制一般性财政支出，固本强基、开源节流，财政管理水平进一步提高。

与此同时，政府各项改革及统计、物价、人事、编制、档案、民宗、台侨、外事、妇女儿童、残疾人等事业加快发展，国防动员、双拥共建、人防、预备役等工作也取得新成绩。

各位代表，回顾过去一年的工作，我们深刻感受到，台江发展在加速，变化在加快，工作在提速。这些成绩来之不易，得益于市委、市政府和区委的坚强领导，得益于区人大、区政协的有效监督和支持，得益于全区上下齐心协力抓发展、全力以赴攻难关。在此，我谨代表区人民政府，向全区人民，向各位人大代表和政协委员，向各民主党派、工商联、人民团体和无党派人士，向所有关心和支持台江发展的社会各界朋友，表示衷心的感谢和崇高的敬意！

各位代表，过去一年的工作充满艰辛，后续的工作更富挑战，我们深刻体会到，加快建设科学发展文明幸福的新台江：必须抢抓机遇促发展，始终把发展作为第一要务，牢牢把握海西发展的重大机遇以及国家和省、市赋予的各项优惠政策，主动适应形势变化，解放思想，抢抓机遇，真抓实干，在科学发展的道路上阔步前进；必须发挥优势促提升，坚持在最小的面积内创造最大的效益，找准现代

服务业发展切入点，重点做好现代商贸、电子商务、金融服务、滨江旅游、文化创意等产业文章，推动资源优势转化为发展优势，增强核心竞争力；必须改革创新促跨越，以改革创新作为推动发展的强大动力，大胆探索，敢于实践，在政务公开、环境保洁、小区管理、社区医疗、教育均衡等领域做好各项改革试点，在激烈竞争中赢得先机，开创工作新局面；必须团结实干促合力，坚持和发扬争先创优、勇于拼搏的“台江精神”，充分调动各方面的积极性和主动性，继续在实施房屋征迁、加强和创新社会管理等重点难点工作中，锻炼、培养一批特别能吃苦、特别能战斗的干部，营造心齐气顺劲足实干的良好氛围；必须改善民生促和谐，以改善民生为根本，把发展经济与富民惠民统一起来，把现代化建设与利民安民结合起来，察民情、顺民意、办实事，用实际行动取得人民群众的信任与支持，为促进社会安定和谐奠定坚实基础。

过去的一年，各项工作取得了可喜进展，但我们也清醒地认识到，当前台江经济社会发展仍然面临不少困难和问题：一是受到国内外经济大环境影响，经济增长压力持续增大，增速有所放缓，加快发展、争先进位的任务仍然较重；二是区域综合实力与核心竞争力还不强，产业基础还不够夯实，传统商贸服务业比重依然偏大，现代服务业发展步伐还需进一步加快；三是城市基础设施建设与文明城市要求还有差距，旧城改造任务依然艰巨，城市管理水平与市民文明素质有待进一步提升；四是生态文明建设的水平还不高，人民群众对环境问题的反应还比较强烈，发展生态文明的步伐还要继续加大；五是受限于区级财力，政府在社会保障和社会公共服务事业等方面还有很多事情要办，民生工程还需不遗余力地推进；六是政府自身破解难题的措施、体制机制的创新还需不断探索与加强，一些干部的事业心、责任心还不够强，行政机关办事效率和服务水平有待进一步提高。对于这些问题，我们将高度重视，采取更加有力有效的措施，认真加以解决。

## 2013年奋斗目标和工作安排

2013年是全面贯彻落实党的十八大精神的第一年，是实施“十二五”规划承前启后的关键一年，也是为全面建成小康社会奠定坚实基础的重要一年。我们要进一步传承弘扬“3820”工程的战略精髓，坚定不移地按照党的十八大战略部署，牢牢把握科学发展的主旋律和“稳中求进”的工作总基调，按照“五位一体”的总布局，抓住海西发展和福州大都市区建设的重大机遇，振奋精神，主动作为，激情创业，推动经济持续健康发展和社会和谐稳定。

初步安排2013年我区经济社会发展主要预期目标是：地区生产总值增长10%以上；规模以上工业增加值增长6%；财政总收入增长10%；公共财政收入预算增长11%；实际利用外资0.5亿美元（按验资口径）；全社会固定资产投资增长5%（按上年计划数）；商品销售额增长20%；社会消费品零售总额增长16%；城镇居民人均可支配收入增长12%；人口自然增长率控制在5‰以内；确保完成市下达的节能减排目标任务。重点抓好以下工作：

### （一）着力转变经济发展方式，增强区域核心竞争力

调整优化经济结构。立足中心城区的区位优势，大力实施“退二进三”产业发展战略，进一步提高经济增长质量和效益，力争二产与三产比例由2012年的22 ：78调整为20 ：80。做大做强第三产业，大力发展高效益、高增长的现代服务业，加速电子商务、金融服务、文化创意、滨江旅游等产业集聚，促进产业链条延伸和资源集约利用，为区域发展奠定坚实的产业基础。加快提升限上商贸，加大工商登记市场非法人主体向法人主体转型升级的力度，力争新增和提升限上商贸企业或总部型企业100家，培育一批年销售额超亿元的大型商贸企业，推动限上商贸和限下商贸比例进一步优化。大力实施商标品牌战略，继续培育一批驰名、著名、知名商标。

强化内需拉动作用。坚持不懈地执行项目带动、消费拉动战略，进一步拓展内需，拉动增长。全力打好“五大战役”，初步安排区级“五大战役”重点建设项目60项，总投资635亿元，年度计划投资81亿元，做到“开工一批、建设一批、竣工一批、谋划一批”。强力推进海峡金融商务区和闽江北岸中央商务区等重点项目建设，促进君临盛世茶亭8号地块、红星商务大楼等项目竣工，宝钢集团（福建）区域总部、中捷商务大厦等项目尽快动建。引导社会资本参与区域发展，促进文化、教育、养老、小区管理等政府公共领域项目建设多元化、社会化。扩大市场消费需求，着力提高居民收入水平和消费能力，引导、培育假日消费、休闲消费、文化消费等新模式，促进消费结构优化升级。

提高开放型经济水平。实施积极主动的大开放战略，更加注重创新驱动，着力在持续扩大开放中拓市场、引投资、增活力、强后劲。充分利用“5•18”海交会、“9•8”投洽会等招商平台，盘活和用好现有楼宇资源，探索主动招商、项目招商等新方式，增强招商实效。完善全程代办等机制，打造优质的投资软环境，做到“引得进、留得住、发展得好”。深化“三维”项目对接，重点抓好央企、外企、民企等大企业、大集团跟踪落实，争取更多的大项目、好项目落地。大力实施“回归工程”，研究落实回归政策，进一步掀起榕商回归创业新热潮。加大对中小微企业的扶持力度，形成“想创业、敢创业、会创业、创大业”的社会氛围。大力推进人力资源建设，引进高层次、实用型、科技型人才，

为企业发展提供人才支撑。

**（二）着力提升产业发展层级，构建现代产业体系**

大力发展现代商贸产业。坚持“商贸强区”理念，统筹各大商圈再发展、再提升、再壮大，促进万（象）宝（龙）、万达、中亭街等商业综合体持续繁荣，努力打造现代商贸核心区。充分发挥服装、珠宝、玉石、IT数码等商贸特色，加快茶亭街以及五一路、六一路等重点区域业态提升，谋划生成百脑汇数码广场等一批后续项目，着力打造富有台江特色的精品一条街，增强传统特色商圈影响力和辐射力。加速商业开发升级，全力推进商贸项目建设招商工作，力争世茂洲际酒店、苏宁项目购物广场、江滨外滩一号开业运营，王府井购物中心、南星商城封顶竣工，苏宁商贸项目B11和B13地块全面动建，增添商贸发展新载体。

大力发展高端商务产业。着力争创“省会总部经济集聚区”品牌。依托两大商务区，加快商务楼宇项目征迁和建设工作，力争闽江北岸中央商务区二期动建，百联大厦、申发大厦、升龙汇金中心等5个项目开业运营，华班大厦、海西金融大厦等5个项目竣工或封顶。继续跟踪服务神华集团、远大集团、富力地产、恒大地产等一批在谈项目，努力打造“楼宇经济”“总部经济”集聚区。着力争创“国际化电子商务基地”品牌。进一步做大做强海峡电子商务产业基地，完善公共服务配套，吸引中国网库、上海齐家家居网等知名电子商务企业入驻，形成电子商务产业链条，力争基地一期入驻企业年营业额超15亿元，基地二期动工建设；引入高端电子商务企业落户中央第五街，拓展国家级电子商务基地规模。

大力发展新兴服务业。着力构建“海西现代金融中心”，加速金融服务业集聚，力争建设银行福建省分行总部大楼主体结构封顶，兴业银行、交通银行、富邦金控等动工建设，台湾新光国际、民生银行福州分行、郑和国际基金等金融项目尽快落地，进一步丰富保险、证券、基金、资产管理等相关行业。加快滨江旅游业联动发展，增进与兄弟县（市、区）旅游合作，开发“闽水文化”“船游福州”等旅游精品路线，推进苍霞等游艇码头建设，打造闽江北港游艇产业圈。壮大文化创意产业，编制《台江区文化产业发展规划》，扩大榕都318文化创意艺术街区规模，引进、扶持一批高增长的文化龙头企业，提高文化产业附加值。扶持海洋经济产业，大力发展涉海金融服务、海洋产品网上贸易、船舶代理、物流配送等现代海洋服务业。

**（三）着力实施环境综合整治，加快建设“美丽台江”**

大力实施“三旧”改造。按照“拆出来、建起来、招进来”的台江科学发展“三部曲”，统筹规划旧屋区改造，安排实施高桥西路、江滨路苍霞段绿化带等10个地块、约500亩改造任务。加快推进浦西村、江墘下等改造项目，全面启动上下杭片区内房屋征收工作，完成红星苑二期地块征收改造。抓紧办理南公园改造前期手续，适时启动南公园改造，谋划万（象）宝（龙）商圈地下空间开发、二十五中周边地块改造等工程。加快福机新苑等一批保障房建设，力争新港苑主体结构封顶，红星苑三期、上海新苑竣工交付使用。

整治提升城区景观。大力推进道路景观改造工程，实施群众西路、延平路南侧、高桥西路等主次干道旧屋改造，完成白马路、安南路、北江滨大道、西二环路等11条主次干道沿线景观综合整治。进一步提升园林绿化档次，花化、美化六一路、八一七路、江滨大道等重点路段，打造交通路等拆墙透绿一条街。加大内河综合整治力度，继续推进闽江北港驳岸整治一期工程先行先试段以及白马河、三捷河、东西河等沿线综合整治工程，构筑优美的水系轴线景观带。实施路网畅通工程，配合市里推进城市轨道交通建设，推动闽江大桥桥北环岛等交通节点加快改造，完成西洋里、黎明二支路、兰花路等主次干道改扩建及11条小街巷改造任务。扩大无物业小区整治范围，改善住宅小区居住环境品质。

加快生态文明建设。按照“精心、精细、精品”要求，探索城市管理与生态文明建设长效机制，完善“数字城管”系统，形成以街道为单元的网格化城市管理机制。扎实推进内河截污工程，强化水源保护和空气质量监测，不断完善环境监管网络。深化榕城古街、花鸟市场等传统商圈及公交站点、校园周边等重要节点的环境治理，有效监管与查处垃圾焚烧、环境噪声、工地粉尘、餐饮油烟等事关民生的环境问题。进一步推动环卫体制改革，推广环卫清扫保洁市场化试点工作，引入第三方监管，完善市容环卫管理标准和考评细则，提升主次干道、新村楼院、背街小巷全日制保洁水平。推进生活垃圾收运方式改革，解决垃圾收集运输过程二次污染问题。加大节能减排力度，推广先进节能技术，大力发展绿色经济、循环经济、低碳经济。

**（四）着力优化社会管理服务，提高社会和谐程度**

坚持先进文化引领。加强社会主义核心价值体系建设，深入推进理想信念和社会公德、职业道德、家庭美德、个人品德教育，积极培育文明和谐的道德风尚，挖掘、培养各方面的先进典型，引领带动全社会共同进步。深化精神文明创建活动，充分发挥“道德讲堂”“激情广场”等群众性文化教育平台作用，大力弘扬优秀传统文化、传统美德和民族精神。注重未成年人思想道德建设，倾力打造青少年社工、社会志愿服务等具有台江特色的品牌。深化“诚信台江”建设，大力推进政务诚信、商务诚信、社会诚信和司法公信，营造积极向上的社会氛围。加强文化市场监管，着力净化社会风气和网络舆论环境。

加强和创新社会管理。强化社会管理综合治理工作，健全重大项目建设、重大决策社会稳定风险评估机制，及时排查调处社会矛盾，积极推进信访积案化解，稳妥处置各类突发性、群体性事件。深入推进和完善"金盾工程""天网工程"等社会治安防控体系，加强网络"虚拟社会"管理，严密防范和打击各种违法犯罪活动。大力推进社会管理"三进三提升"活动，实施社区整合工作，推广社区网格化管理服务，增强社区服务功能。加强"一站式"站（点）建设和"出租屋门禁系统"管理，实现"以证管人、以屋管人、以业管人"的流动人口服务管理模式。严格落实安全生产责任制，继续推进道路交通安全综合整治"三年行动"等专项整治活动，坚决防范和遏制重特大安全事故发生。做好"六五"普法和法律援助、法律服务、司法鉴定、社区矫正等工作，争创全国、全省法治县（市、区）。

提升社会保障能力。认真办理26项为民办实事项目，扎实做好扶残助学、小额担保贷款、棚屋区老化线路改造等利民惠民工程。全面落实就业再就业政策，积极开展就业服务专项活动，及时消除"零就业家庭"，力争全年城镇新增就业7000人，下岗失业人员再就业2000人。积极推进城乡居民养老保险和城镇居民医保工作，力争全区居民医疗保险参保人数超7万人次。认真推行最低生活保障、受困群众临时救助、社会捐助相结合的社会救助工作，实行低保对象规范化、现代化管理。发展社会福利和慈善事业，广泛开展"同心工程·光明行动"等公益活动，让更多困难群体受助受惠。加速社会化养老服务进程，拓展居家养老有偿服务，试点以街道为单位的居家养老服务，推进居家养老标准化、信息化建设。

### （五）着力推进社会事业协调发展，提升公共服务水平

努力办好人民满意的教育。大力推进义务教育均衡发展，改善办学条件，实施1.6万平方米学校附属楼加固工程，拆除重建十四中一号楼、十五中图书综合楼、双虹小学教学楼，扩建台六小，完成台一小、三十六中改扩建工程，力争教学面积新增2万平方米。全面推行义务教育"小片区"管理模式，深入开展教师校际轮岗交流，促进优质教育资源共享。完善学前教育体系，健全政府主导、社会参与、公办民办并举的办园体制，力争鳌峰、洋中街道中心幼儿园"示范园"建设达标。大力推进继续教育、职业教育，探索社区教育、校外教育等新途径，促进各类教育全面协调发展。

持续提高人民健康水平。深化医药卫生体制改革，深入实施国家基本药物和药品零差价销售，进一步缓解群众看病难、看病贵问题。加快社区卫生服务机构规范化建设步伐，完成苍霞、洋中街道社区卫生服务中心改造提升。优化医疗卫生资源配置，大力开展"名院名医"双向交流，完善社区卫生服务信息系统，提高社区卫生服务质量。进一步拓展全科医生签约服务内涵，做到"小病不出社区，大病及时转诊"。积极开展爱国卫生运动和健康教育，落实计划免疫，防控各类传染性疾病，提升全民卫生健康意识。稳定低生育水平，全面推进"生育文明·幸福家庭"促进计划，提升人口与计生服务、管理水平。

不断提升文体惠民能力。大力推进街道（社区）综合文化站（室）和社区多功能公共运动场所建设，鼓励培育民间文化团体，构筑"15分钟公共文化服务圈"和"10分钟健身圈"。加快区图书馆网络信息化进程，争创"国家二级图书馆"。推进上下杭历史文化街区和重点文物的保护修复，彰显台江商贾文化、会馆文化、滨江文化和民俗文化底蕴，协调推动文化与教育、旅游的互动融合。健全对台、对外文化交流常态化机制，促进张真君祖殿、陈文龙尚书庙等宗教文化和茶亭"十番音乐"等民间文化交流。

### （六）着力加强政府自身建设，打造高效廉洁政府

狠抓落实，增强政府执行力。牢固树立政府工作"一盘棋"观念，强化地区之间、条块之间、部门之间的团结协作，做到多沟通、多支持、多补台。深入开展"三服务"活动，践行"一线工作法"，下基层、入企业、到现场，把工作的着力点放到研究解决改革发展稳定重大问题和群众生产生活紧迫问题上。科学实施政府工作目标任务细化分解和进度考核，严格执行奖优罚劣，促进政府绩效评估体系更趋完善。深化行政审批制度改革，实行行政电子监察和督查督办，加快推进政府服务信息化建设。坚持监督与监管并举，强化工程建设、项目招投标等领域全过程跟踪，以高度的责任感推动政府执行力再上新水平。

依法行政，增强政府公信力。严格按照法定权限和程序行使权力、履行职责，对区委决策的事项、人大形成的决议、上级部署的工作、向群众做出的承诺，不折不扣抓好落实，做到言必行、行必果。主动接受人大法律监督和政协民主监督，认真办理人大代表建议和政协委员提案，多渠道听取各民主党派、工商联、人民团体和社会各界人士的意见建议，自觉接受群众监督和社会舆论监督。大力推进阳光行政，加快实施全省、全市政务公开标准化建设，确保完成政务公开和政务服务全国试点工作，增强政府工作透明度。全面落实廉政建设责任制，严格执行领导干部廉洁从政准则，建设让人民信赖的政府。

改进作风，增强政府凝聚力。牢记"空谈误国、实干兴邦"，大力弘扬"马上就办、办就办好"的优良作风，促进政府工作水平整体提升。坚持面向企业、面向群众，继续办好台江门户网站、便民呼叫中心"12345"系统等便民利民公共服务平台，推进行政服务中心"一站式服务"，提升政府服务意识、服务效率和服务水平。坚持民生为重，

多办解民忧、纾民困、暖民心的实事好事，做到事关民生的财政投入优先保证、事关民生的利益问题优先解决、事关民生的保障机制优先构建。加强机关效能建设、作风建设，以治庸提能力、以治懒增效率、以治散正风气，促进政府行政服务高质高效。

加强学习，增强政府创新力。深入开展学习型机关创建活动，大力倡导领导干部学习现代经济、社会管理和法律等知识，不断增强应对复杂形势、驾驭工作全局的能力。坚持学以致用，将学习和创新贯穿于政府工作的全过程，努力把学习成果转化为先行先试的实际行动、推动发展的有力举措、为民惠民的政策措施。鼓励创新创业创造，注重在破解难题、推动发展等具体实践中拓宽思路、创新理念、提升能力，有效调动广大干部职工干事创业的积极性和创造性，以学习与创新成效助推政府自身建设再上新台阶。

各位代表，新的一年面临新机遇、应对新挑战，责任重大、使命光荣。让我们在市委、市政府和区委的坚强领导下，深入贯彻落实党的十八大精神，群策群力谋发展，同心同德干事业，紧紧依靠全区广大人民，以饱满的精神、昂扬的斗志、务实的作风，为加快建设科学发展、文明幸福的新台江而努力奋斗！

（编辑 何嘉芳）

## 2013年区委区政府为民办实事项目完成情况

【概况】 2013年，区委、区政府安排为民办实事项目26项，计划总投资6.64亿元，年度计划投资5.17亿元，完成或超额完成23项。因项目调整，1项终止实施，2项未完成。

【闽江北港驳岸整治一期工程先行先试段整治】 年度计划投资1.2亿元，完成投资1.2亿元。闽江北港驳岸整治、景观建设、园林绿化和夜景灯光等工程全面完工。

【主次干道绿化提升】 年度计划投资360万元，完成投资360万元。台江路、茶亭街、白马路、八一七路分车带、三县洲大桥底及五一路、六一路、工业路过街天桥、高架桥绿化提升项目全面完工。

【内河综合整治】 年度计划投资2.225亿元，完成投资1.3157亿元，占比约60%。大庆河、三捷河等河道清淤、截污及岸上景观等综合建设基本完成。

*大庆河整治工程* 项目业主单位市水环境公司，委托台江区建投中心实施房屋征收，征收总建筑面积4102平方米，涉及43户，征收费用约5750万元。

*三捷河整治工程* 征收实施单位台江区房地产开发公司，房屋征收总面积1.2774万平方米，涉及204户。

【环境综合整治】 年度计划投资5000万元，完成投资6800万元，占比136%。安南路、国货路、东二环、广达路、五一南路、台江路及江滨西大道沿线建筑立面整治、夜景灯光改造、店牌店招整治及绿化提升完成。

*建筑立面整治、店牌店招整治* 年度计划投资3150万元，完成投资4450万元，占比141%。安南路、国货路（东段）、东二环、广达路、台江路、江滨西大道沿线、国货路（西段）、六一路（原机床厂幼儿园及澡堂建筑外立面、创业楼外立面、新港派出所至特艺城段沿街店面）、排尾路、安平五金机电城、鳌峰路（台江环卫公寓、鳌峰街道安置房、光明港新村1号楼）、滨河路、晋安河沿线（象园新村12号楼、运政大楼、染料厂宿舍二幢楼）、浦尾巷及铺前顶路沿线景观整治完成。

*绿化提升* 年度计划投资850万元，完成投资850万元。配合道路景观整治，安南路建筑外墙垂直绿化、屋顶绿化及现代滴灌系统配置完成；五一南路、台江路绿化补植及国货路行道树移植工作完成；江滨西大道绿化整治、五一南路花箱改砌石头花坛、江滨中大道（鳌港路至鳌峰支路）退距10—15米（鳌港路至鳌峰支路）绿化整治完成。

*夜景灯光改造* 年度计划投资1000万元，完成投资1500万元，占比150%。江滨沿线（台江段）夜景灯光提升改造完成。

【小街巷改造维修】 年度计划投资616万元，完成投资645万元，占比104.7%。工业路小街巷、浦尾巷、荔枝弄、奋斗里、光明北路、太保境、银湘弄、尾垱支路、排尾一弄、山边街、下河里、凤凰巷12条小街巷改造维修，下水道疏通，破损路面修复完成。

【苍霞街道社区卫生服务中心业务用房改造提升】 年度计划投资300万元，完成投资300万元。内部改造面积1200平方米，投入使用。

【洋中街道社区卫生服务中心业务用房改造提升】 年度计划投资60万元，完成投资60.25万元，占比100.42%。内部改造面积865平方米，投入使用。

**【区妇幼保健所（院）提升及实验室建设】** 年度计划投资150万元，完成投资150万元。新建艾滋病初筛实验室，购置实验室设备、医疗设备。

**【社区多功能公共运动场所建设】** 年度计划投资60万元，立项投资37万元，完成投资37万元（含设计费和项目施工费）。区青少年校外体育活动中心增建攀岩、室外乒乓球桌等，投入使用。

**【十五中图书综合楼重建】** 年度计划投资800万元，完成投资807.3万元，占比100.91%。原办公楼及部分附属楼拆除重建，新建图书综合大楼，建筑面积约8500平方米，完成上部结构施工和土方开挖，进入地下室施工。

**【十四中1号楼重建】** 总投资1200万元，年度计划投资600万元，完成投资395万元，占比65.83%。原1号楼拆除重建，新建六层教学楼，建筑面积约3433平方米，进入工程桩施工。

**【双虹小学教学楼重建】** 总投资1300万元，年度计划投资300万元，完成投资302.7万元，完成投资比例100.9%。拆除重建3150平方米，完成上部结构施工，进入围挡施工。

**【台六小扩建】** 总投资1900万元，年度计划投资1000万元，完成投资86万元，占比8.6%。征地0.42公顷，新建一座综合楼，建筑面积约4530平方米，完成上部结构施工。

**【校安（附属楼）加固工程项目】** 总投资1000万元，年度计划投资957.7万元，完成投资957.7万元。17所学校附属设施（传达室、厕所、体育器材室等）加固，总面积约1.1万平方米。台一小白龙庵复原加固完成工程量的70%，消防安全隐患消除。

**【无物业小区改造】** 年度计划投资1900万元，完成投资1900万元。整治旧住宅无物业小区73个，通过市房管局检查组验收。

**【重点棚屋区老化电线及开关改造】** 年度计划投资100万元，完成投资100万元。后洲、苍霞、义洲、新港街道重点棚屋区老化电线、开关改造9月底完成。

**【鳌港路垃圾转运站项目】** 原规划用地调整为台江区法院审判综合大楼选址用地，项目终止，未开工建设。

**【环卫保洁市场化】** 年度计划投资1500万元，完成投资1824.6058万元，占比121.64%。环卫清扫保洁市场化扩面完成。

**【网格化社会服务管理】** 年度计划投资200万元，完成投资200万元。基本实现网格化社会服务管理全覆盖。

**【安置就业和再就业人员】** 计划安置下岗失业人员就业2050人，实际安置2316人，占比113%；计划安置城镇新增就业7000人，实际安置7435人，占比106.2%。

**【城市居民基本医疗保险】** 全区参加城镇居民基本医疗保险年任务数6.7万人，实际参保7.0046万人，占比105%。

**【发放小额担保贷款】** 年度计划发放小额担保贷款220万元，实际发放240万元，占比109.1%。

**【实施扶残助学】** 为考入大中专院校残疾人和贫困残疾人子女发放一次性助学金，任务数30名，6万元。全区发放41名，11.35万元，占比137%。

**【重度残疾人居家养护】** 生活困难的重度残疾人居家养护补助金2000元/人，任务数66人。截至9月，发放72人，补助金14.4万元。

**【免费孕前优生健康检查】** 1697对，占省市指导数89%；平台录入1638对，占指导数82%。投资45.176万元。

**【独生子女伤残死亡特别扶助】** 确认特别扶助对象298人，特别扶助金额从每人每月400元提至500元，其中低保人员扶助金额从500元提至800元。发放扶助金189.6万元。

（区政府办公室 方平康）

# 2013年台江区“五大战役”建设工作情况

2013年，台江区各级各部门认真贯彻落实上级工作精神，通力合作，把“五大战役”作为创先争优有效载体，着力从指标增幅、项目进展、战役力度等方面，立足站位对账单，横向比较找差距，实现战役项目体量大、建设速度快、带动效应强的良好成效。

## 一、区级“五大战役”实施情况

2013年，全区安排“五大战役”项目107项，总投资895.85亿元，年度计划投资274.79亿元。完成投资316.27亿元，占比115.09%。

（一）重点项目建设战役

安排项目29项，总投资386.56亿元，年度计划投资61.01亿元，完成投资88.50亿元，占比145.05%。中央第五街竣工招商，苏宁城市广场一期开业，升龙大厦、万科金域花园等20个项目完成年度投资任务，红星商务大楼、海西金融大厦等16个项目主体结构封顶。

（二）新增长区域发展战役

安排项目31项，总投资198.78亿元，年度计划投资6.1亿元，完成投资6.4亿元，占比104.94%。光明港一支河整治地块、地铁枢纽、高桥西路完成征迁，海峡电子商务产业基地（二期）、太平汀洲地块改造及苍霞旧屋改造等项目前期工作推进中。

（三）城市建设战役

安排项目17项，总投资117.73亿元，年度计划投资35.77亿元，完成投资34.77亿元，占比97.19%。项目总体完成情况：环境综合整治项目、台江区主次干道绿化提升项目、小街巷改造维修项目完成。上海东新村旧城改造、台江福机新苑限价房建设、台江新港苑限价房建设封顶，台江红星苑限价房竣工。闽江北港驳岸整治一期工程先行先试段整治项目水利验收。

（四）产业提升发展战役

安排项目9项，总投资191.5亿元，年度计划投资171亿元，完成投资185.85亿元（主要是固投项目投资部分），占比108.68%。闽江游15.0148万人，完成计划接待量103.46%。限上商贸企业提升30家，新增28家。民生银行福州分行入驻海峡金融商务区G地块，广州富力地产综合项目入驻闽江北岸中央商务区。

（五）民生社会事业战役

安排项目21项，总投资1.28亿元，年度计划投资0.912384亿元，完成投资0.763728亿元，占比83.71%。17个项目完成年度目标任务。安置城镇新增就业人员7435人，下岗失业人员2316人，发放小额担保贷款240万元；城市居民基本医疗保险完成7.0046万人。发放扶残助学金11.35万元，重度残疾人居家养护补助金14.4万元，独生子女伤残死亡特别扶助189.6万元，1697对夫妇免费孕前优生健康检查，超额完成任务。

## 二、省级、市级“五大战役” 实施情况

（一）省级“五大战役”实施情况

安排11项，总投资224.5亿元，年度计划投资42.905亿元，完成投资51.8853亿元，占比120.93%。

（二）市级“五大战役”实施情况

项目35项，投资539.45亿元，年度计划投资83.49亿元，完成投资102.55亿元，占比122.83%。其中，新增长区域发展战役1项，城市建设战役25项，民生社会事业战役7项。预备前期项目2项，总投资65.45亿元，暂未安排年度投资量。

## 三、推进“五大战役”工作实施具体举措

（一）强化领导力度、责任落实到位

区委常委会、区政府常务会专题研究部署“五大战役”建设工作，定期听取工作进展情况汇报。每个战役分别由三位班子领导牵头协调，一个责任单位牵头负责，每个项目对应包街和分管区领导，成员单位细化分工，明确责任，严格督促，上下合力，推动项目建设如期或提前完成。

（二）加强督查，促进信息交流

区发改局会同区委督查室实行按月通报考核制度，每月通报战役项目所属责任单位投资完成情况。加大信息报送力度，及时、准确地报送到各相关部门。

（三）强化部门协调，提升服务质量

区四套班子领导带领主要责任单位和街道，走访项目现场，听取汇报，了解一手信息，协调解决困难。对于落后序时进度较多、存在复杂问题的重大项目，区发改局定期整理情况上报分管区领导协调解决。加强审批服务，按照特事特办、急事急办原则，简化程序，规范流程，统一要件，提高办事效率，提供优质服务。

（区发改局 洪 雯）

（编辑 何嘉芳）

# 大事记

## 1月

2012年12月30日—2013年1月1日，中国人民政治协商会议福州市台江区第八届委员会第二次会议召开，审议通过《区政协八届二次会议决议》，颁发区政协委员履职优秀奖、爱心奉献奖、优秀提案奖，表彰提案承办先进单位。

2012年12月31日—2013年1月2日，台江区第十六届人民代表大会第二次会议召开，审议通过《台江区人民政府工作报告》《台江区2012年国民经济和社会发展计划执行情况及2013年台江区国民经济与社会发展计划》《台江区人大常委会工作报告》《台江区人民法院工作报告》《台江区人民检察院工作报告》。

1日，区长陈曾勇、副区长刘华杰到榕城古街检查指导工作，慰问节日期间在安保一线的执勤民警。

2日，中共台江区委十一届八次全体（扩大）会议在区文化活动中心一层会议厅召开，学习贯彻中共十八大、中央经济工作会议和省委九届六次全会、市委十届五次全会等精神，总结和部署经济社会发展等各项工作。

7日，福州市服装同业公会成立暨第一次会员代表大会和台江区工商联服装商会第三次会员代表大会在台江威斯汀酒店三楼会议厅召开。

10日，福州市“文明餐桌行动”示范单位表彰暨授牌仪式在万象城举行，福州市牡丹大酒楼有限公司五一南店、福州市台江区狮城记餐厅、福州市台江区大丰收鱼庄餐饮店、福州市台江区望江艳餐馆等7家餐饮企业，入选全市首批20家“文明餐桌行动”示范单位。

11日，省委常委、市委书记杨岳带队到区调研经济工作，察看闽江北岸中央商务区海西金融大厦、海峡金融商务区宇洋金座大厦等项目，现场协调解决项目推进中遇到的困难和问题，强调要全面贯彻落实中央经济工作会议和省委、市委全会精神，牢牢把握经济发展主动权，全力推动闽江口发展区重点项目建设，确保2013年全市经济发展开好局、起好步，实现一季度“开门红”。

12日，省委常委、市委书记杨岳带领市直有关部门领导到台江区调研民生事业建设。

15日，省委书记尤权到宁化街道社区卫生服务中心调研全科医生签约服务、全科医生培养、药品零差价执行以及政府财政投入等，现场观看团队责任医师签约过程，参观社区居民自我健康管理自助体检小屋和居民健康指导自助查询终端，在中心高血压俱乐部与社区居民交流，询问中心高血压俱乐部各项活动和社区居民参与体会，肯定区委、区政府对社区医疗卫生服务的投入，希望宁化街道社区卫生服务中心坚持以人为本，落实便民、利民、惠民措施，缓解群众看病难、看病贵问题。

16日，台江区2013年“两节”送温暖活动在区文化活动中心十一层会议厅举行，向35名困难职工代表发放年货、慰问金及春联。

17日，区委、区政府在区文化活动中心举办赠送仪式，向区内“文明之声”“闽水园”“歌声与微笑”等7个“激情广场大家唱”点赠送灯光、音响等设备，价值38.5万元。

同日，台江区首届优秀人才表彰大会在区机关五楼会议厅召开。

18日，原中外运公司鳌峰集装箱中转站地块采用拍卖方式出让，经19轮竞价，由中庚置业有限公司以5.87亿元拍得该地块（面积3.2633万平方米）的使用权。

23日，区委书记张忠、区长陈曾勇带领区直有关部门领导走访福建智恒电子科技有限公司、福建新中冠联合商贸有限公司、一丁集团、齐家集团福州分公司等重点企业。

25日，市委宣传部、市委文明办和区文明委联合主办的2013年“我们的节日·春节”主场活动暨“文明过年”系列活动在滨江旅游休闲广场启动。省委文明办副主任叶向平和市领导朱华、鄢萍、张献勇等出席启动仪式。

同日，区政协、福建百联实业有限公司联合在区机关大楼南门广场举行慰问捐助仪式，向辖区100位困难群众赠送慰问金和慰问品。

28日上午，区“三维”项目有关企业参加福州市土地拍卖会，并竞得相关地块。其中，央企项目——神华福建总部项目，由中国神华能源有限公司以3.8亿元竞得海峡金融商务区Y、Z地块（面积3.1693万平方米）的使用权；外企项目——郑和国际金融大厦项目，由郑和国际基金公司委托其子公司以1.19亿元竞得海峡金融商务区V地块（面积9913平方米）的使用权。

1月28日—2月1日，全区科级领导干部学习中共十八大精神专题研讨班在区委党校举办。

同月，郑和国际金融中心项目正式落户台江。该项目由郑和国际基金公司投资，系台江区“回归工程”重点项目和2012年“9•8”投洽会上台签约项目，投资总额2000万美元。

## 2月

5日，2013年区委工作会议在区机关大楼五楼会议厅召开。会议部署全区统战、组织、宣传、政法、党委办公室工作，向各街道党工委书记、办事处主任颁发2013年台江区社会管理综合治理工作责任书和信访工作责任状。

15日，区冬泳健儿在福州市第28届冬泳比赛中获得10个单项比赛中的4个单项冠军、3个单项亚军和4个单项季军。

18日，福州市举行“回归工程项目签约仪式”。台江区项目郑和国际金融大厦、鑫桥联合控股及中央第五街电子产业基地等3个合同项目上台签约，总投资26.6亿元。

20—24日，台江区举办2013年元宵灯会，130万人次入场观灯。

21日，举行区纪委十一届四次全会，学习贯彻第十八届中央纪委第二次全会、省纪委九届四次全会和市纪委十届四次全会精神，总结2012年全区党风廉政建设和反腐败工作，部署2013年任务。

## 3月

3日，“首届感动福州十大最美女性”评选结果揭晓。“最美女社工”台江鲲鹏青少年事务服务中心主任刘安娟服务青少年3万多人次，帮助682名“问题孩子”走出困境获此殊荣。

5日，“青春雷锋•美丽福州”福州市青年志愿者服务环境综合整治统一行动在宝龙城市广场举行，向市民收发3000份调查卷。

11日，省委常委、市委书记杨岳带领市直有关部门负责人调研城区旧屋区改造，实地察看上下杭太平汀洲苍霞地块，强调要下更大决心、花更大气力，全力推进城区旧屋区改造。

12日，中央综治办巡视员田大中率政法委调研组一行，由省、市、区政法委领导以及区法院党组书记、院长万玲陪同，到区法院物业纠纷法律服务中心调研指导社会管理创新工作。

同日，在鳄鱼公园举办2013年台江区全民义务植树运动32周年植树活动，300余人参加，种植樱花树苗150多株。

27日，“星星火炬　代代相传”主题大队会在双虹小学举行。双虹小学和一附小联办，区委党史研究室协办。省少工委副主任、省少先队总辅导员邱孝感，团市委副书记林巍，省少工委副主任、团省委少年部副部长陈超扬，团市委学少部部长林麟，省少先队副总辅导员陈晓华出席活动。

28日，首家省级人口早期发展指导中心——福建省蓓蕊人口早期发展指导中心在福州三木第二幼儿园举行开班仪式，省计生协会副会长陈奎主持。

29日，厦门市湖里区禾山街道社区工作者走访洋中街道金斗社区、茶亭街道洋头口社区，就社区信息化工作、精神文明建设、志愿者服务等进行交流。

## 4月

8—17日，上海东新村危旧房改造项目安置房——上海新苑回迁选房，2862户拆迁户参加。

10日，副省长李红由省卫生厅厅长朱淑芳、副市长黄忠勇、市卫生局局长郑道新、区委书记张忠、副区长黄勋蓉等领导陪同到宁化街道社区卫生服务中心调研考察。

12日，省政府教育督导室下发《关于公布2012年“双高普九”县和2011年度教育工作先进县名单的通知》，台江区作为一类县区获评“福建省2011年度教育工作先进县（市、区）”。

15日凌晨1时35分，义洲街道奋斗社区船厂下弄25号发生火灾，凌晨2时40分左右扑灭。受灾门牌号1个，6户19人，过火面积约300平方米，无人员伤亡。

19日，市计生协会副会长陈瑞麒带队到区调研基层协会工作，考察宁化社区人口文化主题公园、居家养老、青少年活动中心。

23日，省残联党组书记柯少愚一行视察区福乐家园及儿童脑瘫康复中心。

24日，市委常委、市纪委书记骆安生带领市纪委有关人员到区调研，察看洋中街道金斗社区基层党风廉政建设和区电子政务平台全国试点工作开展情况。市纪委常委、秘书长黄建新，区领导张忠、邓万铣等陪同调研。

26日，区委书记张忠带领区直有关部门领导，开展“基层特色党建”专题调研，走访苏宁广场重点建设项目指挥部、福州市中青家政服务有限公司党支部，听取区委组织部、区市容局、宁化街道、苍霞街道等单位关于项目党建、机关党建、非公党建等基层党建情况汇报。

28日，“南台墨影——第三回台江书法展”开幕式在福州画院举办。展出区书法家协会会员书法作品50余幅。

同月，宁化小学林玉华老师荣获福建省第六届小学英语优质课评比暨教学观摩第一名，并代表福建省参加5月21日的全国比赛。

## 5月

4日，“青春志·我的中国梦”台江区青年公益文化节在宝龙城市广场举行。

6日，省委常委、市委书记杨岳，市长杨益民率领市委市政府检查组到区检查工作，察看福机新苑限价房项目、闽江北港驳岸整治一期工程、王梓游艇码头项目、交通物流信息大厦项目。

15日，市人大常委会副主任鄢萍、市政协副主席张献勇带领市直相关部门负责人到区开展“三服务”（服务企业、服务项目、服务民生）活动。

17日，区邀请省保密局副局长吴飞鹏到区委党校举办“筑牢防线，严守秘密”保密工作讲座。

18—20日，台江区与福建王梓游艇销售有限公司联合举办“2013年福州首届游艇婚庆博览会”，系2013年“5•18”海交会系列活动之一。

20日，省委书记尤权、省长苏树林等省领导带领全省各设区市、平潭综合实验区党政主要领导和省直有关部门负责人到福州市开展工作检查，视察台江区海峡金融商务区项目。区领导张忠、陈曾勇等陪同检查。

22日，区委书记张忠带领区直有关部门开展“四下基层”（信访接待下基层、现场办公下基层、调查研究下基层、宣传党的方针政策下基层）“三服务”活动，走访宏盛建设集团、福建中防联博投资有限公司等企业、单位。

30日，区人口计生局、区计生协会联合茶亭街道在茶亭公园门口举办“台江区纪念第15个会员集中活动日暨幸福工程救助贫困母亲”大型宣传服务活动。

31日，区绩效管理、“五大战役”总结表彰会议在区文化活动中心一层会议厅召开，会议回顾总结2012年度区绩效管理、“五大战役”开展情况，部署下一阶段重点工作，宣读区委、区政府《关于表彰2012年度绩效管理工作优胜单位的决定》《关于表彰2012年度台江区实施“五大战役”工作先进集体的决定》。区领导为先进单位颁奖。

同日，区“红领巾相约中国梦”庆“六一”暨数字青少年宫项目启动。

同日，市人大常委会主任周振华到双虹小学和凤乐幼儿园看望少年儿童。

同月，台江区参加“5•18”海交会外资项目签约金额超上年420万美元。签约“三维”项目17项，其中内资项目5项，总投资55亿元；外资项目12项，总投资1.785亿美元，协议外资1.77亿美元。上台签约项目5项。

同月，宁化小学林玉华老师荣获全国小学英语教师教学基本功大赛一等奖。

同月，台三小在2013年福州市乒乓球锦标赛暨中小学生乒乓球联赛中，获得男子团体和女子团体总冠军，以及8个组别单打第一名。

## 6月

5日，福州市纪念“6•5”世界环境日宣传活动暨中华环保世纪行（台江）活动启动仪式在宝龙城市广场举行。活动以“同呼吸、共奋斗”为主题，省环保厅纪检组长葛秋移、副市长严可仕出席活动。

7日，市委常委、政法委书记陈为民，副市长、市公安局局长徐凡新带领市直相关部门到万象商圈社会管理服务中心调研城市综合体管理服务工作。

13日，区委书记张忠主持召开区旧屋区改造工作专题会议，听取关于2013年台江区列入全市城区旧屋改造计划的21项旧改项目（含新增的五一路沿线地块）进展情况、旧改扫尾项目和正着手推进的旧改项目进展情况的汇报并部署下一步工作。

28日，中共闽浙赣省委在福州太平山联络总站举行以“不忘党史复兴中国梦”为主题的中共闽浙赣省委福州太平山联络总站陈列室揭牌仪式，由区委常委黄建雄主持，区委常委、组织部部长陈高英讲话。市委党史研究室主任阮文光与区委书记张忠共同为陈列馆揭牌。

同日，区闽江北岸中央商务区重点项目党建工作会召开，向苏宁广场重点项目党员安全巡逻、党员攻坚突击队2支党员先锋队授旗。区领导陈高英、黄建雄及区直有关部门领导出席会议。

29日，市人大常委会副主任鄢萍带领市直有关部门领导到区开展“进万家门、知万家情、解万家忧、办万家事”活动，慰问低保户和困难党员。张忠、陈曾勇、陈高英、何长嘉等区领导陪同。

## 7月

1日，区个体私营企业协会党总支组织区“两街”、瀛洲、洋中、后洲、茶亭、义洲、鳌峰7个分会党支部及个私协会61名党员和入党积极分子到江西省井冈山市和南昌市开展党性教育活动。

2日，区委书记张忠带领区直有关部门负责人开展民生社会事业战役项目工作检查，检查福州十五中图书馆综合楼改扩建项目、区妇幼保健所卫生业务用房提升改造项目、达文里小区无物业整治项目以及金斗社区网格化社会服务项目，了解项目进展情况以及存在问题，强调要把民生项目作为开展“四个万家”活动重要抓手，把各项民生实事落到实处，取得实效。

5日，区长陈曾勇带领区直有关

部门领导到义洲街道开展“四下基层”及“三服务”活动。

9日，区召开省委巡视三组巡视工作动员会，区四套班子及区直有关单位领导参加会议。省委巡视三组组长南翔作动员讲话，市委常委、纪委书记骆安生代表市委就配合做好巡视工作提出要求，区委书记张忠代表区四套班子对省委巡视三组到区开展巡视发言。

10日，区召开贯彻落实中央“八项规定”专题汇报会。区长陈曾勇主持会议，向省委巡视组汇报区贯彻落实中央“八项规定”的情况。省委巡视三组领导南翔、石建华、郑正勤、陈青等，区领导张忠、邓万铣、陈高英、黄建雄等出席会议。

12日，区委书记张忠到后洲街道开展“‘四个万家’（进万家门、知万家情、解万家忧、办万家事）聚民心，‘六全推动’（全员包点、全面走访、全线助推、全情投入、全心服务、全力作为）求实效”主题实践活动，视察大庙新村无物业整治工作，回访汀洲社区结对困难户，调研下杭社区党建、房屋征迁前期工作开展情况，强调要充分发挥党员、志愿者先锋模范作用，经常深入群众开展宣传服务工作，营造良好氛围，帮助排忧解难。

18日，“台湾正品网”在海峡电子商务产业基地上线，食品、日用品、化妆品、茶叶、工艺品五大类2000多个台湾特色品种在线销售。

21日，上海街道辖区西二环中路604号（西二环中路与斗池路交叉路口西南侧）清口清汤面饮食店发生液化气轰燃事故。过火面积约8平方米，2人轻微灼伤。

24日，台江区首个非公有制环卫保洁企业党支部“中共福州安马环境服务有限公司台江项目部支部委员会”挂牌成立。

29日，区长陈曾勇带领区民政局等有关部门负责人到鳌峰洲社区开展“四个万家”活动，探望亚峰新区低保户程道勇和海润滨江花园孤儿黄显阳，送上慰问金及防暑降温慰问品，要求社区干部积极帮助他们解决生活困难。

31日，区道德讲堂总堂举办首场活动。全国第二届道德模范提名奖获得者、首届福建省道德模范吴熙讲述自身道德故事。

同日，区第七批“党员诚信店”授牌暨2012年度“模范党员诚信店”表彰大会在区委机关大楼五楼会议厅召开，15家“党员诚信店”被评为2012年度“模范党员诚信店”受到通报表彰，52家党员经营户被评选为区第七批“党员诚信店”，区领导分别为以上党员业主授牌。

同月，区文化市场综合执法大队参加“全市文化市场综合执法大练兵大比武”决赛，荣获团体第一名和个人综合成绩第一名。

同月，全面启动“摇一摇、找工作”微信平台，各街道、社区结合办理企业用工备案、签订“诚信用工承诺”等工作，收集发布招聘企业273家、招聘岗位1029个。

同月，广州富力地产商业综合大楼项目成功落地闽江北岸中央商务区。

## 8月

7日，全球最大酒店管理集团——洲际酒店管理集团，旗下超五星级皇冠假日酒店，正式签约入驻闽江北岸中央商务区融侨中心。该酒店是洲际酒店集团旗下高端酒店品牌，主要分布在世界主要都会、门户城市和度假胜地，此前福建仅有厦门一家。

8日，2013年台江区全民健身运动会开幕。

9日，区政协主席林品光带领相关机关干部到茶亭街道开展“四个万家”活动，探望生活困难老人。

10日，市长杨益民到区调研环境综合整治和旧屋区改造工作，强调要科学谋划，突出重点，超常运作，确保按序时进度要求完成各项既定目标任务。市领导林瑞良、郑建闽，区领导陈曾勇等陪同调研。

19日，市人大常委会主任周振华、副主任陈建平带领部分市人大常委会组成人员、人大代表视察五一路沿线南公园和中选、农贸地块旧屋区改造。周主任要求贯彻市委部署要求，咬定全年目标，攻坚克难，着力解决项目报批、房屋征迁、保障安置等困难和问题。

26日，省公安厅副厅长、副市长、市公安局局长徐凡新带领市公安局、交巡警支队等有关部门负责人到区检查文明城市测评迎检、义洲派出所白马岗警力部署和交通通行情况，就不足之处提出整改意见。

同月，北江滨东二环匝道征迁项目宣传工作启动。该项目征收补偿方案经有关部门论证后，于8月12日—9月11日向社会公布并征求意见。

## 9月

4日，市委常委、宣传部部长何静彦带领市直有关部门负责人到区开展“四个万家”活动，看望茶亭街道金洋社区文化站工作者，视察海峡金融商务区、鲲鹏青少年事务服务中心和区文化馆，探望美德少年吴佳玲。

10日，区召开2013年教师节大会，100多位新老师举行宣誓，表彰福州市第三十四中学等4个2012—2013学年度台江区教育工作先进单位及张燕等67位2012—2013学年度台江区先进教育工作者。

11日，区委书记张忠带领区房管局等有关部门负责人走访福建省轮船有限公司、福州市民天集团和福州市集体工业联社，开展涉迁（上下杭搬迁）宣传动员。

同日，区委书记张忠带领区直有关部门、街道负责人，走访福州八中、福州群众路小学、福州文教职业中专、福州华侨中学、福州四中等辖区市属学校，祝贺教师节。

23日，市长杨益民、副市长林瑞良带领有关市直部门主要领导到区调研，查看闽江北港驳岸整治一期工程先行先试段项目、上海东新村旧屋区改造回迁安置项目以及上下杭旧屋区改造项目，协调解决项目推进过程中遇到的困难和问题。区领导张忠、陈曾勇、邓万铣、李辉、何长嘉等陪同调研。

25日，区2012年度“纳税贡献突出企业”表彰会在区委机关大楼五楼会议厅召开。

同日， 2013年国家基础教育质量监测工作省级巡查组到区检查指导，省教育厅督导处处长陈祥祯为组长，查看区教育局保密室以及华伦中学、台三小、台实小、宁化小学4所样本校监测前准备情况。

同日，福州市2013年“诚信兴商”宣传月活动在万象城启动，现场接受群众咨询1000余人次，发放宣传材料10000多份、宣传册1000多本。

26日，省长苏树林一行到国货路小学了解班班通建设，教师在校用餐、工资待遇等问题，并与小学生交流。

同日，2013年台江区老年人健身展示会在区文化活动中心举行。

27日，区长陈曾勇、副区长李强带领区直有关部门负责人对富源有色金属制品有限公司、台江客运公司、排尾路木屋区、新港苑建筑工地、台江广场、好又多超市、台三小以及大丰收李家饭店等单位，开展专项检查，重点针对危险化学品安全生产、交通运输、消防安全、建筑施工安全、道路交通安全、食品安全、学校安全及液化气安全。

同日，国家卫计委公布2013年全国示范社区卫生服务中心名单，宁化街道社区卫生服务中心是福州市2013年唯一入选的基层医疗卫生机构，也是台江区继后洲街道社区卫生服务中心之后又一获此殊荣的单位。

30日，区委宣传部、区文体局在台江区文化活动中心剧场举行“中国梦·海西情”庆国庆激情广场大家唱晚会，大众之声、星夜之声、文明之声等7个团体为主合唱。

## 10月

17日，市长杨益民到区检查重点项目建设，要求按市工作部署，抓紧落实，推进福建海峡银行、福州农商银行总部大楼和苏宁广场等项目建设提速增效，提升闽江北岸中央商务区和海峡金融商务区形象。

24日，市长杨益民带领市直有关部门负责人到区检查上下杭旧屋区改造，慰问旧屋区改造指挥部工作人员，察看房屋征收政策以及征收房屋、安置房源等拆迁安置信息公开情况，了解工作进度。

25日，省委巡视三组向区反馈巡视情况，省委巡视三组正厅级巡视专员石建华、巡视组有关成员，市委常委、市纪委书记骆安生出席会议。

26日，区委组织部牵头组织结对共建社区——茶亭街道洋头口社区与市药监局在茶亭公园联合举办“全国安全用药月”宣传活动。接待群众咨询150人次，现场邀请两位同仁堂名医义诊50余人，免费血糖检测65人次，发放食品药品安全宣传手册150份、宣传DVD100份。

同日，团区委联合市慈善总会马长白慈善社团、中国青年海归协会福州分会举办以“我们爱你，山里的孩子；我们爱你，地球的孩子”为主题的“彩虹卡车”公益募款活动，现场募款7412元。

27日，区300名气功选手及广场舞代表队应邀参加第八届城运会倒计时两周年启动仪式展演。

同月，上下杭历史文化街区地块房屋征收工作正式启动。地块占地面积约31.83公顷，房屋建筑面积约40万平方米（住宅29.97万平方米），涉迁户4076户（其中公房1936户、单位房产129家），于10月8日下发房屋征收决定书，张贴征收补偿方案，明确安置房源、过渡期、征收补偿等内容。2013年10月10日至2014年1月15日为签约期。

同月，宝龙万象广场平战结合地下人防工程获国家人防办批准，开展“经营性人防工程规模化开发利用、集团化连锁经营和集约化投入产出一体建用维管建设发展新模式、基于BIM和IOT技术的人防工程全周期全寿命建设、运维融合集成系统研制及应用”四大试点项目建设。

同月，全市工商系统创新“1+3+N”服务基层模式在台江首试（“1”即当地县级政府；“3”即工商所、县级局和市工商局；“N”即区直相关部门）。市工商局、区政府在海峡电子商务产业基地联合召开现场办公会，现场解决问题11项，5项难题要求相关部门限期解决。

同月，省内首家广发银行进驻台江金融街。该行为广发银行全国第34家分行，主要为中小型企业提供包括现金管理、各类贷款、票据债券等金融服务，预计每年将为福州市增加上千万元税收。

同月，由神华集团与中国光华基金会捐赠的“神华爱心书屋”在龙津小学、瀛滨小学、中选小学挂牌成立，捐赠价值5万元图书，涉及儿童文学、外国名著、科普和工具书等类别。

同月，区综治办被省委、省政府评为2009—2012年度福建省社会管理综合治理先进集体。

## 11月

1日，市人民政府教育督导室8位督学分4组对区27所中小学开展全方位、全覆盖模拟评估。

2—7日，国家免疫规划督导评估工作在鳌峰街道社区卫生服务中心展开，通过随机抽样完成5个社区适龄儿童接种率调查任务。

4日，市委常委、统战部部长黄忠勇到区调研统战工作，视察陈文龙万寿尚书庙、张真君祖殿、铺前基督教堂和荷泽寺等宗教及民间信仰活动场所。

5日，区长陈曾勇带领区直相关单位领导，查看双虹小学、华伦中学和国货路小学，并在区教育局会议室听取有关学校教育用地情况以及迎接“全国义务教育发展基本均衡区”督导检查筹备工作汇报。

6日，省计生协专职副会长黄子曦、副会长兼秘书长陈友茂、市计生协专职副会长陈瑞麒等一行，到上海街道、义洲街道慰问“两户”特殊困难家庭。

8日，区新闻门户网站“台江新闻网”（www.tjxww.cn）开通上线，由区委宣传部主办，以新闻为核心内容，包括台江要闻、社会新闻、媒体聚焦、新闻人物、新闻专题、国际新闻、国内新闻、福州新闻等多个栏目。另设旅游购物、便民咨询和美食推荐等版面。

15日，“文明福州，书香满城”第八届福州读书月闭幕式在区文化活动中心举行，为获十大书香人家和读书明星家庭个人颁发证书。

18日，市委常委、市政府常务副市长陈大强到海峡金融商务区调研，提出3点要求：增派人员，推动项目拆迁；密切配合，加快施工进度；多管齐下，营造拆迁氛围。

20日8时50分，隆平路111号发生火灾。过火面积约150平方米，涉及9个门牌号，9户普通民房，其中8户与房屋征收指挥部签订征收协议。受灾民房未涉及文物，无人员伤亡。

21日，在市委宣传部召开的全市网络舆情引导工作会上，区委宣传部获评“2012年度网络舆情信息报送工作先进单位”“党的十八大网上宣传工作先进集体”；杨芳、潘温祥分别被授予2012年度网络舆情信息报送工作优秀组织者、2012年度网络舆情信息报送工作先进个人荣誉称号。

22日，省信访局局长林凤翔带队到区调研信访积案化解工作，肯定区信访工作，提出采取多种手段推进积案化解；重视初信初访，消除重信重访，减少越级上访发生，避免简单问题转化为复杂问题；特殊疑难信访事项公开评议要认真细致，承办单位要将评议工作做好做实。

24日，2013年台江区全民健身运动会闭幕。

26日，以国家督学、驻教育部纪检组副组长、监察局局长徐开濯为组长的国家认定小组到区开展“全国义务教育发展基本均衡区”督导检查。

同日，区政协组织区农工党、医药卫生界别委员到苍霞新城社区江滨老龄公寓义诊，免费为100余名老人检测心率、血压、心电图、白内障等，讲解老年养生保健、指导用药。

28日，市长杨益民带队到区调研上下杭历史文化街区保护修复，察看名人故居、历史建筑、文化遗存，听取保护修复工程工作汇报，了解征迁及群众安置情况，现场协调解决问题。

同月中旬，台江区参加2013年福州市全民健身运动会投篮比赛，囊括男女团体、男子个人组和女子个人组第一名。

同月，首届全国“书香之家”暨首届福建省“书香之家”评选活动落幕，台江区陈汉铮、林光文家庭榜上有名。

## 12月

1日， 全区73个社区整合成52个。其中8个街道62个社区整合成41个社区，宁化街道、鳌峰街道11个社区暂不整合。

3日，区委宣传部与区普查办联合召开第三次全国经济普查宣传动员工作会议，解读区第三次全国经济普查领导小组办公室与区委宣传部联合印发的《关于认真做好第三次全国经济普查宣传动员工作的通知》，就做好下阶段工作做总体部署和具体安排。

4日，区通过首批义务教育发展基本均衡县（市）区国家评估认定。

同日，省委政法委委务会议成员杨丽卿带领省综治领导责任制检查组调研鲲鹏青少年事务服务中心服务对象和社工工作模式。

同日，区委宣传部、区委政法委、区司法局联合区委台办、区民宗局、区妇联及各街道开展 “大力弘扬法治精神，共筑伟大中国梦”法治宣传活动，宣传新旅游法、新老年人权益保障法、妇女权益保障法、未成年人保护法等法律法规；结合上下杭房屋征迁，宣传《物权法》《国有土地上房屋征收与补偿条例》，发放宣传品2000余份，受益群众近千人。

10—11日，区委常委、统战部部长吴勤率领区建设局、经贸局、工商联等有关部门负责人和福建百联实业有限公司董事长陈居根等一行9人赴建宁县开展对口交流考察，举行“建宁—台江项目推介座谈会暨友好商会缔结签约仪式”。

15日，台江区被授予国家基础教育质量监测优秀组织单位。

21日，省卫计委中医药管理处副处长黄则贤带领专家组一行6人，到区评审创建“全国社区中医药工作先进区”，台江区通过省级评审。

23日零时30分，后洲街道迎晖社区民房发生火灾。受灾47户，过火面积约900平方米，未造成人员伤亡。区委、区政府组织有关部门和后洲街道连夜开展善后工作，安排受灾群众生活。

同日，区举行工商联各行业商会团支部授牌仪式。

同日，全省首家党员诚信店服务中心在中亭街成立。

24日，后洲街道迎晖社区迎晖横里火灾现场一处房屋断壁，公安、消防、街道等单位赶到现场抢险。25日凌晨3时险情解除，无人员伤亡。

25日8时20分，工业路时代名城旁山仔里70号住宅发生火灾，受灾18户，过火面积约300平方米，无人员伤亡。

26日，省委常委、市委书记杨岳到区调研经济工作。察看海峡金融商务区省建行总部项目，要求加快发展总部经济、现代金融等高端服务业，提升省会产业发展层级；察看上海街道社区卫生服务中心项目，指出要大胆探索创新，鼓励引导社会资本参与公共服务设施建设。

同日，区委组织部组织开展苏宁云商集团股份有限公司与罗源县马洋村开展“百企联百村共建新农村——修建罗源县马洋村村道”对接启动仪式。苏宁总部向苏宁慈善总会捐款25万元、苏宁慈善总会向马洋村捐款25万元修建村道。

同月上旬，台江中医院全国劳模吴熙“吴熙劳模工作室”被授牌，这是福州市首次创建23家劳模工作室中唯一一名医工作室。市总工会党组书记、常务副主席郑湘国为其授牌。

同月中旬，区外资企业福建宏盛建设集团有限公司获总部企业认定，成为市政府首批认定的23家总部企业之一。

同月，台江区被授予国家基础教育质量监测优秀组织单位。这是区继11月底顺利通过“全国义务教育发展基本均衡区”督导检查之后，获得的又一个国家级荣誉。

同月，瀛洲街道社区卫生服务中心入选2013年度省级示范社区卫生服务中心名单。

（区地方志办）

（编辑　何嘉芳）

# 区情概貌

## 基本情况

【地理】　台江区是福建省省会福州市的中心城区之一，位于市城区中部、闽江下游北港，介于北纬26° 02′ 22″—26° 05′ 24″、东经119° 16′ 23″—119° 22′ 25″之间。辖区东西最大距离11.16千米、南北最大距离5.58千米，总面积19.91平方千米，其中陆地面积18平方千米，占90.41%，水域面积1.91平方千米，占9.59%。东北与晋安区一河之隔，南、西南临闽江与仓山区隔江相望，北及西北与鼓楼区毗邻。中部和偏南部丘陵地稍高，四周低倾，尤以流沙冲积成陆的南部、东南部、西南部、西部平原地势更低。

境内中部和偏南部一带有火山岩、花岗岩组成的海拔高（罗零标高）12—33米的大庙山（33.3米）、彩气山（23.1米）、南禅山（20.3米）、吉祥山（20.68米）。境内有白马河、白马支河、大庆河、新港河、打铁港、瀛洲河、达道河、三捷河、茶亭河、光明港、光明港一支河、光明港二支河等，以及南公园、茶亭公园、鳄鱼公园、亚峰公园等园内湖、塘、河浦。

（区民政局　区地方志办）

【人口】　2013年，全区总户数1.21万户，户籍人口32.73万人，流动人口10.76万人，户籍人口比上年增加50人，平均每户2.71人。其中，男性16.35万人，占49.9%；女性16.37万人，占50.1%。

人口自然变动　全区出生人口3215人，出生率9.82‰；死亡人口1580人，死亡率4.82‰；人口自然增长1635人，人口自然增长率4.99‰。

人口机械变动　全区迁入9233人，迁出10818人，迁出多于迁入1585人，人口迁移负增长4.84‰。

（谢志洪）

【土地资源】　土地面积1708.79公顷，土地利用主要是居住用地、商业用地、工业用地和市政用地。福州市第二次全国土地调查台江区域面积：城镇村及工矿用地1408.24公顷，交通运输用地49.25公顷，水域及水利设施用地244.44公顷，耕地1.21公顷，其他土地5.65公顷。

（严为民）

## 行政区划

【概况】　2013年，台江区辖鳌峰、瀛洲、后洲、新港、洋中、茶亭、苍霞、义洲、上海、宁化10个街道，52个社区。

【社区区划变更】　上海街道　将原怡园、丹桂、交通一、交通二、交通三、菏泽、西洋、牡丹、河上、凤凰10个社区整合为交通、上海新苑、牡丹、西洋、河上、万象、凤凰7个社区。

义洲街道　将原奋斗、泰山、浦东、保兴、浦西、上游、太平7个社区整合为奋斗、浦东、保兴、浦西、泰山5个社区。

苍霞街道　将原苍霞新城、三保、万侯、河下、中平、长寿、同德、田垱8个社区整合为苍霞新城、三保、万侯、河下、中平5个社区。

茶亭街道　将原金洋、广安、阳光、仁德、洋头口、福德6个社区整合为广安、阳光、洋头口、福德4个社区。

洋中街道　将原金斗、达道、铺前、玉树、福明、横街6个社区整合为金斗、达道、玉树、铺前4个社区。

新港街道　将原利嘉城、南公、元一、新港、中选、十三桥、雁塔7个社区整合为利嘉城、南公、新港、十三桥、雁塔5个社区。

后洲街道　将原中亭街东区、中亭街西区、天华、迎晖、大同、安平、上杭、下杭、水巷、汀洲、龙岭11个社区整合为中亭街、上下杭、同晖、天华、水巷、汀洲6个社区。

瀛洲街道　将原红星、滨江、光明、建海、瀛东、两街、瀛福7个社区整合为红星、滨江、光明、建海、瀛东5个社区。

宁化街道　宁化、祥坂、长汀、福瑞、福祥5个社区未整合。

鳌峰街道　亚峰、福人、鳌峰苑、曙光、鳌峰洲、武夷绿洲6个社区未整合。

（张　偲）

## 国民经济发展情况

【概况】 2013年，台江区实现地区生产总值307.06亿元，同比增长11.1%，其中第二产业增加值67.97亿元，同比增长13.2%；第三产业增加值239.09亿元，同比增长10.5%。地区生产总值产业结构为22:78。全区人均地区生产总值6.7263万元，同比增长10%。

【工业】 实现工业增加值31.02亿元，同比增长13.6%。全区规模以上工业企业24家，完成规模以上工业总产值143.45亿元，同比增长14.1%，其中产值超亿元企业7家，完成产值135.72亿元，占规模以上工业总产值94.6%。

【固定资产投资】 完成全社会固定资产投资299.14亿元，同比增长17.8%，其中第二产业投资35.32亿元，同比增长13.8%；第三产业投资263.82亿元，同比增长18.36%。工业投资完成35.32亿元，同比增长13.8%。房地产开发投资完成113.29亿元，同比减少1.7%。商品房销售面积76.32万平方米，同比增长34.82%。

【贸易】 实现社会消费品零售总额325.99亿元，同比增长17.1%。限额以上企业实现商品零售额148.71亿元，同比增长29.2%，占社会消费品零售总额比重由上年41.91%提高到45.62%。

（陈 渝）

## 机构及负责人

### 中共台江区委员会领导班子名单

书　记：张　忠
副书记：陈曾勇
　　　　陈宗胜（6月免）
常　委：邓万铣
　　　　程　辉（8月免）
　　　　陈高英
　　　　李　辉
　　　　何长嘉
　　　　叶仁佑
　　　　黄建雄
　　　　刘　勇
　　　　吴　勤（8月任）

### 台江区人大常委会领导班子名单

主　任：林培清
副主任：郑琪鸿
　　　　郑功敏
　　　　宋晓非
　　　　卓小明

### 台江区人民政府领导班子名单

区　长：陈曾勇
副区长：何长嘉（常务）
　　　　严立武
　　　　郑则传
　　　　唐　寅（12月免）
　　　　李　强
　　　　吴晓云
　　　　陈　锦
　　　　刘华杰
　　　　买代提（挂职）
　　　　黄劭蓉（挂职）
　　　　黄胜进（挂职）

### 台江区政协领导班子名单

主　席：林品光
副主席：王建东
　　　　陈　飞
　　　　姚　强

**台江区人民法院**

院　长：万　玲（4月免）
　　　　高学健（代理，4月任）
副院长：高学健（4月任）
　　　　柳良渝
　　　　陈工建
　　　　丁香珠

**台江区人民检察院**

检察长：林　航
副检察长：陈　霄
　　　　郑启芳
　　　　黄兆茀（11月免）
　　　　程志宏（11月任）

### 中共台江区委机构及负责人名单

**区纪律检查委员会（与区监察局合署办公），区机关效能建设领导小组办公室（区机关效能投诉中心）挂靠纪委、监察局**

书　记：邓万铣
副书记：林　颖
　　　　陈英青
常　委：汪学民
　　　　许　良
　　　　陈是林
　　　　林云飞

**区委办公室（区委政策研究室、机要局、保密委员会办公室、保密局）**

主　任：王　文
副主任：徐忠醒
　　　　黄　泺

**政策研究室**

主　任：徐忠醒

**机要局**

局　长：傅友辉

**国家保密局**

局　长：梅学杰（8月任）

区委组织部（区委非公有制企业工作委员会挂靠区委组织部）
部　长：陈高英
副部长：梁挺华（11月免）
郭美月

区委非公有制企业工作委员会
书　记：郭美月（兼，3月任）

区委宣传部
部　长：李　辉
副部长：陈光明（常务）
杨　林

区委统一战线工作部
部　长：程　辉（8月免）
吴　勤（8月任）
副部长：李　炫

区委政法委员会（区社会管理综合治理委员会办公室）
书　记：叶仁佑
副书记：刘　宏
林　捷（4月免）
黄绍兴（4月任）
翁　翔（10月任）

综治办
主　任：刘　宏

区委台湾工作办公室（区政府台湾事务办公室）
主　任：陈少聪

区委机构编制委员会办公室（挂区政府机构编制办公室牌子）
主　任：陈孝敏（9月免）
彭益团（9月任）

区委区直机关工作委员会
书　记：陈宗胜（兼，7月免）
副书记：陈高英（兼）
黄建雄（兼）
陈顺生（常务）

区委教育工作委员会
书　记：李　辉
副书记：黄玉琴（常务）
王秀红

区委老干部局
局　长：阮章英
副局长：陈　兰

区委精神文明建设办公室
主　任：林　萍
副主任：王昭华

区委社区建设工作领导小组办公室
主　任：王美珍
副主任：林苏南

区委信访局（区政府信访局）
局　长：郑文青
副局长：郑健康

区机关效能建设领导小组办公室
主　任：陈是林

## 台江区人大常委会机构及负责人名单

区人大常委会办公室
主　任：张礼灿
副主任：张　旻

区人大常委会人事代表工作委员会
主　任：孙昭娴

区人大常委会法制工作委员会
主　任：吴木俤

区人大常委会财政经济工作委员会
主　任：张剑平
副主任：张秀钦

区人大常委会城乡建设与环境保护工作委员会
主　任：谢天霖

区人大常委会华侨（台胞）工作委员会
主　任：樊　宏

区人大常委会教育科学文化卫生工作委员会
主　任：陈　禾

区人大常委会信访局
局　长：岳海燕

## 台江区人民政府机构及负责人名单

区政府办公室（挂区人民防空办公室、区爱国卫生运动委员会办公室、区人民政府外事侨务办公室、区人民政府法制办公室、区双拥工作领导小组办公室牌子）
主　任：游善纯
副主任：董　斌
陈　华

区人民防空办公室
主　任：卢振云

区爱卫办
主　任：翁巧慧（9月免）
殷志翔（9月任）
副主任：钟天润

区法制办
主　任：郑　娟（9月任）

区发展和改革局
局　长：陈　林
副局长：郭丽玉

区经济贸易局
局　长：黄　飞
副局长：黄　旭
陈日光
吴群中

区建设局
局　长：耿　雨

副局长：吕华民
李元亨

区教育局（与区委教育工作委员会合署办公）
局　长：黄玉琴
副局长：王其忠
吴　予

区科学技术局
局　长：许　强
副局长：陈　清（9月免）

区民族与宗教事务局
局　长：陈　蓉

区监察局
局　长：林　颖
副局长：许　良
吴建贞

区民政局
局　长：林　青
副局长：林文水
邱健强

区司法局
局　长：吴燕娇
副局长：肖连华（11月免）
潘　榕

区财政局
局　长：唐新顺
副局长：黄晓茹

区人力资源和社会保障局
局　长：林　清
副局长：林　松

区公务员局
局　长：陈理胜
副局长：陈孝敏（兼，9月免）
彭益团（兼，9月任）

区环境保护局
局　长：林中杰
副局长：林志坚（9月任）

区住房保障和房产管理局
局　长：薛榕生
副局长：兰　剑
周　雯（9月任）

区市容管理局（挂区城市综合执法局牌子）
局　长：李　晋（兼，9月任）
涂忠铿（9月免）
副局长：陈汉春
范敏育

区安全生产监督管理局（挂安全生产委员会办公室牌子）
局　长：王贞用（9月免）
涂忠铿（9月任）
副局长：范　文

区对外贸易经济合作局
局　长：王钰玲
副局长：李　丹

区广播电视局
局　长：戴天惠
副局长：张艳珠

区卫生局
局　长：林　茂
副局长：柳　曦
林秀玲

区人口和计划生育局
局　长：胡羽中
副局长：何　升

区文化体育局
局　长：卓丹红
副局长：林德芳
梅学杰（9月免）

区审计局
局　长：张伯舜
副局长：李　萌

区统计局
局　长：江思毅
副局长：林福文

区旅游事业局
局　长：林燕宁
副局长：林　思（9月任）

区机关事务管理中心
副主任：牟秀娟
饶格明

台西科技园管委会
主　任：陈子湘
副主任：陈　辉
陈　钊

区物价局
局　长：陈美珍
副局长：王东琼

## 台江区政治协商委员会机构及负责人名单

区政协办公室
主　任：郭金光

区政协提案委员会
主　任：李　健
副主任：林宇芬

区政协经济建设委员会
主　任：黄元湘

区政协教科文卫体委员会
主　任：石丽钦

## 工商联机构及负责人名单

区工商业联合会
副主席：陈金平（常务）

## 社会团体机构及负责人名单

区总工会
主　席：程　辉（8月免）
　　　　吴　勤（8月任）
副主席：吴谋勤（常务）
　　　　任茂炳

共青团台江区委员会
书　记：陈云帆（9月任）

区妇女联合会
主　席：李曦瑜
副主席：黄向清

区科学技术协会
主　席：郑　刚
副主席：吴永飞

区文学艺术界联合会
主　席：商宝玉

区归国华侨联合会
副主席：钟如永（9月免）
　　　　林青芳（9月任）

区社会科学联合会
主　席：陈光明（兼，8月任）

中国国际贸易促进会台江区委员会（中国国际商会台江商会）
会　长：林秀云
副会长：李　强

区残疾人联合会
理事长：沈民远

区计划生育协会
副会长：胡羽中（常务）（兼）
　　　　杨浩明

区红十字会
副会长：钟如永（常务，9月任）

## 台江区副科级以上事业单位

区委党校
校　长：陈高英（兼）
副校长：王忠建（常务）

区委党史研究室
主　任：杨小萍
副主任：潘　清

区档案局
局　长：吴必武
副局长：杨仁梁

区地方志编纂委员会办公室
副主任：陈祥榕（9月任）

区行政服务中心
主　任：潘国营
副主任：陈艳玉
　　　　范建榕

区园林局
局　长：王长春
副局长：戴开贵
　　　　陈祥榕（9月免）
　　　　庄　宏（9月任）

区文化市场综合执法大队
大队长：邓颖灵
教导员：陈　杰（9月任）

福州台江步行街榕城美食街综合管理处
书　记：金天基
副主任：陈　杰（9月免）
　　　　王祥飞
　　　　郑金云

区疾病预防控制中心
主　任：胡建文

## 台江区各街道党政负责人

区鳌峰街道
书　记：林立清
主　任：杜成发

区瀛洲街道
书　记：刘友书
主　任：彭益团（9月免）
　　　　陈　清（9月任）

区后洲街道
书　记：林志勇
主　任：郑燕娟

区新港街道
书　记：何贞铨
主　任：陈施民

区洋中街道
书　记：辛承翠
主　任：林国晃

区茶亭街道
书　记：林朝樑
主　任：林友民

区苍霞街道
书　记：徐　超
主　任：林　琼

区义洲街道
书　记：杨　强
主　任：江为民

区上海街道
书　记：张统廉
主　任：徐　平

区宁化街道
书　记：陈子湘（兼）
主　任：黄　锋

（区委组织部）

（编辑　何嘉芳）

# 中共台江区委

## 重要会议及活动

**【区委十一届八次全会】** 1月2日召开。会议深入学习贯彻中共十八大、中央经济工作会议和省委九届六次全会、市委十届五次全会精神，回顾总结2012年工作，部署2013年和今后一个时期经济社会发展等各项工作。区委书记张忠要求，全区各级各部门要紧密团结在以习近平为总书记的党中央周围，以十八大精神为指引，全面落实区第十一次党代会部署，坚定信心、把握机遇，凝心聚力、开拓进取，全面推进社会主义经济、政治、文化、社会、生态文明建设和党的建设，在更高起点上加快建设科学发展、文明幸福新台江，推动台江科学发展新跨越。

**【区委工作会议】** 2月5日召开。会议对2013年全区办公室、组织、宣传、统战、政法工作进行统一部署。区委书记张忠强调，全区各级各部门要围绕中心、服务大局，切实增强做好各项工作责任感和使命感；要突出重点、协调推进，奋力开创各项工作新局面；要转变作风、狠抓落实，努力推动各项工作取得新成效。区委书记张忠、区长陈曾勇分别向10名街道党工委书记、办事处主任颁发2013年台江区社会管理综合治理工作责任书和信访工作责任状。

**【区纪委十一届四次全会】** 2月21日召开。会议深入学习贯彻十七届中央纪委第七次全会和省纪委九届四次全会、市纪委十届四次全会精神，研究部署2013年全区党风廉政建设和反腐败工作。区委书记张忠要求，全区各级党组织和广大党员干部要认真学习领会，切实增强推进反腐倡廉建设责任感和使命感；要突出重点要求，以反腐倡廉实效取信于民；要切实加强领导，努力开创区党风廉政建设工作新局面，为推进台江科学发展、跨越发展提供坚强纪律和作风保障。

**【绩效管理和“五大战役”工作表彰会】** 5月31日召开。会议通报2012年绩效管理、“五大战役”工作进展情况，表彰84个2012年度绩效管理工作和实施“五大战役”先进集体。区委书记张忠要求，全区各级各部门要继续保持奋发有为精神状态，开拓进取，苦干实干，确保圆满完成全年目标任务，在推动台江科学发展、跨越发展中再立新功。

**【省委巡视三组到区开展巡视工作】**

7月9日—8月2日，巡视组按照中央和省委关于巡视工作指示和要求，围绕党风廉政建设和反腐败工作这个中心，开展个别谈话，受理群众来信来访，调阅有关文件资料，到基层了解情况，完成巡视任务，于10月25日向台江区作巡视情况反馈。

**【区委十一届九次全会】** 9月5日召开。会议深入学习省委九届九次全会和市委十届六次全会精神，对区对接新区建设、推进对口协作、加快经济社会发展等各项工作作出部署。区委书记张忠要求，全区各级各部门要全面贯彻省委、市委全会精神，切实增强责任感和使命感，抢抓机遇、真抓实干，团结拼搏、奋力攻坚，合力推动台江科学发展新跨越，为在更高起点上加快建设闽江口金三角经济圈，为实现福州科学发展跨越发展做出新的更大贡献。

**【全区工作思路调研活动】** 10月中旬至12月下旬，由区四套班子主要领导和区委常委黄建雄牵头负责，其他区领导、区直有关部门和各街道主要负责人参加，围绕2014年工作思路和“立足连片开发、滚动实施、市场化运作，加快推进旧屋区改造”“推进环境综合整治，打造宜居宜业核心区”“做大做强‘闽江游’，做响做优‘闽台旅游胜地’品牌”“推进项目建设，打造‘省会总部经济集聚区’品牌”等14个课题开展调研。通过调研，谋划2014年全区工作，努力在新的起点上加快推动台江科学发展跨越发展。

## 重要接待

1月11日，省委常委、市委书记

杨岳视察闽江北岸中央商务区海西金融大厦、海峡金融商务区宇洋金座大厦等，区委书记张忠、区长陈曾勇等陪同。

1月12日，省委常委、市委书记杨岳视察宁化街道社区卫生服务中心，区委书记张忠、副区长陈锦等陪同。

1月15日，省委书记尤权视察宁化街道社区卫生服务中心，区委书记张忠、区长陈曾勇等陪同。

3月11日，省委常委、市委书记杨岳视察上下杭和太平汀洲、苍霞地块，区委书记张忠、区长陈曾勇等陪同。

4月10日，副省长李红考察宁化街道社区卫生服务中心，省卫生厅厅长朱淑芳、副市长黄忠勇、市卫生局局长郑道新、区委书记张忠、副区长黄劭蓉等陪同。

5月6日，省委常委、市委书记杨岳，市长杨益民率领市委、市政府检查组先后视察福机新苑限价房、闽江北港驳岸整治一期工程、王梓游艇码头、交通物流信息大厦等，区委书记张忠、区长陈曾勇等陪同。

5月20日，省委书记尤权、省长苏树林等省领导率领全省各设区市、平潭综合实验区党政主要领导和省直有关部门负责人到福州市开展工作检查，在台江区视察海峡金融商务区，区委书记张忠、区长陈曾勇等陪同。

7月10日，省委常委、政法委书记苏增添视察万象商圈社会服务管理中心，召开座谈会，区委书记张忠，区委常委、政法委书记叶仁佑等陪同。

8月10日，市长杨益民视察西二环沿线景观整治、安南路街巷整治及太平汀洲旧屋区等，区长陈曾勇等陪同。

9月12日，副省长陈冬视察上下杭历史文化街区陈文龙纪念馆等，副市长林瑞良、区长陈曾勇等陪同。

9月23日，市长杨益民视察闽江北港驳岸整治一期工程先行先试段项目、上海东新村旧屋区改造回迁安置项目以及上下杭旧屋区改造工作等，在上下杭旧屋区改造指挥部会议室召开会议，区委书记张忠，区长陈曾勇，区委常委、区纪委书记邓万铣等陪同。

9月26日，省长苏树林视察国货路小学“班班通”在课堂教学中实际应用，区委书记张忠、区长陈曾勇等陪同。

10月17日，市长杨益民视察福建海峡银行、福州农商银行总部大楼和苏宁广场等，区长陈曾勇等陪同。

11月22日，省信访局局长林凤翔到区调研信访积案化解工作。市政府副秘书长、市信访局局长陈宗胜，区委书记张忠，区委常委、政法委书记叶仁佑，区委常委、常务副区长何长嘉等陪同。

11月26日，国家督学、驻教育部纪检组副组长、监察局局长徐开濯视察区“全国义务教育发展基本均衡区”建设情况，省教育厅副厅长刘平、市教育局副局长严星、区长陈曾勇、区人大常委会主任林培清及区委常委、教育工委书记、宣传部部长李辉等陪同。

11月28日，市长杨益民视察上下杭历史文化街区名人故居、历史建筑、文化遗存等，在上下杭旧屋区改造指挥部会议室召开会议，区委书记张忠、区长陈曾勇等陪同。

12月26日，省委常委、市委书记杨岳视察海峡金融商务区建行福建省总部、上海街道社区卫生服务中心等，区委书记张忠等陪同。

（陈 婷）

## 纪检监察

【概况】 2013年，台江区纪检监察机关加强反腐倡廉宣传教育，强化权力运行监督和制约，查处违纪违法案件20件，对重大项目开展效能监察和监督28项次，监督检查单位112个，效能问责19人次。

【廉洁从政建设】 加强反腐倡廉宣传教育，举办廉政文化进校园现场展示会、新提任科级干部“倡廉同乐”林植树、元宵灯会“倡廉同乐”主题灯组等活动，健全领导干部廉洁教育常态化机制。

出台《台江区科级干部任前廉政知识考试暂行规定》，建立科级干部“凡提必考”制度。出台《关于建立健全区管干部廉政谈话提醒机制的意见》，对新提任或转任领导职务的77名科级干部进行廉政集体谈话，诫勉谈话6人次。出台《台江区经济责任审计结果执行及整改情况联合督查暂行办法》，推动经济责任审计整改工作规范化、制度化，促进经济责任审计成果运用。

全区各级各部门开展会员卡清理，1839人报告零持有。评先评优和提拔任用干部坚持标准、严格把关，审核单位368个、447人。加强基层党风廉政建设，整改“八项规定”责任追究不到位、经济合作社“三资”（资金、资产、资源）管理等问题，规范“三资”管理，强化违反“八项规定”责任追究。

【监督检查】 采取区级领导明察暗访、部门街道交叉互访，开展机关效能建设督查，效能问责19人次，对“拆出来、建起来、招进来”台江科学发展“三部曲”、“五大战役”、工程建设领域突出问题专项治理、上海东新村危旧房改造项目安置房回迁选房、上下杭历史文化街区保护改造等重大项目开展效能监察和监督28项次，监督检查单位112个。

【案件查办】 立案20件、20人，其中科级4件、4人，移送司法机关处理1人，为国家和集体挽回经济损失16万元。加强区纪委谈话点规范化建设和办案安全监管等基础性工作，新建近100平方米谈话点；建立完善办案点安全管理台账，抓好案后整改，向发案单位发出《纪律检查建议书》4份，

区委常委、纪委书记邓万铣（前右四）参加2013年台江区党员干部共植“倡廉同乐”林活动（区纪委 供）

提出整改意见10条。

【政风行风工作】 从群众反映强烈的突出问题入手，推动办事公开，深化纠风专项治理，开展教育违规收费、医药购销、企业节能减排和减负工作等领域监督检查，规范保障房信息公开和基层执法行为。

（齐海绪）

【绩效管理】 制订《台江区2013年度绩效管理工作实施方案》，全区10个街道和74个区级机关单位纳入绩效管理。组织中期、年终察访核验，强化绩效整改，落实主体责任。全年区绩效管理经济、社会指标考核得分86.28分，居全市第5名；总评85.71分，居全市第5位。

【机关效能建设工作】 调整充实区机关效能建设领导小组、绩效管理工作领导小组、政务公开和政务服务工作领导小组及政府信息公开领导小组，建立“电子考勤”制度、“四牌”（工作牌、职责牌、办事指南牌、去向牌）制度、政务公开制度、值班制度、效能建设“八项制度”、执行工作纪律“六个不准”规定等，制度上墙，对照自查，制定下发《台江区强化机关作风和工作纪律10项细则措施》并上网公布，接受群众和社会监督。

围绕“五大战役”、创建工作、信访维稳、安全生产等中心工作开展效能督查，整治工作人员“庸懒散拖”现象，对行政不作为、慢作为、乱作为等强力问责，效能问责19人次，其中效能告诫9人次，诫勉教育9人次，通报批评2人次。下发《关于深入推动“马上就办、办就办好”工作落实的实施意见》，在区工商局和上海街道试点基础上，全面开展“马上就办”活动，提升服务群众工作效能。区机关效能投诉中心受理社会投诉162件，应办结162件，实际办结162件，办结率100%。出台办理机关效能投诉事项“路线图”规定，规范办理效能投诉。在受理、批转、办理、审核、评论5个环节，对“12345”便民呼叫热线运行全程网上监督，促进各级各部门认真解决群众和企业诉求。“12345”公众诉求件1.501万件，群众满意率99.43%。

（区效能办）

【规范权力运行】 运用“科技+制度”等手段，确保权力运行公开透明。在全市县区级政府中率先构建电子政务统一运行平台，试行电子政务目录国家新标准，拓展对区级政府信息公开电子监察，电子政务全面向基层延伸部署，强化权力运行监督和制约。

公务用车、办公用房专项治理 试点“三公”经费网上公开，严格控制各项会议、活动经费及全区性会议、文件数量。“三公”经费支出分别下降23%、35%和36%。牵头开展街道和区直部门贯彻落实中央“八项规定”和厉行节约、反对浪费三轮督查，查处区市容局执法大队公车私用案件，3名责任人（其中科级干部2人）受到党纪处分并通报全区。

行政权力阳光运行平台 区直部门行政职权项目从420项压缩至237项，其中行政许可事项压缩至108项，办理时限均压缩至法定时限的40%以内。全区314个行政许可项目及公共服务事项全部纳入网上审批系统管理范围，受理审批项目2359个，办结2062个，办结率87.4%。完善网上行政处罚及执法监察系统建设，行政处罚事项按照违法情形不同全面量化，行政处罚裁量“零自由”，网上行政处罚立案540件，结案538件，结案率99%，处罚金额43.36万元。网上行政职权运行廉政风险点，对政府信息公开、行政审批、行政处罚和诉求办理全方位实时电子监察。“全球眼”视频系统对全区各级各类政务服务窗口工作秩序、服务态度等实时全方位视频监控。

电子政务全国试点工作 电子政务平台政务公开和政务服务，实现“四个率先”（率先构建电子政务统一运行平台、率先试行电子政务目录国家新标准、率先拓展对区级政府信息公开电子监察、率先尝试电子政务全面向基层延伸部署），形成“四大集群”（网络集群、信息集群、政务集群、监察集群）统一管控、运行。电子政务平台建设向街道、社区延伸，电子政务信息化服务向“窗口”单位拓展，电子政务效能监察全面向便民服务站布局，电子政务应用功能向提升工作效能转变，优化发展环境，服务中心任务、服务社会公众、服务企业办事。区试点做法在中纪委监察部、省委办公厅、市委办公厅内刊刊载，省纪委副书记、省监察厅厅长陈善先作批示。

（区纪委 区效能办）

## 组织工作

【概况】 2013年，台江区委组织部围绕福州新区开放开发、闽江口金三角经济圈建设和区委中心工作，全面推进党的建设和组织工作，干部队伍、人才队伍、基层组织和党员队伍建设创新特色，被《中国组织人事报》《八闽快讯》《福建日报》《福州日报》等报道。年内接收安置7名军转干部，录用党群系统公务员和机关单位工作人员15人。

【干部队伍建设和改革】 从中心工作一线培养选拔干部，在重点项目建设、打好“五大战役”、创建文明城区、景观改造、上下杭房屋征迁等工作实践中考察识别、培养选拔干部。配齐配强群团组织班子，加大女干部、年轻干部和党外干部提拔力度。提拔科级干部18名，其中女干部13名，党外干部6名，45周岁以下干部14名。重要干部区委全委会票决，在区委全委会闭会期间，对5名街道和区直单位党政正职拟任推荐人选征求区委委员、候补委员意见。对35名试用期副科级干部考察实行一年任职试用期，任职期满考察合格予以正式任职。开展《党政领导干部选拔任用工作条例》自查，接受省委第三巡视组、市委干部任用条例检查组检查。干部选拔任用工作程序、任前公示、全委会票决、“一报告两评议”制度受到省委第三巡视组肯定。中心工作锤炼选拔干部机制、四级监督网络受到市委干部任用条例检查组肯定。

【干部监督管理】 完善干部监督四级网络，开通“12380”举报电话，强化内部监督、部门监督、社会监督及群众监督，形成监督合力，覆盖面扩大至领导干部工作圈、生活圈、社交圈。完善任前监督机制，每季度召开干部监督联席会议，加强与执纪执法部门沟通联系，及时掌握领导干部违纪违法等信息，对18名拟提任对象事先征求纪检、监察、检察、综治、计生、文明办等单位意见，防止“带病提拔”。规范领导干部任期经济责任审计，对2名街道办事处主任开展任中审计。

【干部教育培训】 选派2名科级以上干部到南京挂职锻炼，4名后备干部到市、区信访局挂职锻炼。36名处级干部、395名科级干部参加中共十八大精神轮训，14名处级干部、82名科级干部参加省、市、区委党校主体班培训及“推进福州生态文明建设”“创新社会管理、推进社区建设”等专题研讨班培训。98名干部参加在职学历教育，67名干部办理学历更改。

【人才队伍建设】 1月17日，召开区首届优秀人才评选表彰大会，表彰24名优秀人才。起草制定《台江区引进高层次优秀人才奖励暂行办法》，为各类高层次人才提供奖励资助、住房补贴、生活待遇等政策，吸引高层次人才到台江区创新创业。组织优秀人才参加市“百企联百村、共建新农村”活动，与连江、罗源3个自然村结对。加大人才工作宣传力度，台江区政务公开栏、党建网、《组工信息》开辟“人才工作宣传月”专栏。区人才工作经验做法被《八闽快讯》以《福州市台江区推进人才强区工程建设》为题刊载，省委常委、组织部部长姜信治作批示。

【基层党组织建设】 超额完成“百日攻坚行动”任务，实现“两个覆盖”（党组织覆盖、党的工作覆盖）。评选第七批党员诚信店52家，全区党员

区委常委、组织部部长陈高英（右一）参加苏宁广场项目临时党支部授牌仪式

（区委组织部 供）

诚信店468家。评选2012年度“模范党员诚信店”15家。建立全省首家“党员诚信店”服务中心。调研论文《建机制 抓实效 扩影响 擦亮“党员诚信店”品牌》获全市非公党建优秀调研成果一等奖。在全省率先试点“企业家党员任个私协党支部书记”。开展“百企联百村，共建新农村”活动，8家企业党组织结对7个村，帮扶项目5个、帮扶资金84万元。推广“135”（一个中心、三支队伍、五项机制）社区党建模式，建立街道（社区）大党（工）委制，推行网格化党建开展“一居一特色、一居一亮点”活动，完成“一十百”党建示范创建，培育区级党建示范社区13个，2个非公企业党组织被确定为市级非公党建精品单位，8家非公企业党组织被确定为市级非公党建示范单位。4个后进社区全部晋位升级。探索基层服务型党建工作，提高社区党组织创新和社会管理能力。提升台江特色滨江党建、项目党建工作水平，开展“党员示范岗”主题创建活动，建立“三方合一”（项目方、承建方、街道方）项目党建新模式。基层党建工作获省委巡视组肯定和表扬。基层党建位列全市2013年度绩效考评第一。

【党员队伍建设】 实施“二三五”（两支队伍、三级平台、五项制度）党员教育培训工程，依托区党员理论教育中心、区党员创业就业培训中心、区党员干部现代远程教育培训中心和街道基层党校、社区远程教育站点，建立三级党员教育培训体系，重点抓社区党组织书记、大学生社区工作者党员培训、新党员培训等7个培训班次。调整充实党员教育培训师资队伍，全区专兼职教育队伍60余人。完善党员集中轮训、党员经常性教育、党员教育培训考评激励等基层党员教育培训机制，推进党员教育培训工作制度化、常规化。开展发展党员业务轮训，完善发展党员工作制度，发展新党员190名。完善党内关怀帮扶机制，走访慰问老党员、老干部和生活困难党员383人，发放慰问金、慰问品26.16万元。

（许婷婷）

## 宣传工作

【概况】 2013年，台江区宣传思想文化工作实施“读、讲、演、颂、展、评、研、行”八部曲，推动中央十八大精神“四进四入”，被省委宣传部推广。中央、境外、省、市主流报刊媒体发稿800余篇。以“台江新闻网”为平台，报道区委、区政府重要决策、中心工作和工作动态，做好主题宣传、理论学习、典型宣传及重点活动宣传。推荐各类“道德模范”“身边好人”，通过道德讲堂、先进事迹报告会、演讲比赛、文艺演出等载体宣传典型事迹。向福州市网络舆情信息平台报送信息，总成绩位列全市第一。文化产业增加值21.9亿元，与上年同期相比，增长26.2%。

【理论工作】 下发《台江区2013年理论工作要点》和《区委学习中心组2013年理论学习安排意见》，举办7场学习（扩大）会、12场基层党委学习讨论会、8场学习心得交流会，基本实现“理论学习、调查研究、解决问题、推动工作”四位一体。实施“读、讲、演、颂、展、评、研、行”八部曲，推动中央十八大精神“四进四入”（进机关入支部、进社区入居户、进商贸入企业、进校园入课堂），宣讲活动100余场，受众2万余人次。结合学习总书记习近平一系列重要讲话，开展中国特色社会主义和实现中华民族伟大复兴“中国梦”宣传教育，举办“中国梦”青年座谈会、读书会、征文、知识竞赛活动。社区读报沙龙、道德讲堂“群”、社区读报组、百姓讲坛、民俗讲坛等10个基层理论宣传平台。区四套班子领导、干部宣讲团、业余讲师团、社区政治理论宣传员等下基层宣讲20多场，受众1.5万余人次。调研文章30余篇，其中20余篇被《福州宣传》《福州社会科学》等刊发。汇编《探寻电子商务》《探觅社区建设》《探访精神文明》《探求基层党建》系列读本，在全市率先开展“知行读书会”活动。

【新闻宣传】 报道元宵灯会、环境综合整治、道路交通安全综合整治、“六五”普法、“我们的节日”、诚

区委中心组举行《在推进“中国梦”的实现中深入开展群众路线教育实践活动》专题学习讲座

（区委宣传部 供）

区委宣传部被评为2012年度网络舆情信息报送工作先进单位
（区委宣传部 供）

信兴商、经济建设、文明建设、民生工程、海峡两岸经贸交易会（下文简称“5•18”海交会）、海峡项目成果交易会（下文简称“6•18”项交会）、海峡两岸文博会等活动。

中央、境外、省、市主流报刊媒体发稿800余篇（条），《人民日报》、新华网、《新华每日电讯》、《求是》（理论网）、《中国监察》、《中国纪检监察报》等报道30余篇（条），《福建日报》、《福州日报》、《福州晚报》、东南网等10余家省市媒体报道753篇（条）。中央电视台播出新闻5条、专题新闻2条，省属电视台报道20条，福州电视台报道48条、《城区新闻》报道120条，省、市电视台播出新闻188条，专题片5部。

街道和社区建成一批社会宣传阵地、学习园地、宣传橱窗和户外宣传栏。台江新闻网开辟“上下杭历史文化街区保护性开发改造”专栏，报道相关法规政策、工作情况和典型事迹。《台江宣传》杂志改版，设精神传达、主题策划、文明视点、典型宣传、走进社区等栏目，推荐“道德模范”“身边好人”30余人，社区、教育、医疗、城建等领域人物王锋、蔡标兵、韩霞霞、原东方、王木镜等事迹以及中亭街帮扶会、福乐家园、河下社区“爱心食堂”等团体被新华网、《福建日报》、《福州日报》、福州电视台等媒体报道。通过道德讲堂、先进事迹报告会、演讲比赛、文艺演出等载体宣传典型事迹。完善社会宣传联动机制，明确职责，细化分工，沟通协调，组织配合消防、安全生产、禁毒、计生等部门开展社会宣传集中活动。

**【文化产业】** 增加值21.9亿元，比上年同期增长26.2%，增加值占区GDP7.2%，比上年同期上升1个百分点。

*海峡电子商务产业基地* 入驻电商企业56家，总注册资金7.2亿元，园区年营业额30亿元，税收2000多万元。电子商务培训中心、海峡电子商务呼叫中心、海峡电子商务育成中心、海峡电子商务物流运筹中心、闽台电子商务服务中心列国家电子商务示范城市试点项目，获1760万元资金支持。

*榕都318文化创意艺术街区* 建设和运营总投入7300万元，占预算的112%，其中，文化创意产业公共服务平台功能需求改造投入近1000万元。入驻企业45家（含入驻孵化园6家），以创意、设计、策划类为主，街（园）区年总产值2亿元。

*“闽水文化之旅”品牌建设* 通过旅博会、省国资委产品推介会、婚庆展会平台和福建电视台、《海峡都市报》、腾讯大闽网、“987”电台等媒体扩大宣传，提升“闽江游”品牌形象和知名度。接待游客15万人次，营收621万元，“闽江游轮”被授予省级青年文明号。连江黄岐—台湾马祖旅游观光航线筹备工作小组，启动项目调研、政策分析、业务咨询、安全管理体系建立、人员资质培训、船舶寻租（购）等前期准备工作。初步建立SMS安全生产管理体系，完成人员资质培训，确定租赁运营船舶等。

*上下杭历史文化街区* 以居住、商业、旅游、文化等复合功能为定位，房屋封闭移交市历史文化名城保护开发公司保护和修复，建设福州传统建筑文化特色和社区文化特色的传统街区。地块土地收储征迁占地面积约31.83公顷，房屋总建筑面积约40万平方米（其中住宅29.97万平方米），4076户（其中居民户3326户）。至年底，签约3233户，签约率97.2%，其中货币补偿安置1037户，产权调换安置2196户。

*福建恒业电影发行有限公司* 影片招商获联想电脑、蒙牛真果粒、苹果电脑等10家国内外知名品牌植入，收入近500万元，开发销售电影衍生产品，收入近6万元，创造3亿元票房。福建省广电局协助拍摄，恒业电影出品、摄制、营销及发行电影《被偷走的那五年》，国内首轮公映票房1.5亿元，为福建省出品唯一票房破亿电影；中国香港地区票房近1600万元，是2013年度香港华语电影票房第8名；中国台湾地区票房2000万元，是2013年度中国台湾地区国语片票房第3名；获福建省文艺发展基金项目资助

以及福建省影视精品创作生产奖励；入围第16届上海电影节金爵奖；亮相第18届摩洛哥拉巴特国际电影节，为唯一一部主竞赛单元中国影片。

【网络舆情】 坚持“积极利用、科学发展、依法管理、确保安全”方针，正面引导舆论。以“台江新闻网”为平台，编辑、刊发新闻，报道区委、区政府重要决策、中心工作和工作动态，做好主题宣传、理论宣传、典型宣传及重点活动宣传。组织网络评论员对“习总书记重要讲话”“十八届三中全会”“薄熙来公审公诉”“雅安地震”“神十发射”等热点话题进行网上宣传引导。对速八酒店倒塌、达道牛肉店煤气爆炸突发事件，组织网评员发帖、跟帖解释疏导，正面引导网络民意。搜集、上报、分析网络舆情信息，关注社会热点问题、突发事件、群体事件，涉及区舆情第一时间收集上报。向市网络舆情信息平台报送信息43236篇，其中3459篇被省级采用，1135篇被市级采用，20篇被市级专报，总分位列全市第一。

（区委宣传部）

## 统战工作

【概况】 参加市委、市政府回归工程签约仪式项目3项，总投资26.6亿元。区、街、社区三级统战工作网络，形成“相互渗透、资源共享、双向服务”机制，统战工作渗透到社区建设、公民道德教育、文明城区创建、“平安台江”建设中。

【多党合作与政治协商】 牵头起草《台江区关于进一步加强新形势下党外代表人士队伍建设的实施办法》。5月，民革区工委到闽清坂东镇中心小学开展“海西春风——送艺术进校”活动。9月，协助民建区工委换届。11月，民建区工委、区工商联与新华都商学院联合邀请青岛啤酒股份有限公司名誉董事长金志国教授作“突破成长瓶颈”演讲。规范季谈会，制订议题、提前通知、会中座谈、形成纪要、会后办理反馈等工作程序。完善与各民主党派、工商联双月联系座谈会制度，引导民主党派、工商联开展“四个万家”活动，走访党外干部及所在单位。

【非公有制经济工作】 组织民营企业家参加区委民主党派、工商联代表人士季谈会等。区委、区政府领导作经济发展形势报告，协调企业发展方向与区委、区政府中心工作对接。结合“‘四个万家’聚民心、‘六全推动’求实效”活动，开展“三服务”，解决企业市场开拓、技术创新、资金周转、用地审批及用工招聘等方面困难。指导区工商联（总商会）编发《台江商会》月报，刊登国家和省、市关于支持中小企业健康发展的各项政策文件，通报行业商会及会员信息，帮助会员企业提升综合素质。1月7日，区服装商会召开第三次会员代表大会，加挂市服装同行公会牌，选举新一届商会班子。2月26日，区工商联（总商会）九届二次执委（扩大）会议召开，传达学习十八大精神，审议通过届中人事调整。4月21日，牵头指导服装商会赴泰国考察及商务交流活动；推进“回归工程”，收集信息、协调各方、统计上报等。6月25日，结合市政建设和商圈改造，重新规划中亭街、五金机电城功能定位，指导组建“台江商会总部大厦”“海峡五金机电城”等项目筹备组，呼应海峡金融商务区建设。8月26日，与劳动、民政等部门联合召开“创业带动就业暨优惠信贷融资”等座谈会，鼓励民营企业为下岗职工、大中专毕业生、复退军人提供就业服务。9月6—11日，组织区总商会非公经济人士到湖南韶山考察学习。促进民营企业进入文化创意、工业设计等新兴产业，打造特色文化品牌。引导企业转变增长方式，提高附加值，加快企业转型升级。

【“春风·春雨·光彩”行动】 开展产业帮扶、公益帮扶、智力帮扶、结对帮扶、法律帮扶，推进海西“春风·

9月，区委常委、统战部部长吴勤（前排左二）与党外人士深入上下杭开展“四个万家”活动

（区委统战部 供）

春雨·光彩”行动。1月25日，区总商会班子成员到罗源县开展“五老及失依儿童结对帮扶”活动，慰问15名“五老”、60名失依儿童，送慰问金13.5万元。区总商会为雅安震区捐款捐物73.8万元。10月18日，区工商联、区服装商会到罗源县西兰乡蒋山村举行“百企联百村、共建新农村”签约活动，捐赠项目帮扶金10万元。10月19日，《福州日报》以《罗源蒋山“空壳村”迎来了及时雨》为题给予报道。

【联谊工作】　协助摸底调查第四届世界闽商表彰大会表彰人选。开展“创家交友”活动。5月，各街道侨联分会换届。帮助解决贫困侨户困难。打造陈文龙、张真君等涉台民间信仰文化品牌，接待马祖北竿尚书庙榕籍乡亲回乡祭祀，增进两岸民间信仰文化联系交流。

【党外代表人士队伍建设】　提拔使用党外科级领导干部6名，选送3名党外干部参加省委、市委培训班，15名党外人才被列入全区重点优秀人才库。半年一次对全区党外代表人士队伍摸底调查，完善党外代表人士储备信息库。给全区黄埔老人和贫难侨发放专项资金。

（李　炫）

## 精神文明建设

【概况】　2013年，台江区文明创建工作纳入绩效考评和创新社会管理考核内容，开展全国、省、市道德模范和“身边好人”评选表彰活动，构建学校、家庭、社会三位一体教育网络，区未成年人心理健康辅导站开展个案帮扶683个、社区工作366场次。省委办公厅《八闽快讯》刊发台江区开展“文明餐桌行动”和“培育未成年人社会主义核心价值观”活动，向全省推广。

【文明城市创建】　落实《台江区2012—2014全国文明城市建设工作规划》，文明创建工作纳入绩效考评和创新社会管理考核内容，做到创建工作组织不散、力度不减、投入不少、要求不降、步子不停。下发《2013年福建省部分重点城市文明程度指数测评和未成年人思想道德建设工作测评台江区实地备检点责任分解表》和《2013年全国城市文明程度指数和未成年人思想道德建设工作测评台江区任务分解表》，细化分解各项目标任务到各级各有关部门，责任到人。以市民迫切关心的市容、交通、小区环境问题为突破口，推进市容市貌、交通秩序、市场秩序、占道经营、各类店铺和建筑工地等六大类专项整治，提升一批无物业管理小区，完善街道社区文体活动设施和未成年人活动场所。成立工作督导组定期实地督查，拉网式检查，明确奖惩，对工作不力、整改不到位单位实行“红黄牌警告”，推动重点、难点问题整改落实。

【公民道德教育】　突出先进模范引领作用，开展全国、省、市道德模范和“身边好人”评选表彰活动，推荐身边道德典型。宣传台江区“最美警花”吴炼、无名英雄“托举哥”、“马路天使”洪鼎成等道德典型人物。编写《感动台江系列丛书第三辑——大爱暖台江》，下发学校、社区。在古田会馆成立台江区道德讲堂总堂，街道、社区、中小学校、文明单位建立道德讲堂200个。突出道德领域专项教育治理带动作用，组织道德模范、人大代表、政协委员、老干部等开展专题视察和道德评议。发挥区诚信促进会桥梁纽带作用，诚信进机关、进企业、进学校、进社区、进市场，推进政务诚信、商务诚信、社会诚信和司法公信，承办2013年福州市“诚信兴商宣传月”启动仪式。

【未成年人思想道德建设】　以立德树人作为根本任务，构建学校、家庭、社会三位一体教育网络，以实践活动为载体，营造未成年人健康成长环境。宣传社会主义核心价值观，在未成年人中开展有中国特色社会主义事业、“中国梦”主题教育活动。开展“青春促跨越，献礼十八大”宣讲服务队

1月26日，区委常委、宣传部部长李辉（左）在倡导文明餐桌行动上签字

（区委宣传部　供）

道德讲堂进社区　（后洲街道 供）

进校园、“我的中国梦”主题教育宣传教育活动。7月，《八闽快讯》刊载《塑心育灵，立德树人——台江区突出“五项特色教育”培育未成年人核心价值观》。开展认星争优、日行一善、节日小报实践活动。8幅作品分获福州市“节日小报”征集评选小学组一、二、三等奖，2位教师获优秀指导教师奖。为未成年人办实事办好事，整合学校、社区资源，建立完善“城市学校少年宫”“绿色网吧”“四点半学校”等工作平台。建立区未成年人心理健康辅导站、中小学校心理健康咨询室、社区心理健康咨询室组成的未成年人心理健康教育三级工作网络。至年底，区未成年人心理健康辅导站开展个案帮扶683个、社区工作366场次。

【社会志愿服务】　依托各社区党组织、各级文明单位、各窗口单位，成立300余支学雷锋志愿服务队。52个社区成立由党支部、居委会、物业公司联合组建的志愿服务站。公园、广场、商场等主要公共场所建立“公共场所学雷锋志愿服务岗”。滨江旅游休闲广场建立全市首个志愿服务广场。茶亭公园、金斗社区等4个志愿服务站、岗获评福州市学雷锋志愿服务示范岗。在市委文明办组织的全市志愿服务阵地建设现场推进会介绍社区志愿服务活动经验。开展关爱他人、关爱社会、关爱自然为主题的扶贫济困、扶老助幼、关爱母亲河、义务植树、文明交通劝导、社区便民利民服务等志愿服务。“马路天使”洪鼎成被省文明办授予全省学雷锋优秀志愿者称号。制定《台江区网络文明传播志愿者手册》，建立150人网络文明志愿者队伍。

【讲文明树新风活动】　开展“我们的节日”系列活动，春节、“拗九节”、清明节、端午节、七夕节、中秋节、重阳节开展节庆文化活动，连续第五年承办全市“我们的节日·春节”暨文明过年启动仪式。开展“公共文明好习惯”系列活动，1月，省委办公厅《八闽快讯》以《文明用餐　节俭惜福——台江区大力开展“文明餐桌行动”》为题，宣传台江区做法。举办区第八届“读书月”活动，在区文化活动中心承办福州市读书月闭幕式晚会。

（杨　凡）

## 机关党的工作

【概况】　2013年，区委区直机关工委引导机关各级党组织履职尽责创先进，机关党员干部立足岗位争优秀，重点课题调研、党建信息与机关党的各项工作相结合，机关党建活动10余次，调研文章《抓行政窗口党建工作　建便民利民惠民平台》被市直机关党工委评为优秀奖。发展预备党员20人，转正18人，收缴党费16.7万元。

【基层组织建设】　12个党总支或支部任期届满换届选举。按照中组部基层党组织“五个好”标准和“七个体系”建设考评要求及“基层党组织自评、党员群众测评、上级党组织评定”程序，对区直机关3个总支、45个支部，自下而上，逐级分类定级。对3批次18名入党积极分子进行培训，发展预备党员20名，转正18名。上交党费16.7万元，拨党费为离退休干部支部和非公经济党组织解决工作经费。开展机关党员干部与困难党员、群众结对帮扶活动。

【廉政建设】　加强廉政建设，突出党员干部廉政教育和机关廉政文化建设。

*主题教育活动*　开展示范教育、警示教育、岗位廉政教育和廉洁从政主题教育活动。结合“反腐倡廉”教育，开展党纪政纪学习。开展党务干部培训，举办机关党务干部培训班，开设业务讲座，引导党员干部树立正确世界观、人生观、价值观。弘扬优良传统、改进工作作风、密切联系群众，增强围绕中心履职创业和勤政、廉洁、为民服务意识。党员干部大会、支部组织生活开展警示教育，结合“个别干部因违纪被查处的典型案例”，以案释纪释法，举一反三。党员作党性分析，对思想、工作、作风和廉政方面不足问题，制定整改措施。

领导干部监督工作　加强权力运行的监督和制约，建立健全严格执行党的民主集中制各项制度。执行廉政规定，树立公仆意识，落实单位党务公开制度。区直机关成员无违法行为。建立和完善述职述廉制度、个人重大事项报告制度、情况反映制度、重大决策征求意见制度。加强党风廉政建设责任制和领导干部廉洁自律。领导干部申报个人财产和重大事项。依靠监督，保证对权力有效制约，依靠法制，从根本上解决不正之风和腐败现象，保证党风廉政建设工作顺利开展。

防腐长效机制　对照“机关效能建设八项规定”和“机关工作六不准”，以查找廉政风险防控为切入点，探索廉政风险防控机制建设，从干部思想道德建设、防范机制建设、规范运作建设上提高廉政风险防控能力。

【创先争优活动】　开展“四个万家”主题实践活动，重点督促区直机关干部“四下基层”和“三结对、三服务”。区直机关各单位开展“机关党员参加居住地社区党组织活动”。每月调研区直各部门“三服务”情况，督促各单位为困难群众排忧解难；为企业服务，促进经济指标落实；“五大战役”加速等工作任务。编写“下基层、解民忧、办实事、促发展”活动月报，采集各支部活动信息。7月，福州市第二十五次市、县（区）机关工委书记联席会议重点介绍和推广台江区“抓行政窗口党建工作，建便民利民惠民平台”经验做法。

【党员志愿者活动】　开展党员学雷锋志愿服务队活动。坚持“党建带工建、党建带团建、党建带妇建”工作机制，发挥机关工青妇组织服务中心和促进精神文明建设作用，开展创先争优活动。以特色活动为载体，加强机关文化建设，丰富机关文化生活，“三八”国际劳动妇女节、“五一”国际劳动节、“五四”青年节开展系列文体活动。

（陈　颖）

## 信访工作

【概况】　2013年，台江区信访工作按照处理信访工作“路线图”督促责任单位及时办理群众信访事项，化解信访积案，维护正常信访秩序。群众到国家信访局上访40人次，省上访297人次，市上访681人次，区上访2395人次，越级到省或进京上访量下降，信访总体平稳。

【畅通信访诉求渠道】　建立形式多样、规范有序、畅通高效信访诉求表达机制，“12345”群众便民呼叫热线24小时畅通，引导群众通过省长信箱、人民网、专线电话、传真等渠道依法有序理性反映问题和表达诉求。全年办理省长信箱件146件，领导批示件140件，人民网网友投诉件12件，“12345”便民呼叫中心诉求件11952件。各职能部门办理群众信访652件次，办结593件次，办结率91%。

【排查化解信访问题】　各街道、区直各部门对重点事项及早发现矛盾纠纷苗头，掌握动向，及时分析预测，在隐患摸排基础上，围绕“事要解决”核心，研究、吸纳群众意见建议，集中力量解决群众诉求，维护群众权益，疏导群众情绪。信访联席办每周一次矛盾纠纷调处会，排查、疏理、调处信访问题，从源头和政策层面解决群众反映的普遍性问题。成立信访积案化解工作班子，制订逐案化解进度表，区处级领导挂钩包案，定人、定任务、定时间，推动化解久拖不决和疑难复杂信访事项，属地街道、涉事责任部门全年排查信访积案36件，其中涉法涉诉类积案4件交由司法机关办理，行政类32件信访积案息诉息访27件，息诉息访率87%。化解6起群体性信访事件。

【领导接访活动】　每月15日区主要领导接访，每季度市、区领导联合接访，每周一区处级领导到信访接待大厅、街道主要领导到综治维稳中心接待群众到访，区级包案领导不定期带案下访。全国、省、市“两会”，中共十八届三中全会期间，区处级领导每日接待群众到访，接访主要内容：拆迁补偿

接待到访群众　　　　（区委信访局 供）

安置、产权证办理、社保医保、社财社务等，督查督办有关部门办理领导接访件。全年，区级领导接访421人次，街道、部门等各级领导接待群众1504批次4704人次，受理信访事项1190件，化解1023件，化解率85.9%。

【维护信访正常秩序】 在全国、省、市、区“两会”、元宵灯会、“5•18”海交会、“6•18”项交会、全国文明城市创建工作检查、国庆节、十八届三中全会期间，各街道抽调人员加强活动场所周边值班接访，开展非正常上访群众疏导劝返，维护正常信访秩序。

（刘剑敏）

## 老干部工作

【概况】 2013年，台江区离退休老干部102人，其中本区离休干部27人，易地安置离休干部20人，“5•12”退休干部25人，退休原区级老领导21人，享受副处级待遇军转退休干部9人。

【政治待遇】 召开老干部通报会4场；组织专题学习会和报告会3场；举办处级老干部暑期读书班1期；组织老干部市区参观2次，省内县区参观1次。采用学习报告会、专题辅导讲座、读书班、学习班、就近就地组织参观形式，组织老干部学习党中央、省委、市委和区委重大决策和部署。

【生活待遇】 慰问生活困难和生病住院老干部及老干部遗属70余人次，走访探望行动不便老干部100余人次，举办保健知识讲座1场，老干部健康体检和注射流感疫苗1次。及时定额发放老干部离休费、生活补贴，完善老干部“两费”保障机制。3月28日，邀请福建医科大学林圣远教授为老干部讲授老年保健知识。10月11日，举办全区离退休老干部庆祝老人节活动，区主要领导与老干部共同庆贺。12月30日，举办全体离退休老干部集体祝寿活动。春节前夕，区委书记张忠、区长陈曾勇等区四套班子主要领导分别带队登门走访慰问原区级老领导25名。

【发挥老干部作用】 4月12日，通过市对区关心下一代工作专项督查，解决从事关工委工作老同志补贴问题。举办关工委老干部暑期读书班，培训学员60余人。组织老干部参加老体协、老科协等老年人组织以及计生协会、环保协会、企业家协会、诚信促进会等社会组织工作。

【学习活动阵地建设】 区老干部活动中心和老年大学为老干部提供必要学习活动场所。活动中心设多功能活动厅、棋牌室、健身室、阅览室等。开办音乐、健身操、交谊舞、养生舞、民族舞、书法、国画、摄影、太极拳、电脑、图像后期制作、舞蹈队、合唱团、远程教育14门课19个班，学员545人。举办老干部健身运动会1场，组织老干部开展健身操、健康万步走、钓鱼、棋牌比赛等活动5场。11月，开展纪念中国老年教育事业发展30周年系列活动，举办书画摄影展和文艺节目汇报演出，参加活动学员200余名。

（林 海）

1月30日，全区离退休老干部迎春团拜会 （区委老干局 供）

## 党校工作

【概况】 2013年，台江区委党校按照“以人为本，按需施教；全员培训，保证质量；全面发展，注重能力；联系实际，学以致用；与时俱进，改革创新”原则，务实创新，以91分名列第一轮全市党校系统教学培训质量评估复评五区八县第二名，五城区第一名，获评“一级党校”。

【教学工作】 举办培训班8期，学员630人，其中科级领导干部学习中共十八大精神专题研讨班4期，科级领导干部理论进修班1期，发展党员对象培训班3期。围绕政治理论时事、党性教育、区情与发展、领导艺术与能力四大板块，突出政治性、思想性、

区第 26 期科级领导干部理论进修班学员论坛点题发言场景

（区委党校 供）

针对性。

针对理论与实践方面疑难和热点问题开展研究式教学活动，通过“学员论坛点题发言”，提升学员思考问题、分析问题、解决问题能力。“学员论坛点题发言”成绩被列入考核项目。

【科研工作】 在省、市、区刊物发表论文、调研文章 7 篇。市委党校系统 2013 年度课题《浅谈新时期基层党校干部教育培训科学化与实效性的思考》《关于加强台江区社区党建文化建设的思考》《从台江文化看福州民俗文化的传承问题的研究》结题。《推进台江区城市生态文明建设路径思考》《浅谈毛泽东诗词中的爱国精神、革命精神及创造精神》《浅谈如何提高党校师资水平》刊发于《福建省委党校学报》。《浅谈毛泽东诗词中的爱国精神、革命精神及创造精神》获市委党史研究室主办纪念毛泽东诞辰 120 周年征文优秀奖，刊发于《福州党史》。《坚定理想信念，促进台江新跨越，圆梦美丽中国——台江区委党校第 26 期科级领导干部理论进修班赴古田进行党性党史教育的报告》刊发于 2013 年《台江调研》第 1 期。

（彭 恋）

## 保密工作

【概况】 2013 年，台江区召开保密工作会议 3 次，各级各单位召开保密会议 150 余次，座谈会 5 场，开展各类保密培训 10 余场，检查清理各类计算机 1200 余台次。建立台江区保密工作基础数据库，主要区直部门、各街道安装省、市、县三级联网保密监控管理系统。

【宣传教育】 5 月 22 日，省国家保密局副局长吴飞鹏到台江区作保密形势讲座。10 月，结合保密“调查研究年”，开展保密法施行三周年宣传，举办保密工作研讨会 2 场、知识竞赛 3 场、发放宣传手册 1500 册。12 月 11 日，台江区保密干部全员培训会议召开，170 余人参加，市国家保密局副局长王贤伟到会指导并作专题保密培训。

【监督检查】 8 月，开展政府信息公开保密审查，在全区各级各单位自查基础上，抽查区委宣传部、台办等区直单位。11 月，抽查区直主要部门、各街道等重点涉密单位、重点网络、重点网站，检查辖区废品收购、打字、印刷等特殊行业。12 月，省国家保密局技术检查中心主任林美月一行到区，抽查区委办、区政府办、区委台办、区人武部、区发改局、区财政局、义洲街道 7 家单位。

【保密管理】 3 月，区委保密办、区

12 月 17 日，省国家保密局技术检查中心主任林美月（左前）一行到区进行保密检查

（区国家保密局 供）

国家保密局印发《中共台江区委保密委员会2013年工作要点》。8月，区委保密办印发《关于开展全区保密普查工作的通知》，通过保密普查，摸清保密工作底数，掌握基本情况，建立台江区保密工作基础数据库，提升保密工作科学化水平。9月，区委、区政府下发《关于印发〈台江区2013年度绩效管理工作实施方案〉的通知》，保密工作被纳入台江区绩效管理。11月，区委保密办、区国家保密局下发《关于进一步做好台江区保密工作绩效管理有关事项的通知》，制定各街道和区直部门保密工作绩效考评细则。12月，区委保密办、区国家保密局对纳入绩效管理范围的部分区级机关单位保密工作绩效考评情况进行通报。

【技术防护】 健全《台江区政府信息公开保密审查工作规定》《涉密计算机定点维修、销毁管理规定》《计算机信息系统保密管理规定》，加强政府信息公开审查，落实内网计算机管理，推进保密工作规范化建设。主要区直部门、各街道安装省、市、县三级联网保密监控管理系统。

（周开元）

## 党史研究

【概况】 加强“双虹小学革命史迹陈列室”和“中共闽浙赣省委福州太平山联络总站旧址”保护开发，开展党史教育。下发《中共福州市台江区委关于加强党史工作的通知》，组织召开10街党史联络员会议，学习总书记习近平对党史国史重要论述，对各街道开展党史工作提出具体要求。加强与部门联系协作，形成“大党史”工作格局。健全全区党史联络员队伍，建立党史联络员通讯录，明确工作职责。

6月28日，区委常委黄建雄（前）在高家大院主持以“不忘党史复兴中国梦”为主题的中共闽浙赣省委福州太平山联络总站陈列室揭牌仪式

（区委党史研究室 供）

【党史专著】 对《中共台江地方史（二卷）》再编审、再补充，查阅历史档案200余卷以及《台江区方史资料》《台江区志》等近百万字，完成24万字征求意见稿，送省委党史研究室审定，向中央党史出版社申请出版。收集整理全区2000—2013年政治、经济、思想、文化、军事等方面重大活动概况，组织编写《中共台江历史大事记（2000—2013）》。《论毛泽东的中国梦》《毛泽东统一思想及其现实意义》2篇论文获市党史研究室“纪念毛泽东诞辰120周年理论研讨征文”三等奖。《台江信息》等刊采用区党史动态工作正刊6篇、增刊1篇。全区征订《福建党史月刊》157份。

【宣传教育】 加强“台江党史网”建设，指定专人负责维护，更新网站内容，发布党史工作动态。3月27日，联合双虹小学开展“星星火炬 代代相传”主题少先队入队仪式，为学校捐赠图书。5月31日，联合双虹小学举行“红领巾相约中国梦”主题数字青少年宫项目启动仪式，联系爱心人士捐款10万元，建设数字青少年宫，《福州日报》，福州电视台新闻一套、三套均作报道。1—6月，重新修缮整理中共闽浙赣省委福州太平山联络总站（高家大院）陈列室，6月28日，举行揭牌仪式。全年接待200多人参观。组织新党员入党宣誓。

（潘清）

## 档案工作

【概况】 2013年，接收民生档案215卷，机关纸质档案1.3921万卷，法院档案3.66万卷，检察院档案1.02万卷。《福州市上下杭文化遗产保护规划》《福州市上下杭、苍霞、太平汀洲城市设计及修建性详细规划》《上下杭历史文化街区保护规划》《福州市区优秀近现代建筑保护规划》等12卷册设计图册、文本、说明书入库。馆藏案卷1.8万卷，寄存案卷4.68万卷，影片档案47盘，照片档案5963张。

【档案规范管理】 2月27日—7月31日，扫描2012年度婚姻档案8568张。扫描52个区直机关部门及街道办

区档案局档案征集　　（区档案局　供）

事处2003年前形成的永久、长期保存价值的文书档案4500余份，18.46万页，完成文书目录电子化3.27万条。

【档案开发与利用】　开展以“上下杭”为主题的系列档案跟踪搜集整理。实物档案76件，电子影像档案11.6G，反映街区改造前街景风貌以及民众生活面貌。依照《电子档案移交与接收办法》《电子文件归档与电子档案管理办法》，重点加强数据备份、信息上网、网络安全等，保障电子档案安全。

市民到访2345人次，档案利用3492卷，提供复制件4673份。9月6日“国际档案日”，举办“档案征集日”“档案爱护日”“档案馆开放日”活动，组织群众参观展览，了解档案利用及政府公开信息查阅对维护个人权益、为工作生活提供信息参考的重要作用。

【档案馆库建设】　10月起，全面启动机关单位文书档案“十年进馆”以及进馆档案数字化工程。搜集、整理、归档图片档案5.13G，馆藏影像档案库容量44G。

（潘晓丽）

## 民族宗教工作

【概况】　2013年，开展第四批对口帮扶连江县小沧畲族乡工作和城市民族工作，促进民族团结进步。加强宗教事务管理和宗教活动场所自身建设，引导宗教界参与社会公益慈善事业。

【民族工作】　帮扶连江县小沧畲族乡实施湖滨公园二期栈道工程和133县道（小沧段）升级改造工程，落实建设资金100万元。瀛洲街道滨江社区探索搭建社区民族事务服务管理平台模式。9月，开展民族团结进步宣传月活动，发放民族宗教政策法规知识等宣传材料300余份。走访慰问少数民族贫困家庭8户和大学生1名，发放慰问金4500元。

【宗教工作】　安全工作　落实安全分级管控目标责任制，加强安全管理。各宗教活动场所签订《安全工作责任书》，填写《福州市宗教活动场所安全工程检查记录本》；下发消防安全知识挂图30余张，制作《消防安全知识宣传栏》14面，悬挂在各宗教活动场所。

政策法规宣传教育　6月，开展宗教政策法规学习月活动，出宣传专刊14期，发放宣传手册200余份。举办学习讲座1场，引导宗教界参与全省宗教政策法规知识有奖答题活动。

教职人员认定备案　宗教教职人员备案54人，其中，佛教19人，道教26人，天主教2人，基督教7人。

社会慈善公益活动　4月，区宗教界向四川雅安地震灾区捐款3.13万元。9月，宗教慈善周捐款1.15万元，慰问区内困难群众32户。

调研活动　6—7月，调研区内宗教活动场所，通过现场查看、召开座谈会、查阅资料、收集数据等，了解宗教活动场所历史沿革、制度执行、房产和教职人员基本情况。

宗教干部学习培训　举办宗教基本知识讲座2场。组织统战委员和创建民族团结进步活动试点社区工作人员到长乐市航城街道琴江满族村参观学习。

（尚定根）

（编辑　何嘉芳　涂江华　李秀丹）

# 人民代表大会

## 综述

2013年，台江区人大常委会召开11次主任会议、8次常委会会议，通过3项重大事项决议，组织3项法律法规执法检查、4次专项视察检查，听取和审议“一府两院”工作报告14项，针对有关审议事项，提出31条审议意见。

## 重要会议

**【区十六届人民代表大会第二次会议】** 2012年12月31日—2013年1月2日在台江区文化活动中心举行，出席会议代表182人，出席区政协十六届二次会议全体委员、区政府组成人员和区直机关团体负责人列席会议，部分区离退休老干部列席会议开幕式和闭幕式。

会议听取区人民政府区长陈曾勇作《福州市台江区人民政府工作报告》、区发改局局长陈林代表区政府作《关于台江区2012年国民经济和社会发展计划执行情况及2013年计划草案的报告》、区财政局局长唐新顺代表区政府作《2012年预算执行情况与2013年预算草案的报告》、区人大常委会主任林培清作《福州市台江区人民代表大会常务委员会工作报告》、区人民法院院长万玲作《福州市台江区人民法院工作报告》、区人民检察院检察长林航作《福州市台江区人民检察院工作报告》。会议审议批准上述6项报告。

1月2日，区第十六届人民代表大会第二次会议召开　（林言枝　摄）

**【区十六届人大常委会会议】** 第十三次会议　2月26日召开。会议通报《福州市台江区人大常委会2013年监督工作计划（草案）》；传达学习省第十二届人民代表大会第一次会议和市第十四届人民代表大会第一次会议精神。

第十四次会议　4月23日召开。会议审议表决区人民法院关于提请高学健职务任命议案；审议万玲关于请求辞去区人民法院院长等职务报告，表决相关决定（草案）；审议表决区人大常委会主任会议有关任职议案；听取审议区人大常委会执法检查组关于《中华人民共和国统计法》实施情况报告、区政府关于人口与计划生育工作情况报告；听取区政府关于地铁达道站等6个地块房屋征收情况以及征迁工作进展情况报告。

第十五次会议　6月21日召开。会议听取审议区人大常委会执法检查组《关于〈中华人民共和国老年人权益保障法〉及〈福建省老年人保护条例〉实施情况的检查报告》、区政府关于2012年区本级预算执行和其他财政收支情况审计工作报告、区政府关于加快旅游产业发展情况报告；审查区政府关于2012年区本级决算（草案）；进行人事任免。

第十六次会议　8月22日召开。会议听取审议区政府关于2013年上半年国民经济和社会发展执行情况报告、区政府关于2013年上半年区本级预算执行情况报告；听取区政府关于国库集中支付执行情况报告、区政府关于重点建设项目和民生实事项目进展情况报告、区政府关于招商引企、“三维”对接、商贸提升、壮大企业及外经工作情况报告。

第十七次会议　9月9日召开。会议听取和审议《关于提请李晋等同志职务任免的议案》，进行人事任免。

第十八次会议　10月29日召开。会议根据市人大常委会《关于开展福州市第十四届人大代表回原选举单位述职活动的通知》要求，听取台江团市人大代表述职。

第十九次会议　11月1日召开。会议听取审议区人大常委会执法检查组关于《福州市城区廉租房保障办法》实施情况检查报告、区政府关于“十二五”国民经济和社会发展计划的中期评估报告；听取审议区政府《关于提请审查批准2013年区国民经济和社会发展计划调整方案的议案》，表决相关决议（草案）；听取审议区政府《关于提请审查批准2013年区本级预算调整方案的议案》，表决相关决议（草案）；听取区政府关于全口径预算执行情况报告、区政府关于《互联网上网服务营业场所管理条例》执行情况报告；进行人事任免。

第二十次会议　12月16日召开。会议听取区政府《关于福州市台江区第十六届人民代表大会第二次会议代表建议、批评、意见办理情况的报告》；审议表决通过《关于召开福州市台江区第十六届人民代表大会第三次会议的决定（草案）》；进行人事任免。

## 监督工作

**【听取和审议2013年区国民经济计划、财政预算上半年执行情况报告】**　听取审议2013年区国民经济计划、财政预算上半年执行情况报告，督促区政府加快旧城改造步伐、加快重点项目和民生实事项目建设、加快产业结构优化调整、加快可持续财源培植；审查区政府关于2013年区国民经济和社会发展计划、区本级预算调整方案议案，做出关于批准2013年区国民经济和社会发展计划、区本级预算调整方案决议。督促区政府开展“十二五”规划中期评估，组织人大代表、财经工委委员对区规划纲要指标进展、重点工作和重大项目实施以及各项措施落实情况进行专题调研。

**【听取和审议区政府“十二五”规划纲要实施中期评估报告】**　常委会组成人员提出区政府要充分发挥规划纲要引领作用，更高水平推进规划纲要实施；加大产业结构调整，大力发展现代服务业；加大生态文明建设，巩固提升城市管理水平等审议意见。听取区政府关于全口径预算执行情况的报告，督促政府提高全口径预算认识，提高预算活动透明度，提高政府可统筹能力，实现保民生、保运转、保重点目标。结合加快区各项财经体制改革，听取区政府关于国库集中支付执行情况的报告，推动政府提高对财政资金调控能力和使用效率，强化财政资金内部监督。

**【听取和审议区政府关于加快旅游产业发展等工作情况的报告】**　督促区政府采取措施壮大“闽江游”旅游市场、加快开发上下杭历史文化街区、推动民间资本参与旅游业开发经营。听取区政府关于重点建设项目和民生实事项目进展情况汇报，人大代表实地视察闽江北港驳岸整治一期工程先行先试整治项目、申发大厦、海西金融大厦、区妇幼保健所（院）提升及实验室建设等项目，建议意见交由区政府研究处理。听取区政府关于招商引企、“三维”对接、商贸提升、壮大企业及外经工作情况汇报，督促区政府注重两大商务区写字楼招商，加快扭转商贸企业限上限下“倒挂”比例，强化对非公企业的服务力度，推进经济发展方式转变。

区人大深入社区开展“四个万家”活动，为困难群众排忧解难

（区人大办 供）

**【监督区民生事业】**　开展《中华人民共和国老年人权益保障法》及《福建省老年人保护条例》实施情况执法检查，督促区政府及职能部门加大老年人权益保障法律法规宣传力度，完善和规范居家养老、机构养老。

开展《福州市城区廉租住房管理办法》实施情况执法检查，督促区政府建立健全住房保障信息管理系统，配齐配强社区住房保障管理工作队伍，完善群众监督渠道。

听取审议人口与计划生育工作情况报告，督促区政府采取有效措施解决社会抚养费征收难问题，稳定基层计生队伍，提高“两非”案件破案率等。

听取关于《互联网上网服务营业场所管理条例》执行情况报告，督促区政府严格执法，加强监管，提升网吧经营质量和档次，防止未成年人上网成瘾。

听取地铁达道站等6个地块房屋征收情况报告，督促区政府在房屋征迁过程中依法依规，加大思想动员，把改善群众居住环境的实事办好办实。视察区属公园建设，建议区政府推进南公园、鳌峰公园改造提升，增加亚峰公园路灯设施等。

视察区社区卫生服务情况，建议区政府结合旧屋区改造统筹考虑配套建设社区卫生服务中心，解决业务用房问题；建立相适应工作机制，及时补充专业人才，提高员工工作积极性。视察全区社区办公用房达标情况，建议区政府通过购买、整合、置换、调剂等办法，尽早实现社区工作用房达标。

【监督依法行政公正司法】 检查区内《中华人民共和国统计法》实施情况，督促区政府尽早研究出台《台江区关于进一步加强统计工作的若干意见》，对完善全区统计信息网络建设、加强统计队伍建设、加大统计工作执法力度等提出建议意见。

配合市人大常委会评议公安（边防）派出所工作部署，组织市、区两级人大代表和人民群众评议辖区内10个公安派出所2011—2012年度工作。2月，市人大常委会授予洋中、瀛洲、新港、鳌峰派出所2011—2012年度“人民满意”派出所称号。组织市、区两级人大代表视察台江公安分局、交巡警大队、工商局，针对工作薄弱环节，提出建议意见。

依照法定渠道和程序办理信访件，捕捉信访苗头，跟踪协调督办，做好化解工作。全年受理群众来信40件，来访127人次。

## 代表工作

【代表建议意见办理】 区十六届人民代表大会第二次会议代表建议、批评和意见共175件，办理175件，办复率100%；满意件172件，满意率98%。

【保障代表依法履职】 坚持和完善“代表之家”“代表活动日”建设，各街道代表依法履职有人联络、有人办事、有人服务。宁化街道“代表之家”建设示范点获市人大领导肯定。各街道代表联组开展各类活动180多次。坚持每月20日“代表活动日”制度。

【规范代表工作机制】 制订《台江区人大常委会人大代表活动方案》《人大代表参加区人大常委会会议安排表》，根据代表意愿和专长，安排代表参加常委会执法检查、视察、专题调研，至少一次。邀请70多位人大代表列席常委会会议；培训代表，学习中央和省委、市委、区委重要决策部署、法律法规和人大业务知识，提高代表依法履职、有效履职能力；定期向代表寄送文件资料，及时通报人大工作和“一府两院”有关工作情况，保障代表知情知政；开展区人大代表回选区述职和市十四届人大代表（台江团）向台江区人大常委会述职活动。

## 人事任免

区人大常委会依法任免国家机关工作人员12人次，其中接受区人民法院院长辞职1人次，任命区法院副院长、代理院长1人次，接受副区长辞职1人次，任免政府组成人员3人次，任免区人民法院审判职务4人次，任免区人民检察院检察职务5人次。

表1 2013年台江区“一府两院”副处级领导任免情况表

| 时间 | 被任免人员 | 通过任免会议 | 决定任免职务 |
|---|---|---|---|
| 4月23日 | 万 玲 | 区十六届人大常委会第十四次会议 | 免去区人民法院院长、审判委员会委员、审判员 |
| 4月23日 | 高学健 | 区十六届人大常委会第十四次会议 | 任命为区法院审判员、审判委员会委员、副院长 |
| 9月9日 | 李 晋 | 区十六届人大常委会第十七次会议 | 任命为区市容局局长 |
| 12月16日 | 唐 寅 | 区十六届人大常委会第二十次会议 | 免去区人民政府副区长 |

表2　　2013年科级干部任免情况表

| 时　间 | 被任免人员 | 通过任免会议 | 决定任免职务 |
| --- | --- | --- | --- |
| 9月9日 | 涂忠铿 | 区十六届人大常委会第十七次会议 | 任命为区安监局局长，免去区市容局局长 |
| 11月1日 | 黄兆茀 | 区十六届人大常委会第十九次会议 | 免去区检察院副检察长、检委会委员、检察员 |
| 11月1日 | 程志宏 | 区十六届人大常委会第十九次会议 | 任命为区检察院检察员、检委会委员、副检察长 |
| 12月16日 | 刘　宏 | 区十六届人大常委会第二十次会议 | 任命为区法院审判委员会委员 |

（区人大办）

（编辑　涂江华）

# 人民政府

## 区政府常务会议

2013年，区政府召开17次常务会议，区长陈曾勇主持。主要是：

1月10日，第1次区政府常务会议听取全区禁毒工作和福州龙凤集团公司、福州市五金制品厂关闭改制及解除职工劳动关系等情况汇报，研究台江区2013年机关事业单位招考工作人员、三捷河征收项目使用新港苑安置房对接价格、区青少年校外体育活动中心开放等有关问题。

2月4日，第2次区政府常务会议研究2013年区级“五大战役”项目安排、北京网库互通信息技术有限公司福建总部入驻海峡电子商务产业基地、台江区法院办公大楼搬迁补偿方案、瀛洲路138号房屋搬迁遗留问题、2013年区本级部门预算等有关问题。

2月21日，第3次区政府常务会议通报1月份经济运行情况，听取区“数字城管”建设运行工作情况汇报，研究教育系统历年未付工程款及图书款支付、苍霞街道申请办理原宿舍楼产权放弃等有关问题。

3月6日，第4次区政府常务会议研究海峡电子商务产业基地（二期）建设、区审计项目计划安排、区卫生系统招考卫生专技人员、区教育系统招收教职人员、区直机关事业单位2012年度奖金发放等有关问题。

3月13日，第5次区政府常务会议通报1—2月全区经济运行情况，审定《福州市台江区2013年度地质灾害防治方案》，研究2013年主要经济指标安排、区图书馆创国家“二级图书馆”等有关问题。

4月10日，第6次区政府常务会议学习国务院和省政府、市政府2013年第一次廉政工作电视电话会议及《中纪委关于6起违反中央八项规定精神典型问题的通报》精神，研究红星苑三期商务写字楼招商方案、2013年小街巷改造和维修计划及鳌峰、瀛洲、新港、茶亭4个街道推行道路清扫保洁市场化改革方案等有关问题。

4月27日，第7次区政府常务会议研究全区安全生产工作，到北京、华东地区开展招商活动，榕城古街常态化管理，福建榕金实业有限公司申请租用鳌峰洲小学原教学楼作为电子商务配套展览展示中心使用，达文里市场整治招租，龙祥小区安置房使用等有关问题。

5月17日，第8次区政府常务会议通报全区1—4月经济运行情况，研究全区2012年度“五大战役”、绩效管理综合考评结果、2013年旧住宅小区整治计划、海峡电子商务产业基地（二期）项目设计等有关问题。

6月14日，第9次区政府常务会议通报1—5月全区经济运行情况；研究《台江区国民经济和社会发展第十二个五年规划纲要中期评估工作方案》，苍霞、义洲、上海、宁化等街道推行环卫保洁市场化改革工作，区机关大楼五层会议厅音视频会议系统改造，区教育局实施“班班通”试点工作等有关问题。

7月29日，第10次区政府常务会议听取2013年征兵工作情况汇报，研究表彰2012年度纳税贡献突出企业、福建开元辉宝电子商务有限公司申请租赁万达原售楼部、迎接“全国义务教育基本均衡区”国家认定评估、实施教育系统“班班通”建设、区信访局申请追拨信访工作经费等有关问题。

8月14日，第11次区政府常务会议通报1—7月全区经济运行情况，研究区城市管理服务中心建设、参加厦门第十七届中国国际投资贸易洽谈会筹备工作、太平汀洲和苍霞旧屋区改造地块出让、追加2013年度保健干部医疗就诊费用预算和科技电子商务中心设计方案等有关问题，审议《2013年上半年国民经济和社会发展计划执行情况报告》《2013年上半年区本级预算执行情况报告》。

9月11日，第12次区政府常务会议通报1—8月全区经济运行情况，听取全区安全生产大检查暨“安全生产重点整治百日行动”工作开展情况汇报，研究红星苑三期写字楼招商、社区整合及社区工作服务站规范化建设、经济合作社换届选举等有关问题。

9月25日，第13次区政府常务会议研究修订2013年度区级绩效评估考核指标、兑现2012年度各街道工业及商贸指标完成情况奖惩、启动实施上下杭历史文化街区地块房屋征收、审核申办福州市台江区福财一丁小额贷款股份有限公司、区环境监测站增扩实验室仪器设备及配套设施等有关问题。

10月23日，第14次区政府常务会议传达学习总书记习近平在中央政治局常委会上关于安全生产工作的重要讲话精神，听取区“十二五”规划纲要中期评估、全口径预算编制、2013年度区本级预算调整等情况汇报，研究后洲街道引进新环卫保洁企业、十二桥及红星垃圾转运站改造提升、追加2013年度居家养老专项经费、达文里市场整治招租、区属学校视屏监控系统升级改造、上海街道社区卫生服务中心实行药品零差率销售补贴等有关问题。

11月27日，第15次区政府常务会议传达贯彻省、市关于山东青岛“11•22”中石化东黄输油管道泄漏爆炸特别重大事故发生后安全生产工作紧急会议精神，听取2014年工作思路及《政府工作报告（初稿）》修改意见情况汇报、2013年推进依法行政工作情况汇报，研究开展第三次全国经济普查、修订《台江区政府投资项目立项（备案）审批流程若干意见（试行）》、福州市衡器厂关闭改制及解除职工劳动关系等有关问题。

12月11日，第16次区政府常务会议研究2013年度区级科技计划项目经费安排、瀛洲社区卫生服务中心业务用房搬迁过渡、学校治安人防体系建设、台江区橡胶鞋革厂拆迁职工安置补偿等有关问题。

12月26日，第17次区政府常务会议研究区十六届人大三次会议有关文件、全区禁毒工作、2014年事业单位公开招考、台江区推行道路清扫保洁市场化改革后监管工作等有关问题。

## 政务督查

以贯彻落实《政府工作报告》6个方面、17个大项、73个小项工作部署为主线，对区政府17次“常务会议”82个议题逐件、逐项跟踪落实，分期通报。落实督办区委、区政府为民办实事项目26项。开展重点项目督办，下发政务督查督办单13件。承办市领导批示（办）件167件；办理区政府领导批示件3893件，其中，区长1104件，副区长2789件。办复省、市、区人大代表建议、批评、意见186件，满意率98.9%；省、市、区政协委员提案130件，满意率99.2%。

（方平康）

## 重点项目建设

【概况】 2013年1—12月，台江区重点建设项目完成投资123.72亿元，占年度计划投资147.63%，超序时进度47.63个百分点。

【在建项目】 在建项目29项，完成投资104.72亿元，占年度计划投资152.06%，超序时进度52.06个百分点。4个旧城改造和限价房建设项目超计划完成年度计划投资任务，上海东新村旧城改造安置房、红星苑限价房交付使用，福机新苑限价房以及新港苑限价房主体结构封顶，君临盛世茶亭八号地块开业，中央第五街竣工招商，苏宁城市广场一期开业，升龙大厦、万科金域花园等23个项目超额完成年度投资任务，永隆花园、F公馆、红星商务大楼、海西金融大厦等13个项目主体结构封顶，内外装修附属工程等扫尾。

【计划新开工项目】 计划新开工项目11项，完成投资13.8亿元，占年度计划投资的92.39%。光明港两岸综合整治工程安置房一期、福建招银大厦等7个项目开工，其中福州光明港两岸综合整治工程安置房一期、兴业银行总部大楼、中捷商务大楼、台江区内河综合整治、台江区环境综合整治、台江区主次干道绿化提升6个项目超额完成年度计划投资。

【前期预备项目】 前期预备项目20项，入驻海峡金融商务区的郑和大厦、神福商务中心、富闽时代广场、中庚香江万里项目备案，进入前期建审。民生银行福州分行项目入驻海峡金融商务区G地块，广州富力地产综合项目入驻闽江北岸中央商务区。上下杭历史文化街区保护改造启动征迁工作，签约率97.2%，太平汀洲和苍霞地块改造完成房屋征收面积摸底等前期准备。

【新增、提升产业项目】 新增、提升产业项目1项，限上商贸企业提升30家，新增28家。

（洪 雯）

## 政府信息公开

【概况】 2013年，台江区政府信息公开工作贯彻《中华人民共和国政府信息公开条例》和《福建省政府信息公开办法》，区直部门及街道办事处公开政府信息1503条，受理答复政府信息公开申请26件。电子政务平台建设辐射全区政府信息公开单位，建设效能电子监察总监控室，提升综合电子监察功能和效能。

【机制建设】 制定下发《福州市台江区人民政府办公室关于认真做好政府信息公开工作的通知》《福州市台江区人民政府办公室政府信息依申请

公开工作暂行规定》《福州市台江区人民政府办公室关于建立福州市台江区政府信息公开工作联席会议制度的通知》《福州市台江区人民政府办公室关于印发〈政府信息公开保密审查暂行规定〉的通知》等，建立政府信息公开机制，落实保密审查制度。

【主动公开信息】 行政审批信息公开 设立台江区网上审批服务平台，创新公开形式，重点公开涉及人民群众切身利益、需要社会公众广泛知晓或参与的行政审批项目审批过程、审批结果等。全年接待群众咨询、办事9.03万余人次，受理各类办理件6.3685万件。即办件5.4695万件，承诺件8984件，退回件6件。办结6.3608万件，其中承诺件8907件，程序时限内办结率100%。

财政性资金信息 按照财务有关规定，做好财政性资金公开工作。向社会公开经人大审议通过的政府2013年预算执行情况及2013年预算草案1份。由预算科、国库科、事业科牵头，区数字办配合推进财政和部门预决算公开。

保障性住房和征地拆迁信息公开 “中国台江”门户网站发布关于保障性住房分配和管理等规范性文件5份，办事指南2份，公开复核名单5份；执行《福州市国有土地上房屋征收补偿条例》，在征收范围内和政府网站上对房屋征收补偿价格评估机构选定情况、补偿方案征求意见的告知书、补偿摸底情况告知书、补偿方案、房屋征收公告和房屋征收决定书同步公开。公开发布房屋征收项目信息10份。

食品安全信息公开 “中国台江”门户网站增设“食品安全”信息公开专栏，公开食品政策法规、食品生产经营许可备案、食品安全监督检查、食品安全行政执法、食品生产经营者食品安全信用信息、食品安全常识。

环境保护信息公开 发布环境质量信息。推进闽江流域、辖区饮用水源水质、城市空气环境质量、污染减排信息公开，公开每季度建设项目环境影响评价信息。

安全事故信息公开 筹建“台江区安全生产应急救援中心”，门户网站增设24小时“安全隐患举报系统”，公布安全隐患举报中心电话，结合安全生产领域“百日大检查行动”和燃气专项治理行动，实时发布安全生产工作信息。公开报告安全生产事故，发布政府应对举措、处置进展、风险预警、防范措施等信息，提高生产安全事故应对处置工作透明度。公开事故调查报告和处理结果。

价格和收费信息公开 公开国家、省及市本级核定的行政事业性收费信息，向社会公布行政事业性收费项目调整或取消信息。发挥“12358”价格举报中心及市政府“12345”便民呼叫中心作用，受理答复企业和群众对价格、收费方面咨询、投诉263件次。

公共企事业单位信息公开 “台江区公共服务平台”围绕社会关注的教育、社会保障、就业、医疗卫生、住房、交通、证件办理、资质认定、企业开办、婚育收养、公用事业、经营纳税、招商引资13个重点领域，公开办事服务信息。

【依申请公开信息】 政府信息公开申请26件，其中网上申请10件，当面申请8件，信函申请7件，传真申请1件。申请内容涉及注册登记、住房保障、辖区文物等方面。办理答复26件，其中，同意公开19件，其他答复6件，同意部分公开答复1件。

【公开渠道建设】 结合全国电子政务平台试点，对“中国台江”门户网站改版，原“政府信息公开”专栏升级，更新政府信息公开指南，增强时效；政府信息公众查询点，开设政府信息公开专栏网页46个，充实内容，建立健全公开及时、信息全面、覆盖广泛、查询便捷、服务优质的查询服务模式，方便群众知晓政府信息；完善单位信息公开平台管理机制，指导独立网站公开单位开设“政府信息公开”专栏，发挥政务公开主渠道作用。利用网上已公开政府信息2.637万人次。

台江区政务微博“台江发布”在新浪和腾讯微博平台发布台江工作动态、民生动态、历史人文、风景名胜等相关文字和图片信息。新浪政务微博发布微博信息924条，微博粉丝（听众）2104人；腾讯政务微博共发布微博信息849条，听众5745人。

（郑紫薇）

## 行政服务中心建设

【概况】 2013年，区行政服务中心受理办理件6.37万件，办结6.36万件，按时办结率100%。

【标准化建设】 通过构建行政服务通用基础标准体系、行政服务提供标准体系、行政服务管理标准体系、行政服务工作标准体系，实现服务质量目标化、服务方法规范化、服务过程程序化。

【监督监察】 制定《“窗口”百分比考评办法》，考核窗口及工作人员行为；制定《“窗口”AB岗工作制度》《“中心”考勤制度》《“中心”投诉督查管理制度》《“中心”巡查工作制度》，窗口自查自纠与督查科定期、不定期现场巡查结合，规范窗口及工作人员行为；电子监控系统跟踪督查窗口服务大厅工作；电子监察系统跟踪督查网上行政审批业务办理；政风行风监督员监督窗口工作人员行为。

（程珊珊 吴耀昌）

区行政服务中心办理窗口　　（区行政服务中心 供）

## 法治政府

【概况】　2013年，台江区健全科学民主决策机制，规范行政执法行为，完善行政监督机制，提高政府、部门依法行政意识，创新工作机制，提高行政管理效能。全区出台规范性文件2件，办理行政应诉案件1件，清理文件18件，区政府法律顾问出具意见15份，10个部门42人次参加全省行政执法统一考试。

【行政执法监督】　对行政执法部门行政许可和行政处罚案卷检查4次。对执法案卷法律文书要件缺漏、执法证据不完善、行政处罚无正规票据的6家单位提出书面整改意见，整改单位5家。

建立行政执法与刑事司法衔接工作机制，成立区行政执法与刑事司法衔接工作联席会议领导小组，下设日常工作机构。配合区检察院落实全省行政执法与刑事司法衔接信息共享平台应用，协调解决行政执法与刑事司法衔接中存在的问题。

【规范性文件备案审查】　执行《国务院加强市县政府依法行政决定的实施意见》，落实"规范性文件5年有效期制度"，隔两年进行一次规范性文件清理。根据《福州市人民政府办公厅关于开展行政机关规范性文件清理工作的通知》（榕政办〔2013〕148号）精神，明确发布规范性文件备案主体、备案时间和备案要求，纠正与法律、法规、规章和国家方针政策相抵触或超越法定权限、违反制定程序的文件。对2000年1月1日—2011年12月31日制定发布的18件文件，保留9件，适时修改3件，废止5件，失效1件。

【执法队伍建设】　依照《福建省行政执法资格认证与执法证件管理办法》，规范行政执法人员资格条件、考核标准、考核程序，对接落实行政执法证件颁发有关工作，健全纪律约束机制。全区10个部门42人次参加全省行政执法统一考试。市政府法制办副主任翁宜冰等领导、专家就行政执法程序、执法文书制作等重点问题为行政执法部门作指导和培训。

（王　润）

## 机关事务管理

【概况】　2013年，台江区机关事务管理中心健全政府信息公开机制，以"上网信息不涉密，涉密信息不上网"为原则，规范信息公开。公开政府信息10条。区委、区政府授予中心"台江区2013年度绩效管理工作优胜单位"。

【办公用房管理】　摸排全区81家单位办公用房使用管理情况。按照"新建交旧，调新交旧"的原则，督促原办公用房腾退移交，移交5家。

【公务车辆管理】　规范公车管理，定点保险、维修。每月公开车辆维修费、里程数、用油数。车辆用油一卡一车制。全年派车689台次，无安全事故。

【后勤保障与服务】　根据区委、区政府接待工作安排，为国内外企业团体，兄弟县区考察团到区提供公务接待服务。按照"做细、做精、做实"原则，准备各类会议200余场次，参会人员1.5万余人次。制定《食品安全应急预案》，加强食品安全工作。机关就餐人数3.8万人次，无食品安全事故。

（李　勇）

## 机构编制

【概况】　2013年，完成市级下放职责承接，推进分类改革。全年用编审批140余次，办理机关事业单位入编297人次，减编270人次。

【简政放权】　区环保局、财政局、经贸局、园林局、市容局、文体局、建设局、民宗局、民政局、统计局、住房保障和房产管理局、外经局12家职能部门部分职责调整，理清承接单位事权关系。

【机关机构编制管理】 结合社会发展和区检察院刑事检察工作实际，撤并技术科，改设未成年人刑事检察科。调整区委政法委内设机构，增加股级内设机构数2个，重新核定内设机构职责。

【事业机构编制资源配置】 根据社会文化发展和民生需求，区少体校加挂“福州市台江区青少年校外体育活动中心”牌子，调整相应事业编制。设立区房屋征收办公室，调整事业编制；设立区市政管理所、区安全生产应急救援中心、区政协委员服务中心，均增加事业编制。

【机构编制实名制管理】 规范公务员招录、事业单位工作人员招聘用编审核制度，形成机关、事业单位机构编制实名制管理制度，对编制资源动态管理。建立全区机构编制管理信息系统数据库，逐步完善更新。全区党政群机关和事业单位中文域名注册，通过中央域名注册管理中心审核107个，开通政务、公益域名96个。

【事业单位登记管理】 办理事业单位法人设立登记1家，变更登记18家，区直事业单位年检100家。重点整理网上登记数据库144家。

（林 怡）

## 人事人才

【概况】 2013年，台江区面向社会公开招考录用公务员5名，参公事业单位工作人员4名，卫生系统事业编制人员18名，教育系统114名，其他部门事业编制人员51名。开展全区机关干部年度考核、招录公务员试用期满考核和专业技术职称确认。启动教育系统第二轮岗位聘任。

【公务员管理】 根据福建省公务员招考要求以及台江区直单位用人需求，招考录用公务员5名，参公事业单位工作人员4名。根据《新录用公务员试用期管理办法（试行）》，对2012年招录的5名公务员及12名参公事业人员进行试用期满考核，按时予以转正任职审批。开展全区机关干部年度考核。政府机关248名公务员参加考核，44名优秀，18名不定等次。全区公务员参加行政强制法、加强与创新社会管理等公共课培训；17名新录用公务员及参公人员参加公务员初任培训班。

【专业技术人员管理】 职称评审 调整组建新一届台江区中小学（幼儿园）教师初级和中级职务任职资格评审委员会，初级评委库78人，中级评委库150人。全年专业技术职称确认74人。11月，受市职改办委托，区中小学教师中级职务评审委员会组织开展2013年仓山区、晋安区中小学一级教师职务任职资格评审，参评100人，通过73人。

继续教育 增开“专业技术人员潜能激活与创造力开发教程”网络继续教育公修课，296人次参加公共课培训。开展继续教育证书验证工作，审验近2200人。

【人才资源开发】 林玲等24人被授予“福州市台江区首届优秀人才”称号，同时申报福州市高层次优秀人才候选人。组织区卫生局赴厦门大学参加急缺型人才招聘活动，招聘5名紧缺型卫技人员。

【事业单位人事管理】 事业单位公开招聘考试，全年录用编制人员183名，其中卫生系统18名，教育系统114名，其他部门51名。5月，重新核定区教育系统福州市第十五中学等38家事业单位岗位1837个，启动教育系统第二轮岗位聘任工作。

【工资收入分配制度改革】 对2013年考核合格的机关事业单位工作人员工资晋档，对区直部门、各街道的日常工资变动进行核定。调整公务员津贴补贴标准和结构。完成年度工资统计汇总分析工作。

【人事人才公共服务】 全年区人事人才公共服务中心接收各类人才档案177份，代理人事关系5名。

【军转干部安置】 接收营级以下军转干部2名、随军家属1名。

【工勤人员岗位考核培训】 全区机关事业单位47名工勤人员报名参加技术等级培训考试。650余人次参加工勤人员网络继续教育培训。

【离退休干部管理服务】 组织退休干部参加书法、绘画、摄影作品展、健步行、健康知识讲座等活动。区直属机关退休干部协会重大节日举办文体活动，全年退休干部到区直属机关退休干部协会2000余人次。3名退休干部先进事迹入编福州市公务员局《银色风采》。

（区公务员局）

## 地方志工作

【概况】 2013年，完成《福州市台江区志（1991—2005）》稿件整理、归档，64卷。启动《台江年鉴（2014）》编纂工作。

【二轮志书编纂】 《福州市台江区志（1991—2005）》2010年出版发行。2013年，根据区志内容和格式，分门别类进行总结、整理、归档，区志手稿 11 月底整理完毕，64 卷，移交区档案局。

**【《台江年鉴》编纂】** 转发《福州市政府办公厅关于尽快启动县（市）区地方综合年鉴编纂工作的通知》，初步确定《台江年鉴（2014）》编写框架、条目设置，正式启动台江年鉴首次编纂工作。

**【业务交流】** 9 月 25 日—27 日，3 人参加《福清市志（1989-2005）》评稿会，提出志稿修改意见。12 月 13 日，2 人参加《福州年鉴（2014）》组稿会议暨 2013 卷优秀撰稿人表彰会议，学习观摩年鉴工作开展。

首部台江年鉴专题研讨会 （区地方志办 供）

**【地情信息服务】** 为区委、区政府以及区级各部门提供大量的图片及文史资料，存史资政。面向群众，开放志鉴文史资料查阅，服务来访群众 20 人次，提供资料查阅、复印和借阅等服务 50 次。

**【队伍建设】** 开展内部业务讲评、研讨座谈、外出调研记录等活动，拓宽业务知识面。11 月 6—7 日，编辑人员 3 人在长乐市参加首届福州市地方志系统年鉴编辑业务培训班，提高年鉴编辑实务能力。

（何嘉芳）

（编辑 何嘉芳 涂江华 李秀丹）

# 政治协商

## 综 述

2013 年，政协台江区委员会召开全体委员会议 1 次、常务委员会会议 4 次。区政协八届二次会议收到提案 138 件，经审查立案 126 件，立案提案办复率 98.4%。围绕区重点项目建设和教育、交通、医疗、内河整治等组织 60 多次视察活动。紧扣区中心工作，打造“五大品牌”工作重点，形成调研文章 11 篇，汇编成《建言集》。抢救、挖掘整理台江两千多年来的码头港口文化、商贸文化和民间民俗文化，编辑出版《台江开埠史话》。

1 月 1 日，中国人民政治协商会议福州市台江区第八届委员会第二次会议闭幕 （陈晓 摄）

## 重要会议

**【政协台江区第八届委员会第二次会议】** 2012 年 12 月 30 日—2013 年 1 月 1 日召开。审议并同意林品光、王建东代表政协台江区第八届委员会常务委员会所做的常务委员会工作报告和提案工作情况报告。会议期间，委员们列席区十六届人大第二次会议，听取并赞同政府工作报告以及其他有关报告。会议还听取王建东代表提案审查委员会所做的《关于区政协八届二次会议提案初审情况的报告》，审议通过《区政协八届二次会议决议》，表彰区政协委员履职优秀奖 25 名、爱心奉献奖 25 名、优秀提案奖 5 个和提案承办先进单位 3 个。

**【区政协八届常委会】** 第七次会议 3 月 20 日召开。会议主要议题：传达学习全国“两会”精神；听取区发改局工作情况通报并评议；通报《台江区政协主席、副主席工作分工》；审议通过《台江区政协界别活动小组分组调整名单》《台江区政协各专门委员会主任、副主任、委员调整名单》《台江区政协 2013 年民主监督工作意见》《台江区政协 2013 年工作要点》《2013 年台江区政协各委（室）工作计划、界别小组工作计划、街道联组工作计划、重点调研课题》《台江区政协关于在区政协委员中开展“岗位建功”活动的意见》《台江区政协委员视察工作办法》。

第八次会议 6 月 25 日召开。会议主要议题：听取区环保局、建设局、市容局、地税局和工商局工作情况通报并评议；通报“区政协委员文明巡访在行动”活动情况、红星苑三期招商情况和“百企联百村、共建新农村”活动情况；审议通过《2013 年区政协、区委统战部暑期读书班方案》；通报区政协 2012 年信息工作情况，部署 2013 年下半年信息工作。

第九次会议　10月29日召开。会议主要议题：听取区法院、检察院、台江公安分局、区司法局、教育局和文体局工作情况通报并评议；传达学习习近平总书记系列重要讲话精神；审议通过《台江区政协2013年专题视察方案》；通报上下杭征迁工作进展情况。

第十次会议　12月20日召开。会议主要议题：听取区监察局、效能办和文明办工作情况通报并评议；审议通过《中国人民政治协商会议第八届福州市台江区委员会委员调整名单》《中国人民政治协商会议第八届福州市台江区委员会不再担任常务委员名单》；通报《中共福州市台江区委关于同意召开政协福州市台江区第八届委员会第三次会议的批复》和《中共福州市台江区委关于同意成立中共台江区政协第八届委员会第三次会议临时委员会和五个临时党支部的批复》；审议通过关于召开政协第八届台江区委员会第三次会议的决定及有关文件；审议政协第八届台江区委员会常务委员会工作报告、关于八届二次会议以来提案工作情况的报告；审议通过表彰名单；通报《台江开埠史话》进展情况。

## 主要工作

【提案工作】　全年收到提案138件，立案126件，办复124件，占98.4%。围绕加快打造“省会总部经济集聚区”全区经济工作重心，提出加快推进总部经济建设多件提案，台江区成立总部经济发展工作领导小组，相关部门组成招商服务工作部门，统一招商，一站式服务；提出改善道路交通环境、道路安全管理等方面的提案，区交巡警大队加大路面巡查和排堵，缓解堵车现象，结合专项整治预防和减少道路交通事故：《加强对户外健身器材进行管理维护的提案》，区文体局通过各社区摸底排查，责成器材厂家更换维修。

【协商工作】　政协全会协商　委员分组讨论政府工作报告等重要会议材料，汇总成《台江区政协八届二次会议意见建议综合》报区委、区政府。

常委会议协商　听取20多个部门工作通报，就有关环境保护、生态文明、城市管理、税收征管、文教卫生、计划生育和公检法司等工作沟通协商。关于加强内河综合治理、加快新兴产业发展、推进旧屋区改造、完善社区健身器材建设、实施文化惠民工程、创建诚信商圈等建议，得到重视和采纳。

专题协商　围绕打好“五大战役”，推动旧城改造、项目建设、招商引企三大板块工作，促进经济社会各项事业平稳较快发展等议题，建言献策。围绕如何挖掘、保护和开发上下杭历史文化资源，召开协商座谈会，形成《关于上下杭历史文化街区保护性开发改造的呈阅件》，提出增设安保力量，防止文物被盗或火灾危害，突出地域性特征，注重保护历史文化遗产等意见建议，得到重视和采纳。

【民主监督】　通过会议、建议案、提案、委员视察等形式，实施民主监督。对文明创建、食品安全和交通综合整治等全区阶段性重点工作，进行专项督导检查。视察福建医大附一医院门口交通拥堵和市容卫生情况，区交警大队、区市容局等有关部门和街道领导现场办公，提出解决办法。百名区政协委员专题视察重点项目、为民办实事项目实施情况，形成视察报告，报送区委、区政府和有关部门。开展“委员文明巡访”活动，就食品行业、窗口行业、公共场所存在的薄弱环节提出建议。委员监督员参与公正执法、依法行政、效能建设、纠风工作检查和行风评议。

【视察调研】　围绕区委、区政府重点推进的工作和百姓普遍关注的民生问题视察调研，就构建富有台江特色的现代商贸服务体系目标、传统产业转型升级，提出“加快台江区中亭街商贸服装城转型升级”“网购环境下台江传统商业创新发展的思路”“提升商贸服务、打造商贸强区”“提高

区政协开展民生专题视察调研活动　（区政协办　供）

服务民营经济科学发展能力”等建议；视察调研企业、中心街区，就打造“海峡现代金融中心”和“省会总部经济集聚区”提出“加强‘楼宇经济’税收征管服务，提高台江区楼宇税收效益”“依托电子商务基地平台，推进跨境电子商务发展”等意见建议；围绕区委、区政府重点推进的工作和百姓普遍关注的民生问题，视察饮用水源安全、环卫保洁市场化改革、海峡电子商务产业和义务教育均衡发展，提出意见建议，被区委、区政府及有关部门采纳，推动相关工作的开展。调研形成《创建教育强区，满足人民群众对发展教育的新期盼》《台江区公办园建设发展的思考与建议》报告。视察区内防控H7N9工作、妇幼保健和社区卫生服务中心建设情况，建议进一步强化疫情防控应急预案，健全医疗卫生服务体系，有效促进基层医疗卫生机构建设。

【委员工作】 举办暑期读书班1期、政协讲坛2场和学习座谈10余次。走访20多家委员企业，就行政项目审批、税务征管、停车难等问题，多次到有关部门了解情况，加强沟通，促进优化招商环境。委员“一对一”帮扶活动，“助学帮困献爱心”捐资33.6万元，捐助大学生86名。与福建百联公司联合开展春节慰问活动，为百名困难群众捐助慰问金和慰问品价值5.4万元。与“帮助你”促进会联合开展爱心活动，为育智学校100多位学生送书包、文具等，价值3万余元；为环卫工人送防暑降温慰问品。区政协医药卫生界委员和福州东南眼科医院医疗队到苍霞新城社区、江滨老龄公寓，开展义诊咨询和健康教育活动，向社区居民发放《健康总动员》知识小册子1万余本。宣传政协工作，展示委员风采，市级政协好新闻榜上有名。

【文史资料编纂】 组织编写上下杭地名典故、闽商重地、话说双杭、中平路“十里洋场”等30多篇文史资料，在《福州晚报》《福州日报》《海峡都市报》等多家媒体刊登。协助编辑出版《上下杭史话》1册，30多万字。抢救、挖掘整理台江2000多年码头港口文化、商贸文化和民间民俗文化，编辑出版《台江开埠史话》1册，40多万字。全书8个章节，分别为港口轨迹、商贸重地、文物古迹、民俗文化、宗教信仰、工苑奇葩、名人风采、史志艺文，详细介绍台江历史风貌与精神文化，有些史料、照片首次披露。

（区政协办）

（编辑 涂江华）

# 民主党派与工商联

## 民革台江区工委

【概况】 2013年，民革台江区工委下辖10个支部，党员176人，区人大代表2人，区政协委员7人，4名党员获聘各级廉政特邀监督员。大学以上学历81人，占47.1%；中高级职称103人，占59.8%。1人获民革省委会“优秀信息员”称号，1人获区政协“履职优秀奖”称号。

【参政议政】 在市、区两级会议上，提交议案、提案、建议24件。主委黄丽惠获评区政协“履职优秀奖”，《关于提高社区居家养老服务水平的建议》《大力扶持公益服务性社会组织，完善社会管理格局》获区政协“优秀提案奖”。

提交社情民意、简讯等各类信息55件。其中《加强高校教育资金效益审计的建议》获省领导批示2次，被民革中央和省政协采用；转化提案《民革福州市委会建议尽快出台〈国有土地上房屋征收与补偿实施意见〉》获省委书记批示，被市委办公厅采用；《关于着力推进福州危旧房改造的几点建议》获省领导批示和市委办公厅采用；《关于药用动植物资源保护与可持续利用的建议》《对健全完善政治协商纳入决策程序的若干建议》《正视房屋征迁新政策的挑战 构建和谐征迁工作的几点建议》《关于做好区级楼宇税收落地前期准备工作的建议》4件被省政协采用。1人获评民革省委“优秀信息员”。

区委同民主党派、工商联代表人士季谈会 （区委统战部 供）

撰写《加强闽台海洋经济合作的若干思考》《发展基于供应链的电子商务平台，促进区域经济发展》《建筑垃圾循环利用，促进建设“美丽福州”》《加强“楼宇经济”税收征管服务，提高楼宇税收效益的对策建议》等调研报告。

【政治学习】 开展主题学习教育活动，提交文章17篇。参加区委统战部和区政协报告会、暑期读书班、培训班和座谈会。论文《毛泽东统一战线思想及其现实意义》获市委党史研究室、市委市直机关工委、市委党校“纪念毛泽东诞辰120周年理论研讨会”三等奖。

6月5—7日，全国政协专题调研组到闽专题调研。黄丽惠在会上作《把政治协商纳入决策程序的实践与思考》发言。

【组织建设】 闽江学院支部获评“民革福建省委‘争创双优’活动优秀民革基层组织”，福州市第六医院支部、企业二支部、台江医院支部获评民革市委会先进支部。

【社会服务】 到太平洋社区、仓山盖山镇浦口村和福州红星农场开展宣教和义诊活动。民革闽江学院支部党员到闽清县坂东镇中心小学开展“艺术进校”吹暖乡村学子心的“海西春雨”行动，捐赠书法用品、绘画用具及资助金5000元。

（黄丽惠）

## 民盟台江区工委

【概况】 2013年，民盟台江区工委盟员180人，其中中高级职称占72.7%。全区在职盟员教师72人，特级教师2人，省学科带头人3人。全年提交提案20件，反映社情民意信息20多条。民盟福州四中和民盟十四中支部获“先进民盟支部”称号，10位盟员获评“福州市优秀盟员”。

【参政议政】 集体提案《关于进一步办好台江区公立幼儿园的建议》《出台相应法规 立法界定校园安全责任》2件，个人提案《成立教育仲裁机构妥善处理家校纠纷》《关于进一步加强中小学生公共安全教育的建议》《开设礼仪课程应成为中小学课改探索的一个内容》《 融合福州“三宝”，提升文化内涵——关于建设上下杭文化保护街区的建议》等17件。

【政治学习】 组织盟员学习贯彻中共十八大和十八届一中、二中全会精神以及全国、省、市、区统战会议精神，开展“坚持走中国特色社会主义政治发展道路”政治交接学习教育活动。学习《2010—2020年党外代表人士教育培训改革和发展纲要》（中办发〔2010〕23号），《关于加强新形势下党外代表人士队伍建设的意见》（中发〔2012〕4号）文件精神。

【组织建设】 发展新盟员3人。建立QQ群，展示基层组织在活力建设年中新风采新面貌，增强互动。1人获评区政协履职先进个人、区首届优秀人才。

【社会服务】 2名盟员两度参加连江和福清“农村烛光行动”支教活动。1人被聘市教育系统和区教育局行风政风监督员，1人被聘区政府纠风办民主评议员。

（林 玲）

## 民建台江区工委

【概况】 2013年，民建台江区工委会员204人，平均年龄38.5岁，大专以上学历158人，占77.45%。中高级以上职称83人，占40.6%。全年提交调研文章2篇，理论文章4篇。

【参政议政】 撰写《转变发展方式，加快构建具有台江特色的现代商贸中心区》《网购对传统商业模式冲击的探讨》调研文章。

【政治学习】 学习中共十八大、十八届三中全会精神以及总书记习近平重要讲话精神，《推动协商民主制度化创新的主体性问题》《人民政协与社会主义协商民主制度研究》获评市政协理论研讨优秀论文。开展“践行社会主义核心价值体系”学习教育活动，召开集体谈心会，进行区工委委员、支部主任届中述学述职。《新形势下民主党派树立和践行社会主义核心价值体系问题研究》获市统战理论研究征文二等奖、民建中央“弘扬民建优良传统，努力践行社会主义核心价值体系”重点理论课题优秀成果奖。

【组织建设】 召开会议、开展活动23次，5位会员参加民建市委会暑期读书班，1位会员被聘为区政协理论研究会理事、常务理事。8月，召开民建区工委第四次会员大会，调整区工委领导班子。

【社会服务】 协同民建市委会、民建企业家委员会到中选社区开展技术咨询、法律援助、医疗服务、爱心助学、招商引资、帮助下岗职工就业等活动1场。

（陈红星）

## 民进台江区工委

【概况】 2013年，民进台江区工委下辖7个支部，会员153人，教师占90%以上，其中中高级职称占80%，省、市、区人大代表和政协委员7人，区人大、区政协常委2人。主委林无获评民进市委会“参政议政积极分子”、区政协“履职优秀奖”。小教支部主委颜文斌获评福州教育系统“先进工作者”、区政协“履职优秀奖”。

【参政议政】 报送社情民意33条，11条分别被省政协、省委统战部、市政协、市委办公厅采用。《民办中职生与公办生同等待遇的建议》获市政协好信息奖。

提交区人大议案6件，提交区政协集体提案5件，委员提案5件。《社区胡搭乱建现象应予以坚决制止》等3件提案列十大重点提案。调研论文《创建教育强区，满足人民群众对教育发展的新期盼》，入选区政协调研论文建言集。

【政治学习】 学习中共十八大、十八届三中全会文件和总书记习近平一系列重要讲话精神10余次。参观民进会史教育基地，举办专题学习会、知识竞答活动。小教支部被民进市委评为学习践行社会主义核心价值体系先进集体。

【组织建设】 举办暑假支部建设讨论会、新会员履职培训会、新春交流会、教师节表彰会。

【社会服务】 向贫困山区捐款1000元，1名会员受邀担任市纪委、市监察局特邀政风行风民主评议代表。

（林 无）

## 农工党台江区工委

【概况】 2013年，农工党台江区工委党员106人。党员平均年龄51岁，中高级职称占69.8%，医卫界占34.8%，教育界占29.7%。区人大代表10人，区政协委员14人，区特约监督员8人。区工委会获区委统战部“2013年度社情民意信息工作先进集体”，获农工党市委“2011—2013年度信息工作标兵单位”“农工党福建省树立和践行社会主义核心价值体系优秀区级组织”。

【参政议政】 提交建议14件，集体提案14件。完成调研文章2篇，上报社情民意25条。

【政治学习】 学习中共十八大、农工党十五大重要精神，举办2场活动。组织党员到重庆参观中国各民主党派历史陈列馆，到腾冲参观滇西抗战纪念馆。全年中心组学习5次，机关干部学习15次。12名农工党员参加中央社院、省社院、市委党校、农工党省委会和市政协培训班，26人次参加农工党市委会培训班。

【组织建设】 成立中心学习组，制定主委、常委、全委会议工作规程和领导班子工作分工制度，完善《骨干成员述职办法》。全年召开主委、常委、全委会议和中心组成员学习会议9次，吸收15名中青年业务骨干入党，考核15名农工党员后备干部人选。

【社会服务】 40名农工党员组成农工党区红十字志愿服务队，开展志愿服务活动。开展庆祝“三八”节、教师节、重阳节活动，到农工党宁德、龙岩市委会进行交流考察等活动。开展社区义诊活动3场，主题科普宣传活动1场，健康知识讲座1场，受益群众千人。

（唐福乐）

## 致公党台江区工委

【概况】 2013年，致公党台江区工委党员136人，新发展党员5人。高级职称56人，中级职称50人，中高级以上职称占78%。

【参政议政】 教育二支部主委刘辉俊《关于完善我市学前教育监管工作的几点建议》被选为市政协十二届二次会议集体提案，并被评为重点提案。完成调研文章5篇。组织课题组到永泰县、长乐市以及百联企业等调研。

【政治学习】 参加区委统战部和区政协研讨会、暑期读书班、培训班和座谈会。3月16日，举行全体党员专场学习会，学习中共十八大和全国两会精神、中共福州市委关于落实“八项规定”精神，以及致公党中央、省、市委会的相关会议精神，市委会主委鄢萍及相关领导到会指导。11月28日，召开委员学习中共十八届三中全会精神会议。

【社会服务】 接待马来西亚恳亲团一行9人。依托海西“春风·春雨·光彩”行动和“同心·民生工程”平台，引导基层组织、骨干党员到闽侯县南通等乡镇开展“送医下乡”义诊4次，服务对象超过700人次。

（姚 强）

## 九三学社台江区工委

【概况】 2013年，九三学社台江区工委社员101名，平均年龄55.8岁，其中高级职称53名，占52.48%，中级职称41名，占40.59%。市、区两级政协委员6人，各级特约监督员4人。2人获评九三学社福州市委员会参政议政与宣传工作先进个人。台江第三支社委员会获评九三学社福州市委员会基层组织建设年活动先进集体。

【参政议政】 提交“两会”提案、议案和建议10件。《依托海峡电子商务产业基地平台 推进跨境电子商务发展》列区政协重点提案。报送信息4件，采用1件。4名特约监督员参加行风评议、机关效能监督等活动。

【政治学习】 学习中共十八大、十八届三中全会精神和九三学社十大精神。开展“五一口号”发布65周年和九三学社建社68周年主题教育活动，开展征文活动、举办专题讲座、学习社章社史。

【组织建设】 开展“基层组织建设年”活动。开展支社联合活动，增强组织和社员凝聚力。12月21日，召开九三学社台江区第五次社员大会，各支社完成换届。全年发展新社员2名。

【社会服务】 慰问宁化小学5名贫困生，送慰问金1000元。3月9日，区工委组织社员到闽江公园开展爱绿护绿、倡导低碳生活活动。

（陈 钊）

## 台盟台江区工委

【概况】 2013年，台盟台江区工委盟员15人，联系台胞15人。盟员平均年龄53.3岁，中高级职称8人。担任市政协副主席1人、马尾区政协副主席1人、区政协委员1人、区政协常委1人，1人获评2013年区政协优秀履职委员，5人获评热心盟务工作积极分子。

【参政议政】 《关于社区卫生服务中心与社区养老机构对接的建议》列区政协八届重点提案。社情民意10余篇，《建议将乡镇图书馆建设纳入农村文化建设整体布局》等2篇被中省办专报采用，《加强对古渔村落的开发和保护》《加大力度扶持“医养结合”的养老服务机构》等4篇被省政协采用。

【政治学习】 学习中共十八大、“同心思想”、全国“两会”、中共中央领导考察福建重要讲话精神，中央统战部《关于加强新形势下党外代表人士队伍建设的意见》等。参加盟市委、市台联、区政协暑期读书班和台情讲座。

【组织建设】 贯彻“注重质量，稳步发展”原则，发展盟员3名。3人参加省社院和中央社院培训。

【社会服务】 到台企了解情况，向台湾岛内乡亲宣传福州各项投资优惠政策。和台湾同胞交流，接待返榕台湾老乡。第三代台胞1人参加榕台青年夏令营。

“三八”节参加市台盟慰问福州第二福利院，送慰问品、捐献衣物、义卖工艺品等帮助福利院孤残人员；多次前往苍霞街道慰问长期帮扶对象送慰问金、慰问品。

（涂 颖）

## 台江区工商业联合会

【概况】 2013年，台江区工商联发展新会员单位102家，会员总数1153人。上报社情民意专报4篇，征集榕商回归投资意向项目3项，实施社会服务对口帮扶项目6个。8家非公有制经济企业荣获“2012年模范党员诚信店”称号。

【参政议政】 企业家代表参加区委党外人士季谈会4次，参政议政，建言献策，提出建议33条。

1月17日、8月6日、8月8日，市工商联领导一行到台江区果业商会、区服装商会开展“四个万家”调研。

4月上旬，印发《致会员“六不准”一封信》，引导会员企业做好福州鞋城搬迁工作。

5月，《加强现代基层商会建设研究》获市委统战部和市统战理论研究会“2012年度全市统战理论研究优秀成果优秀奖”。

10月17日，企业家35人参加市委统战部、市工商联保护上下杭历史文化古迹调研。

11月4日，市委常委、统战部部长黄忠勇到台江区鞋业商会、服装商会调研指导基层商会工作。

【回归工程】 2月18日，在“福州市回归工程签约仪式”上，区回归办引导3家企业签约落地台江，项目投资26.6亿元。

【规范商会管理】 区服装商会、五金机电商会、鞋业商会、果业商会、装饰建材商会依法办理民间社团登记手续。基层行业商会公开政策法规、廉政建设、会务活动、入会流程、公益事业、财务管理等16项会务管理内容，完善商会管理。5月28日，区工商联（总商会）成立“关心下一代工作委员会”；6月1—5日，服装、五金机电、装饰建材、鞋业、果业、水产商会6个关工委成立，涵盖会员企业953家。6月24日、6月28日，分别成立台江区果业商会、装饰建材商会党支部，基层商会党支部4个。

【会员服务】 每月1期《台江商会》会刊，发会员企业4500余份，传递政策信息、企业市场信息。10名非公经济企业家担任区法院人民陪审员。区服装商会组织80名会员到泰国交流商务，寻找商机。2月26日，召开区工商联（总商会）九届二次执委（扩大）会议。审议通过届中调整增补兼职副主席10名和常委1名。表彰“同心工程”先进集体6个，先进单位33个。3月26—27日，服装、五金机电、装饰建材商会非公党支部书记3人参加

8月8日，市委统战部副部长、市工商联党组书记张性魁（左三）在区委常委、区委统战部部长程辉（右三）的陪同下到区服装商会，开展“四个万家”“三服务”调研

（区工商联 供）

市委党校基层党支部书记学习培训。5月29—30日、10月21日，市人社局、市工商联在市劳动就业培训中心大厅举办全市人才招聘活动，区工商联引导7家会员企业参加招聘，现场用工意向92人。6月24—28日，4名企业家参加延安市委党校、福州市委党校2013年非公有制经济人士理想信念教育实践活动培训班学习。6月25日，在区委党校举办区非公有制经济人士理想信念教育实践培训班，121人参加培训。9月6—11日，组织非公经济人士15人到湖南韶山参观毛泽东故居、贺龙纪念馆，接受爱党爱国和理想信念教育。10月20—28日，4名企业家参加清华大学企业家高管培训班学习。

【社会服务】 元旦、春节，区装饰建材、鞋业、果业、服装商会领导向区内贫困家庭捐款捐物5万余元；名誉会长陈居根与区政协慰问辖区困难低保户100户，发放慰问金和慰问品5.4万元。1月7日，区服装商会向区内各街道济困助学捐款30万元。1月25日，到罗源县开展帮扶“五老”和“失依儿童”活动，捐款13.5万元。4月21日，印发《关于向雅安灾区捐款的倡议书》，会员企业向灾区捐款73.86万元。

（方朝明）

（编辑 涂江华）

# 社会团体

## 台江区总工会

【概况】 2013年，台江区基层工会组织1050家，工会会员6.2405万人。省劳动模范2人，市劳动模范8人。评选命名“工人先锋号”“五一先锋岗”27家。“两节”期间，筹措资金28.25万元，走访慰问困难职工、困难劳模300户。

【职工技能竞赛】 引导企业工会根据企业实际，开展形式多样、内容丰富的竞赛活动，如在重点建设项目、公共服务管理行业开展收银、软木画等技能竞赛。工人先锋号创建活动与劳动竞赛、技能竞赛、技术创新等职工建功立业活动结合，丰富创建活动内容。探索劳动竞赛成果与职工利益挂钩制度，落实职工创新奖励制度，完善职工参与劳动竞赛激励机制。全年组织12场职工技能竞赛，涵盖工种8个，参赛职工234人。

【职工素质教育】 组织职工学习贯彻中共十八大以及中央和省、市、区委关于工会工作重要精神，组织劳模学习总书记习近平在纪念“五一”国际劳动节劳模座谈会上重要讲话精神。建设职工实训基地、“职工书屋”（金斗社区建成省级职工书屋）、农民工素质学校、女职工周末学校；开展“我为企业发展献一计”金点子大赛，建设知识型、技能型、创新型职工队伍。

【职工权益维护】 落实向党委报告工作、与政府联席会议以及劳动关系三方会议等制度，推动涉及职工利益和工会工作重大问题的解决。加强工会信访工作，拓宽职工诉求渠道。推动涉及职工利益的法律法规的贯彻实施，参与劳动关系矛盾纠纷调解，配合有关部门开展欠薪专项整治行动，及时处理侵犯职工权益的重大案件。

企业普遍建立工资集体协商机制，开展工资集体协商要约行动，发出“要约书”927份、涵盖建会企业3037家，形成“区域谈底线、行业谈标准、企业谈增长”薪酬工作格局，普通职工特别是一线职工工资收入得到提高。签订集体合同和工资专项集体合同各908份、涵盖建会企业3037家。集体合同企业女职工权益保护专项集体合同签订率100%。

【职工帮扶服务】 开展“春送岗位”“夏送清凉”“金秋助学”“冬送温暖”系列帮扶活动。组织2对新人参加市总工会第四届新福州人集体婚礼。实施女职工“关爱行动”，为200名女职工免费体检。开展职工医疗互助活动，第三期参加职工1.28万人，缴纳互助金63.23万元。参加市总工会“关爱环卫工人10年行动计划”，全区建立10个环卫工人服务站。开展工会“面对面、心贴心、实打实服务职工在基层”活动，走访企业38家，访问职工200余人，慰问困难职工1万余人次，发放慰问金、慰问品43万余元。

【基层工会组织建设】 开展基层工会建设年活动。开展组建工会和发展会员“百日攻坚”行动。80%以上新任工会主席、25%以上专兼职工会干部接受培训。35名工会干部参加全总、省总、市总各类培训班，区总本级举办各类培训班8期，培训300余人次。

（黄诗艳）

## 共青团台江区委员会

【概况】 2013年，台江区团组织146个，团员5.6597万人。团区委组织引导青年加强思想政治学习，开展“我的中国梦”活动。

【服务经济社会发展】 服务“五大战役”重点项目工程建设、大都市区构建、全国文明城市创建等。引导广大青少年和市民在学雷锋实践中，参与城区环境综合整治，倡导文明环保新风尚，弘扬雷锋精神和“奉献、友爱、互助、进步”志愿精神，推动区内全国文明城市创建，夯实文明社区创建基础。组建志愿服务搬家队，帮助贫困户搬家。

【青少年思想道德教育】 以中共十八大和纪念建团91周年、“五四”运动94周年为契机，学习贯彻中共十八大精神和总书记习近平“中国梦”一系列重要讲话精神，举办“台江五四青年公益社团文化节”。举办时尚文化活动，引导广大团员青年树立开放意识、包容意识和进取意识，打造台江时尚文化拼图，打造时尚人文文化。

【青少年权益维护】 帮扶特殊青少年，对接法院转介缓刑未成年人14人；司法局转介社区矫正青少年2人；分别与区检察院及公安分局联合开展合适成年人（合适成年人制度主要是在未成年刑事诉讼中父母不能或不愿出庭情况下，为未成年人挑选符合条件的合适成年人作为其法定代理人出庭，目的是保护未成年人的合法权益）帮教服务79人、153人。建立特殊青少年档案162名，其中个案帮扶56名；30个不同主题小组开展35次活动，服务220余人次；开展30场社区活动，服务6000余名社区青少年。依托鲲鹏中心开展法律宣传5场、法律知识竞猜5场以及法律咨询活动5场，举办公益心理讲座8场，在农民工子女学校开展心理知识讲座12场。

【团组织建设】 实施非公企业团建巩固提升“百千万计划”，全年实现非公企业工团联建90家，其中新建非公企业团组织10家。

（程 慧）

## 台江区妇女联合会

【概况】 2013年，台江区街道妇联10个，社区妇联由73个整合为52个。区妇联以“四个万家”主题活动为推手，全年帮助困难妇女儿童300人次，发放慰问金6万余元。资助春蕾女童87人，金秋助学11人，发放助学金4.3万元。

【推动“两纲”实施】 分解《台江区妇女发展纲要（2011—2020年）》和《台江区儿童发展纲要（2011—2020年）》（下称《两个纲要》）目标责任，推动《两个纲要》贯彻执行。为4名白内障患者申请东南眼科医院免费手术，为13名“两癌”（宫颈癌、乳腺癌）妇女患者上报申请困难补助。关爱困难春蕾女童87人，发放助学金3.4万元。向品学兼优的10位中学生、1位大学生发放金秋助学款9000元。

【妇女干部培训】 全区52个社区均成立“妇女之家”。举办基层妇联主席培训班2期，内容包括妇女创业小额信贷相关政策、维护妇女儿童合法权益有关法律知识和有效手段等，参加学习和培训200人次。4名女干部参加省、市妇联妇女干部培训班。

【妇女小额（担保）贷款工作】 下发《进一步做好2013妇女小额（担保）贷款有关工作的通知》，联合区人力资源和社会保障局印制小额担保贷款政策宣传材料5万份。

【巾帼志愿者服务】 全区37个单位参加创建活动，其中，全国岗2个，省岗12个，市岗23个。区工青妇支部组织巾帼志愿者、青年志愿者组成搬家服务队，帮助上下杭社区18户孤寡老人和困难户迁入新居。发放争当“爱心妈妈”倡议书300份。爱心巾帼志愿者队伍结对帮扶25对。区行政服务中心获首届福州市巾帼志愿者服务先进集体称号，4人获优秀巾帼志愿者称号。“巾帼文明岗”辐射创建范围由最初的窗口服务业向公检法、区直机关、学校、卫生、非公企业覆盖。瀛洲街道计生办、中瑞国际影视城、金逸电影城新创市级巾帼文明岗，3人获“市巾帼建功标兵”称号。

【家庭教育】 50名家长参加全市家庭教育公益大讲堂培训。七夕节举办“幸福家庭、魅力女性”公益大讲堂和家庭教育公益大讲堂台江专场，200多人参加。举办“激发学生持久的学习动力”公益讲座，100多人参加。中小学校老师参加市第十四届家庭教育优秀论文理论研讨，获组织奖，论文获二等奖3篇、三等奖3篇、优秀奖5篇。

【家庭美德宣传】 “三八”妇女节和“拗九节”，举办“道德文明从我做起”专题活动，专家老师讲解家庭结构关系对构建和谐社会的作用，提高广大居民对家庭美德的知晓认同率。出台《2013年推进廉政文化进家庭工作实施意见》，开展多种形式的家庭助廉宣传教育活动。台江鲲鹏青少年活动中心负责人刘安娟获评“福州市十大感动最美女性”。

【妇女儿童权益维护】 73个社区“妇女之家”实施妇女维权“三制”（妇女议事制，妇女代理/协理制，妇女互助制），洋中街道金斗社区获市妇女维权“三制”先进示范社区称号，后洲街道中亭东社区获市妇女维权“三制”示范社区称号。街道妇联、社区维权站、“反家暴”报警点接待来电来访29人次，处理率100%。结合“三八”维权周、综治宣传周、“六一”儿童节、“6•26”国际禁毒日、“12•1”世界艾滋病日宣传、“12•4”法制宣传日，开展11场宣传活动，发放妇女权益保障法、未成年人保护法、婚姻法等宣传材料近万份。

（高龙华）

## 台江区文学艺术界联合会

【概况】 2013年，台江区文联围绕区委、区政府中心任务，举办10余场文艺活动；繁荣文艺创作；服务下属各协会及会员，加强队伍建设；在文学、根雕、美术、舞蹈、摄影等领域取得成绩。区文联被市文联评为先进集体。

【文艺活动】 南台墨影——第三回台江书法展 4月28日—5月1日，“南台墨影——第三回台江书法展”在福州画院展出区书法家协会顾问及会员作品50余幅，区委宣传部、区文学艺术界联合会主办，区书法家协会承办。省文化厅副厅长、省书法家协会副主席陈吉，省文联党组成员、书记处书记、副主席、省作家协会主席杨少衡，省文联副主席、省画院院长陈济谋，省文联副主席、省书法家协会主席陈奋武，省教育学院纪检书记林德泉，世界闽商理事会执行理事长周谨洛，省耕读书院院长、市书法家协会主席陈章汉，市文联主席徐杰，省美术馆书记董平，区人大常委会主任林培清，区政协主席林品光，区委常委、宣传部部长、教育工委书记李辉，区政府副区长黄劭蓉出席开幕式。

“首届海峡雕刻艺术品博览会” 5月18—22日，南台树根艺术研究会参加福州海峡国际会展中心举办的“首届海峡雕刻艺术品博览会”，获“福建省工艺美术艺术百花杯”金奖7件、银奖12件、铜奖24件。

第四届“福州南台根雕艺术文化新老传承授牌大会” 6月21日，区文联和南台树根艺术研究会召开第四届“福州南台根雕艺术文化新老传承授牌大会”，表彰“根雕艺术能手”10名、“福州根雕作品特色奖”5个。

“劳动光荣、创造伟大”职工书画摄影艺术品展览 7月，区文联征集书法、绘画、摄影作品51件，参加市总工会在市工人文化宫举办的“劳动光荣、创造伟大”职工书画摄影艺术品展览。

“5•18”首届海峡雕刻艺术品博览会 （区文联 供）

“航路天使”摄影展 8月31日—9月2日，“航路天使”摄影展在福州画院展出，东海航海保障中心福州航标处主办，区摄影家协会承办。展出区摄协会员作品百余幅。

【艺术创作】 4月，区书法家协会出版《南台墨影——台江区优秀书法作品集》。8月，区文联出版《金外滩》刊物。区文联创作台江旧貌新颜专题诗歌20首，台江风土人情、代表性建筑专题诗歌30首。

【文艺成果】 文学类 区作协会员钟红英散文《孔子的目光》获福建省作协等单位主办的“逢时杯”海内外散文奖一等奖。长篇纪实文学《畲山风》获2013年度中国作协少数民族文学重点作品扶持项目，福建文艺发展基金资助项目。李玉平长篇纪实文学《城市交通报告》由光明日报出版社出版。

舞蹈类 区舞协会员张晓华获“中国舞蹈家协会第215届少儿舞蹈展演”优秀指导教师奖，指导舞蹈作品《渴望》和《嘎巴丽》分获福州市文联主办的海峡舞蹈节金奖和银奖。

美术类 区美协会员邓春晖作品《山高水长》入选2013年“荆浩杯”中国画双年展。

摄影类 区摄协会员赵建明作品《重汽生产线》（组照）入选“怡居创业，魅力永安”全国摄影大展。陈霖作品《元宵乐》获第八届“两马闹元宵”现场摄影暨第三届闽台风情摄影比赛二等奖。张文良作品《高速出城口》获“十年沧桑变，榕城春意浓”网络摄影大赛二等奖。郑成乐作品《晓澳之夜》荣获“海天杯”滨海风光摄影比赛一等奖。

根雕木雕类 南台树根艺术研究会会员陈忠荣根雕作品《中国梦》、张其仕作品《山的女儿》分获2013年中国工艺美术“百花奖”金奖、银奖。林茂勇木雕作品《荷影摇曳》、李接辉木雕作品《静寂的乡村小院》分获第五届“艺鼎杯”中国木雕现场创作大赛优秀奖、入围奖。林茂勇木雕作品《三仙》获第二届中国（惠安）国际雕刻艺术博览会金奖。潘发清木雕作品《李清照》、张其仕作品《太平盛世》分获第七届福建省工艺美术“争艳杯”大赛金奖、优秀奖。郑大木获评“福州市第五届工艺美术特级名艺人”。

【台江区美术家协会第三次会员代表大会】 8月10日，台江区美术家协会第三次会员代表大会在阿波罗大酒店召开，审议通过区美术家协会第二届理事会工作报告和新修改的协会《章程》，选举产生谢赠生等新一届协会领导班子。

（商宝玉 杨 沃）

## 台江区社会科学界联合会

【概况】 2013年12月20日，台江区社会科学界联合会成立暨第一次代表大会在区文化活动中心召开。省社科联副主席冯朝华、市社科联主席林山出席。全年吸纳11个社科类学会（研究会、协会）为区社科联所属社团组织。

【理论学习】 全年汇编完成《探寻电子商务》《探觅社区建设》《探访精神文明》《探求基层党建》"四探"系列学习宣传读本。

【文化活动】 10月25日，邀请福建中医药大学附属康复医院推拿科主任陈水金在中亭东社区举办东南周末讲坛《慢性腰痛和家庭康复方案》专题讲座。11月26日，邀请省城市经济研究会会长严子杰在茶亭街道洋头口社区举办东南周末讲坛《低碳生活听我说》专题讲座。

（蔡 燊）

## 台江区科学技术协会

【概况】 2013年，台江区科协所属区级学（协）会7个，企业科协1家，个人会员205人。区本级预算内科普经费60.5万元，区级人均科普经费1.34元，同比增长10%。荣获第五届"福建省科普先进区"称号。

12月20日，台江区社会科学界联合会第一次代表大会 （区委宣传部 供）

【科普活动】 5月19—25日，举办台江区科技·人才活动周，主题"科技创新·美好生活"，22个部门和单位、72名科技人员参与，重点科技活动13项，发放科技科普资料1.5万份，科普挂图93套，受益群众近2万人次。9月14—20日，举办台江区"全国科普日"活动，主题"低碳生活，保护生态，美化家园"，18个部门和基层单位、57名科技人员、120名科普志愿者参加，科普活动15场，发放科普资料2万份，科普挂图93套，受益群众近2万人次。结合各类纪念日，开展"杜绝浪费、节约过节""科普进社区，益民暖人心""防灾减灾""倡导科学文明、破除迷信"志愿服务活动，举办"健康饮食""生活中的科学"讲座。全年科普大篷车展教活动4场，受众1万余人。

【科普创先争优】 1月，台江区荣获第五届"福建省科普先进区"称号。5月，经中国科协期中复查考核，台江区继续保持"2011—2015年全国科普示范县（市、区）"称号。茶亭街道、后洲街道和洋中街道获命名"2012—2013年度福州市科普示范街道"。上海街道凤凰社区获省首批"社区科普益民计划"表彰，洋中街道金斗社区获市首批"社区科普益民计划"表彰。

（朱 芳）

## 台江区红十字会

【概况】 2013年9月，区委研究决定，区红十字会工作机构独立设置，配备常务副会长，依法独立开展"三救三献"等慈善公益工作。慰问特困群众，受理大病救助申请，开展募捐活动，举办世界红十字日活动，开展应急救护培训。

【援助帮扶】 "红十字博爱送万家" 元旦、春节，向街道特困群众发放200箱慰问品和50床棉被。

**大病救助** 全年共受理、审核、上报符合省红十字会"红十字城乡困难居民重特大疾病医疗救助基金"条件的省级大病救助申请人84名，获救助金额109.13万元。受理、审核、上报符合条件的市级大病救助申请人21名，获救助金额15万元。

【募捐活动】 为四川雅安地震灾区发出募捐倡议书300份，募集善款10.08372万元，获市红十字会赈灾募捐优秀组织奖。

【“5•8”世界红十字日活动】 5月5日，区红十字会与市红十字会、东南眼科医院、宁化社区卫生服务中心等在宝龙城市广场举行宣传纪念活动，开展献血和捐髓宣传、助学助困、救护培训、义诊等。100多名红十字会员、志愿者参加。

【应急救护培训】 开展“博爱家园——红十字应急救护志愿服务进社区”活动。6月26日与区委文明办共同举办首期社区应急救护学雷锋志愿者培训班，50名社区志愿者骨干参加培训。

（林欲静）

## 台江区残疾人联合会

【概况】 2013年，全区有各类残疾人2.4943万人，持证残疾人9775人。残疾人综合服务设施1个，残疾人康复训练服务机构3个，残疾人就业服务机构1个，“福乐家园”1所。办理残疾人二代证672本，办证率39.22%。全区助残志愿者121人，受助残疾人871人。区“福乐家园”获评2013年全省先进“残疾人之家”，区肢协主席张敏获评全省“自强模范”，2人获评全省助残先进个人。

【康复工作】 全区医疗服务体系建立康复室，形成三级联动康复模式。2个试点残疾人社区康复站配备25种基本康复器材，扶持经费10万元。协助省市残联审核确认区内3家省级康复机构和1家区级康复机构，20名在定点机构接受康复治疗的贫困残疾儿童每人补助1.5万元。配发残疾人辅助器具217件，其中助听器23台、助视器10台、轮椅25辆、护理床32床。免费筛查眼病患者247人，发放眼科健康科普宣传资料近300份。免费为27名贫困白内障患者实行复明手术。为110名精神病患者实施服药补助，为13名重度精神病残疾人住院补助经费12.68万元。对24名盲人代表及其家属进行定向行走培训。

【就业服务】 登记失业求职残疾人63人和有职业培训需求的残疾人197人，职业介绍58人次；审核用人单位93家，安置残疾职工193名；区地税代征缴残疾人保障金，覆盖面85.82%。残疾人职业技能培训班培训180人。完成全区就业年龄段残疾人基本状况入户调查，实际录入就业状况人数3522人。支持3户“零就业”残疾人家庭创业就业。

【扶贫助学】 春节、元旦、全国助残日、“六一”节、中秋节、国庆节慰问困难残疾人。全年慰问953人，发放慰问金47.65万元。24名贫困残疾人办理社保补贴，金额2.4768万元；配合民政部门落实三类重度残疾人生活救助444人。资助72名智力、精神和重度残疾人居家托养，每户一年2000元，投入经费14.4万元。为96名低保代步车主发放油料补贴11.52万元；为231名代步车主发放燃油补贴6.006万元；为181名代步车主投意外保险9050元。区残疾学生及贫困残疾人家庭子女考上高中、中专、大专、本科院校，分别获2000元、3000元、3500元就学补助，全年发放助学金11.35万元，助学41人。

【文化活动】 1月26日，志愿者在台江步行街参加市委宣传部、市委文明办、区委文明办主办的“我们的节日•春节”主场活动暨“文明过年”系列活动启动仪式，为听力残疾人发放助听器，现场收集残疾人手工艺品义卖。

4月27日，区盲协与橄榄树志愿者团队在青年会广场举办“明盲携手，祈福雅安”支持雅安灾后重建义演募捐活动，盲人和志愿者表演10个节目，募集善款4317元。

5月31日，“福乐家园”学生与育智学校学生共度“六一”节。

6月，在14—22周岁的68名残疾人中筛选运动苗子10名参加省级体育苗子选拔。

7月25日，结合全国特奥运动日开展“我运动 我快乐 我健康”残健融合活动，志愿者带动残障学生打羽

2013年“残疾人托养服务”补助金发放仪式 （区残联 供）

毛球、篮球。

8 月 30 日，4 名助残志愿者上街开展残疾人代步车规范行驶文明督导活动。

12 月“国际助残日”期间，肢体、聋哑、智残亲友协会分别举行新春茶话会。

【生活环境改善】 为 17 户贫困残疾人家庭实行居家无障碍改造，每户给予 3500 元资金补助。为 20 户无房或极度危房户贫困残疾人家庭改善居住条件，每户补助 1 万元。

【维权工作】 全年办理来信来访 31 件，其中，处理来信 3 件，来访 19 件，群体接访 3 件，“12345”诉求件 6 件。

【组织建设】 全区 10 个街道均成立残联并配备兼职理事长和专职联络员，52 个社区均成立残协并选聘兼职残疾人联络员。

（翁爱靖）

## 台江区归国华侨联合会

【概况】 2013 年，台江区侨联履行“群众工作，参政议政，维护侨益，海外联谊”四大职能，团结带领广大归侨侨眷和海外侨胞参与台江区经济和社会建设。至年底，台江区成立基层侨联组织 20 个，街道 10 个，社区 10 个。

【参政议政】 区侨联常委杨俐丽在市人大会议上提交建议 8 件，其中《加强社区矫正专职队伍建设》被中国侨联采纳，作为《侨情专报》呈送中央领导。区侨联配合华侨中学创办“侨特色班”，在教育系统调查摸底小学五年级学生侨眷身份，为华侨中学作可行性报告提供相关数据。了解福州华伦中学在校侨眷学生华文教育情况，探讨促进华文教育相关问题。组织政协委员建言献策，参加“我为美丽福建、美丽福州献一策”征文活动。区政协委员石丽钦的《提升城市交通管理水平，确保城市道路交通有序顺畅》及陈奇的《加强台江园林绿化工作，促进城市生态文明建设》调研文章分别获得市侨联征文比赛三等奖和优秀奖。区侨联获 2013 年度福州侨联系统征文活动组织奖。

【侨资引进】 “5•18”“6•18”“9•8”等经贸活动期间，邀请骏峰集团董事长齐师严、凯捷集团有限公司总裁陈杭生、葡萄牙福建同乡会会长陈增仁等考察、调研台江区投资环境。为葡萄牙福建同乡会会长陈增仁意向在台江投资小额贷款银行，法国新侨文化传媒董事长张晓东意向在台江金融中心投资牵线搭桥。

邀请侨商参加洛阳“2013 年商会资本经济高峰论坛”项目与投资对接活动。推荐侨商林武、林昊参加省侨商会。

【侨胞权益维护】 侨法宣传进街道、进社区，翻印汇编涉侨法律法规宣传册 400 册，分发各街道侨联分会、社区侨联小组及归侨侨眷，基层侨联组织主动维权、依法维权、科学维权。服务侨界弱势群体，为侨界群众排忧解难。

结合元旦、春节、中秋等传统节日，全区侨联组织走访慰问贫困归侨 25 户，发放慰问金、慰问品 2 万余元。

全年接待侨界群众来信来访 50 件次。协调民政、残联、房管、拆迁办、教育、工商等部门为侨界群众妥善处理申报低保、申领残疾人用品、房屋征迁补偿、落实房屋产权、申领退休补贴费、房屋景观改造等 30 件次。完成调研课题《台江区贫困归侨基本状况分析对策建议》，提出帮扶建议。

【联络联谊】 1 月 6 日，拜会匈牙利福建工商业联合会会长方良瑞等海外侨领；1 月 25 日，拜会菲律宾同乡会会长缪鸿；5 月 8 日，拜会美国福建同乡会常务副主席郑廷勇与李培华。

【组织建设】 9 个街道侨联分会换届，新成立义洲街道侨联分会。10 个街道试点一个社区成立侨联小组。在街道、社区侨联组织中开展“创家交友”活动，发放宣传品 1500 多份。筹备区级侨联换届，部署召开台江区第八次侨代会相关工作。

（阮碧玉 林青芳）

## 台江区个体劳动者协会 私营企业协会

【概况】 2013 年，台江区个体劳动者协会、私营企业协会分别有个体会员 1.91 万户，从业人员 4.49 万人；私营企业会员 1.01 万家，从业人员 9.61 万人。

【企业年检服务】 区协会网站发布“关于 2012 年度私营企业年检有关事宜的通知”，指导服务会员参加年检。开展会员企业年检的宣传和前期准备工作，接待会员年检咨询 6133 人次。帮助会员企业下载相关资料 2300 份；协调工商部门对逾期年检会员企业补检。走访宣传协会职能及工商法律法规，为企业排忧解难。至年底，帮助 3521 家会员企业办理年检。

【企业融资服务】 引导、支持 34 家大型个体户转型升级为公司，新增资本 873 万元。办理股权出质、动产抵押登记 18 件，帮助企业融资 47.74 亿元。

【企业党建】 7 个协会分会全部建立“非公党建工作站”，7 月与区委组织部联合评选第七批“党员诚信店”。全区“党员诚信店”468 家、“模范党员诚信店”65家。瀛洲个协分会党支部被市委组织部确定为2013年非公党建示范点，省委《八闽快讯》专题介绍。全年发展非公党员15名，非公企业入党积极分子20名。

## 台江区消费者权益保护委员会

【概况】 2013年，台江区消委会履行《消费者权益保护法》7项职能，开展商品和服务社会监督，与区工商局联合开展“食品安全进企业”“督促药品经营单位向消费者提供有效消费凭证”和普法进校园宣传日活动。

全年受理消费者申诉86起，调解成功率100%，其中办理上级转办件32起，应用人民调解得到司法确认文件2起；接待来访、咨询60多人次；为消费者挽回经济损失12.6万元。

【“3·15”国际消费者权益日活动】 3月15日，区消委会联合福州日报社、苏宁电器和海尔电器商家在中亭街苏宁电器商场举办“诚信消费，金牌服务”活动。现场设立宣传咨询台，提供宣传咨询，分发法律法规宣传材料2000多份，“12315”服务站点宣传标语160份。

【社会监督检查】 对家用电子电器类、生活社会服务类及消费者投诉热点开展消费警示，整理上报侵害消费者合法权益典型案例；对消费者投诉集中、数量较大、情况起伏明显的经营户约谈，指导建立和完善消费维权自律机制；每季度最后一周开展市场调查，上报调查报告；组织志愿者到商场、超市消费体察监督，对超市进口商品无中文标签、食品裸装和标价不统一问题指导整改。

【案例举要】 1月21日，施某某投诉国信数码店。其购买的平板电脑播放视频没有声音。经调解，商家给予全额退款，并向消费者赔礼道歉。

6月14日，陈某某投诉区步行街主角店。其购买的鞋子太小。经调解，商家予以退款。

6月15日，林某某投诉伊尔洁干洗店。其大衣内衬被商家弄丢，找到后发现内衬缩水变形。经调解，商家赔偿消费者200元。

10月25日，何某某投诉儿童摄影商家。其与商家对儿童摄影团购券备注条款“赠送原始底片至少20张加上全部精选照片，赠送方式为刻盘”解读有争议。经调解，商家退款补偿150元。

（区工商局）

## 台江区关心下一代工作委员会

【概况】 2013年，台江区关工委基层组织104个，新成立民营企业关工委7个。社区关工委由73个整合为52个，重新调整充实区关工委报告团和关爱工作团成员。组建“夕阳红”科技服务团。全区参加关工委工作1302人，其中“五老”1237人，达标五好关工委115个。区关工委获“全省关心下一代工作第六次‘双先’表彰先进集体”称号。

【思想道德教育】 学习贯彻中共十八大精神和中央领导批示精神。举办关工委成员及“三团”暑期读书班1期。开展“我的中国梦”“学习雷锋，做一个有道德的人”“爱祖国、树理想、跟党走”等主题教育活动。参加“学雷锋、心向党、见行动”征文比赛，获省组织奖，6名学生代表福州市参加省演讲比赛，全部获奖，1人获一等奖。开展“学习林则徐 实现中国梦”“雷锋，永远的精神”“打工两兄弟讲信义”“与法同行、牵手明天”“孝老爱亲过大年”讲座15场，讲课人员10人次，受益青少年800多人次。邀请“美德少年”身边典型讲述道德感悟。关工委“五老”参与“展校园风采，显经典特色”校园文化节活动，基层（社区）关工委举办夏令营“读书梦·中国梦”主题活动。以社会实践为平台开展教育活动。利用古田会馆、汀州会馆、福州历史文化长廊、双虹小学革命史迹陈列室、实小闽剧基地、“福州市红色电台旧址”——太平社区高家大院等文化基地，开展爱国主义和历史文化教育。全年开展各类主题教育活动208次，报告会267场，4.0257万名青少年受益。

【关爱帮扶帮教】 “结对子”帮扶 离休老干部与后洲水巷社区贫困家庭在校大学生“结对子”帮扶，爱心企业家建立“帮助你”基金会，关爱青少年623人，建立“爱心”档案306个；老少一帮一结对子594人，帮教失足青少年14人，转化14人，转化关爱对象230人；捐助助学金63.45万元，帮助学生235人。配合鲲鹏青少年事务服务中心，关注辖区失足、失管、失学、失业、失亲“五失”青少年群体及边缘未成年人，开展救助、心理疏导等服务。开展全区流动人口未成年人犯罪情况调查。

为未成年人提供法律援助 7月2日，区关工委、教育局组织部分中学学生与家长前往省未成年人犯管教所开展“关爱青春 法育未来”中学生法制夏令营活动，为28名未成年人提供法律援助。

对缓刑人员回访帮教 区关爱工作团（组）联合区法院每季度对缓刑人员回访帮教。回访帮教4次，回访人员76人，其中重返校园8人，再就业53人，解决当事人实际问题8件。缓刑人员再犯罪率为0。

区关工委暑期读书班　　（区关工委 供）

【“三结合”教育】　心理咨询与测评　9月底，联合区教育局、区鲲鹏青少年服务中心到福州第三十六中学开展“打开心事之锁，点亮心灵之灯”现场心理咨询与测评活动。

科技文化活动　举办“科技创新·美好生活”校园科普（科艺节）活动，参与活动2万多人次，发放各类科技宣传资料2.5万册（份）。获2012—2013年度国家级一等奖1个、二等奖1个、三等奖1个，省级一等奖4个、二等奖3个、三等奖5个、好评奖2个，市级一等奖3个、二等奖1个。

“五老”志愿网吧监督　113名“五老”组成“夕阳红”志愿网吧监督队对全区30个网吧进行监督，为全区“十佳”志愿者队伍。

【“三团”建设】　加强“三团”，即报告团、关爱工作团（组）、“夕阳红”科技服务团建设。撰写报告文稿33篇，报道稿6篇在市关工委《老园丁》刊物刊发。评选优秀报告文稿14篇，推荐3篇参评市优秀报告文稿。

（戴苏闽）

（编辑　涂江华）

# 外事 侨务 港澳台事务

## 外事 侨务 港澳事务

【概况】　2013年，台江区外事侨务办公室接待外宾团组4批。批准因公出国（境）8批11人次。为区内7家企业申请办理APEC卡。为区内福建日宝置业有限公司申办多次往返香港（港澳）通行证。审核赴中国香港地区、新加坡和美国培训、学习交流、研修、经贸活动8批11人次。

【对外交往】　5月27日，越南中央民运部人民团体司司长何玉英率越南司局级党政干部考察团一行30人到台江区考察，中联部办公室主任赵玲娟陪同。11月28日，日本冲绳县副知事高良仓吉一行12人参观琉球馆。12月8日，缅甸联邦巩固与发展党副主席泰乌一行25人到洋中街道金斗社区考察，走访2户居民，中联部一局局长沈蓓莉等3人陪同，与社区党组织负责人座谈。12月19日，安哥拉人民解放运动干部考察团参观福州春伦茶业有限公司。

【侨资引进】　至年底，存活外资及港澳台资企业135家，投资总额18.84亿美元，直接利用外资及港澳台资10.36亿美元（以2013年年检数据为参考）。美国、日本、英国、新加坡、塞舌尔、萨摩亚、匈牙利、中国澳门地区等投资企业36家。

【服务侨胞】　区外侨办与区财政局联合印发《关于提高归侨离退休职工生活补贴的通知》，为归侨退休职工增加生活补贴。根据《侨务信访工作规程》，做好涉侨涉外信访人的思想工作，答复市外侨办转来华侨来信5人次。

结合元旦、春节、中秋等传统节日侨胞回乡探亲，开展亲情走访慰问活动。元旦、春节，走访区内贫难侨7户，送慰问金1万元。发放贫难侨生活补贴22户，每人每月100元，加大对特别困难及重病贫难侨的扶助。

（林寅生）

## 台湾事务

【乡镇对接】　台江区委台办组织新港、鳌峰街道到厦门市、中国台湾地区，与台湾基隆市仁爱区、台中市外埔区、台北市大安区及敦煌里对口交流、对接蜂蜜等农产品合作项目。制作花灯到马祖参加“两马同春闹元宵”，牵头组织指导街道特色乡镇交流访问团、台江万寿尚书庙、张真君民间信仰文化、茶亭十番音乐交流团赴台交流。

【服务台胞】　举办“拗九节”，宣传贯彻《中华人民共和国台湾同胞投资保护法》，印发宣传册；协调解决区内台属祖屋拆迁补偿问题；关心在台台江区籍大陆新娘和赴台陆生生活学习情况；帮助区内台资企业协商解决招工难等问题；做好有关台资企业拆迁、停产解散期间安定稳定工作。

（区委台办）

（编辑　涂江华）

# 法 治

## 社会管理综合治理

【概况】 2013年，台江区委政法委围绕建设“实力台江、美丽台江、幸福台江”，提升“五个能力”目标，推动平安建设、法治建设、能力建设和队伍建设，保障人民安居乐业，服务经济社会发展，维护国家安全和社会稳定。区委政法委被省政法委评为全省党委政法委系统先进集体，区综治办被省委、省政府授予2009—2012年度全省社会管理综合治理先进集体。

11月26日，区委常委、政法委书记叶仁佑（中）参加签订网格化服务合约（区委政法委 供）

【社会管理】 社会管理创新 以万象商圈为试点，推进社会管理创新进商圈。成立万象商圈社会管理服务中心，整合公、检、法、司、工商、消防部门力量，以完善治安防控体系、排查安全隐患、化解矛盾纠纷、强化自治管理和加强流动人口管理为重点，建立治安联防、隐患联排、矛盾联调、整体联动机制，结合“一个中心、三支队伍”党建模式，构建“一个中心、六大支点、三支力量”组织架构。接待群众到访375人次，盗窃警情同比下降近20%，矛盾纠纷同比下降18.2%。商圈销售额3.4亿元，同比增长25.2%。万象商圈社会管理服务中心受省、市领导肯定，经验做法被《八闽快讯》《福州信息》刊登。

网格化服务管理 以“信息化支撑、精细化管理、人性化服务”为目标，构建“所有服务管理事项入网、所有服务管理人员进格”网格化服务管理模式，网格数368个，区、街、社区三级管理平台联网办公，网格信息综合、便民服务、党建工作、综治维稳、宣传教育“五项管理”，协同联动。

法制建设 结合市委政法委“百名法学家百场报告会”法治宣讲活动，邀请省人大常委会法工委领导，开设“领导干部的法治思维和法治方法”专题讲座。以领导干部、公务员、青少年、企业经营管理人员和居民为重点，开展“六五”普法和依法治区工作。加强法律援助、公证服务工作，办理公证3037件，法律援助548件，“148”法律服务平台共受理电话咨询235人次，接待到访988人次，挽回经济损失35.3万元。

加强校园及周边治安治理 新增移动探头102个，提高技防水平，加强校园周边安保和巡防力量，加强青少年权益保护工作，推动区检察院和团区委合作，组织律师、社工等加大帮教力度，开展跟踪帮教和监督讯问30多场次。探索开展附条件不起诉、轻罪记录封存和亲情会见等工作，保障青少年合法权益；发挥区鲲鹏青少年事务服务中心作用，“四色”分类管理，为闲散青少年特别是有心理或行为问题、失学、失业、失管的青少年开展帮扶教育，青少年违法犯罪率同比下降20%。

【综治维稳】 制定年度综治目标责任书，每月召开综治工作例会，定期检查各街道和综治成员单位综治工作，每月一通报、每季一督查、半年一检查、年终一考评，对10家单位和部门给予综治黄牌警告，对5家单位给予综治通报批评。

*社会治安整治* 坚持打、防、管、建并举，开展破大案、打现行、控团伙、追逃犯等集中专项行动，打击严重暴力、涉枪、毒品等影响群众安全感的犯罪。抓获犯罪嫌疑人1443名，摧毁犯罪团伙72伙223人，捕获在逃人员187名；破获刑事案件3412起，同比上升43%，年内5起现行命案全破，连续第8年保持现行命案全破；联合公安分局开展电动车专项整治，以压事故、促畅通、保安全为主线，推进道路交通安全综合整治，查处交通违法1.48571万起，其中，酒后驾驶672起，醉驾128起，交通事故起数、死亡数、受伤数同比分别下降18%、8.33%、20.45%；组织“打盗抢保民安”“大整治大防控”“打击电动车犯罪”和“打击盗窃”等专项行动，破获侵财案件2216起，其中，盗窃案件2100起，两抢案件43起，诈骗案件73起。

*矛盾纠纷排解* 学习借鉴“枫桥经验”，依靠基层组织和广大人民群众预防化解社会矛盾，排查矛盾纠纷1058件，调处1058件，成功调处1040件，调解成功率98.2%。发挥“三支队伍”（维稳群众工作队、维稳信息员队伍、舆论引导评论员队伍）、街道维稳应急小分队等基层处突辅助力量，将不稳定因素控制在萌芽状态。处置上海新苑选房交房、新港鞋城搬迁、建新服装批发市场装修、鳌峰垃圾转运站、武夷绿洲社区换届、“7•24”重庆民工意外死亡、“8•7”墙体倒塌致人死亡等一批突发性、敏感性、群体性事件。举办法治教育培训班，转化3名邪教“法轮功”人员。下拨易肇事肇祸精神病人专项救助金5.15万元，为54名符合条件的刑释解教人员落实安置措施，接收514名社区矫正人员，无一人重新犯罪。加强信访重点工作，按照“压缩存量、控制增量”工作思路，抓信访积案化解。息诉息访34件，省、市交办36件信访积案，息诉息访28件，“三级终结”（行政三级办理完毕）1件，涉诉信访件4件，4件诉求不合理信访件按信访“路线图”对信访人出具《信访事项处理答复意见书》；加强初信初访工作，及时解决群众合理诉求。区领导接访57次，当场解决群众诉求82件。群众非正常进京上访17件19人，未发生重大、恶性信访事件。

*社会治安防控体系* 对影响群众安全感的严重暴力犯罪、“两抢一盗”犯罪，组织专项行动和“小会战”，快捕快诉快审。巩固和深化“清网行动”成果，集中治理虚假信息诈骗、制种贩毒，完善校园安全保障机制。健全公、检、法联席制度、警情通报会商制度、综治月例会制度、街道派出所责任捆绑制度。

*上下杭保护性拆迁工作* 成立维稳及安全生产工作领导小组，指挥、督促区直责任部门及相关街道共同做好拆迁现场维稳、文物保护、消防安全、交通疏导等工作。整合公安、消防、文体、市三坊七巷保护开发有限公司及街道综治力量，组建治安巡查队、文物保护、消防安全巡查组，采取点线面相结合的方式，确保上下杭拆迁安全稳定。成立拆迁法律咨询组和政策咨询组进驻指挥部，接待群众519人次，现场提供建议503人次，收集讨论后给予建议19人次，群众满意率90%。

【平安建设】 *平安宣传* 每季度召开通报会，利用社区流动广播、辖区单位LED屏幕、宣传横幅、社区小戏等载体宣传。与区司法局联合开展平安宣传，逐户发放《致辖区居民一封信》，征求居民群众对辖区治安情况意见建议。30万元订制平安宣传品分季入户，每季摇号抽奖。发放宣传品5万多份、《致辖区居民一封信》5万份。加大平安宣传工作督促检查，不定期抽查街道、社区平安宣传情况，通报检查结果，限期整改。

*“平安台江”创建* 围绕提高人民群众对平安建设的知晓率、参与率和满意率目标，推动平安建设从家庭、校园、企业、医院等基本单位向更多行业、更广领域拓展。实施新一轮“平安先行”单位创建。全区平安创建通过率90%，获省综治委授予“平安先行县（市、区）”称号。

（陈 玲）

## 审 判

【概况】 2013年，台江区法院受理各类案件6140件，办结5746件，审结率93.58%，一线法官人均结案136.8件。

【刑事审判】 受理刑事案件945件，审结930件。依法打击经济犯罪，严惩金融诈骗、非法经营等经济犯罪，审结案件88件，涉案金额4.6亿元。打击严重暴力犯罪，审结案件329件，其中，审结社会广泛关注的毛某贞等5人聚众冲击国家机关、林某胜等12人黑社会性质组织等大要案。依法严惩危险驾车行为，审结78件。严惩贪污腐败分子，开展“职务犯罪专项治理”活动，加大对贪污、贿赂等职务犯罪的惩处力度，审结10件。惩罚犯罪与保障人权并重，为7名被告人指定辩护律师，对1名被告人宣告无罪，依法对具有从轻、减轻情节的206名被告人从宽处理，适用非监禁刑。

【民商事审判】 受理各类民商事案件

3382件，审结3090件。审结借款合同案件407件，诉讼保全案件313件，标的额3.2亿元。审结医疗纠纷、损害赔偿等案件390件。严厉制裁失信行为，审结经营合同、房地产买卖、消费者权益保护等案件1300件。审结婚姻家庭、相邻、物业等纠纷案件588件。

【行政审判】 受理行政案件93件，审结89件。判处撤销、变更、履行法定职责或确认违法无效案件5件。加强行政争议实质化解，16件案件原告经协调撤诉，审理福州地铁1号线拆迁工程非诉审查案件8件，准予执行6件，协调解决2件。成立“城市管理巡回法庭”，与其他行政机关互动，邀请中国海监福州市支队等5家行政机关开展交流，共同预防化解行政争议。

【执行工作】 受理执行案件1519件，执结1446件，执行标的额3.46亿元，执结256件业主诉万象置业发展有限公司财产损害赔偿系列案件。创新机制，启用“点对点”执行查控系统，与多家单位协作，对18家商业银行集中查询，自查控系统查询银行存款11051人次，涉及案件353件，执行财产644万元。强力反制规避执行行为，对20名不履行义务被执行人纳入“失信黑名单”，录入相关网络，在市场准入、融资借贷等方面受信用惩戒。加大对规避执行行为的惩治力度，限制出境4人次、对13名被执行人实施司法拘留和罚款处罚。

【审判监督】 以评查促公信。健全信息化办案机制，精细管理案件，电脑全程跟踪监督案件每个环节，出台《审判质效动态快报》和《年终清案进度情况通报》55份，防止超审限及办拖案。开展“两评查”（庭审评查、裁判文书评查），评查庭审50件次、裁判文书275篇。开展“发改案件分析”专项活动，成立案件评查小组，评查27件发改案件，进行评查通报和跟踪整改，降低案件发回重审改判率，提升审判质效。

【调解工作】 调撤案件1139件，调撤率39.75%，调解“博奥城”126名业主诉开发商房屋买卖纠纷系列案。加强与工会、社区沟通联系，实行委托调解结合联动调处，调解劳动争议案件8件，其中群体性案件6件。开展巡回调解，金融纠纷巡回办案点开展“保障金融机构债权清收”专项行动，走访9家金融企业，召开4次金融代表座谈会，向有关单位提出司法建议5条，帮助金融企业提高防范市场风险能力，就地调解金融类案件22件，标的额2400万元。深化诉前联调，源头治理，与街道、社区协调联动，聘请30名社区干部、群众特约调解员，参与调解各类纠纷258件，诉前化解各类纠纷96件。服务中心工作经验在全市推广，被省法院刊发，《人民法院报》《八闽快讯》头版头条报道。审结交通事故责任纠纷案件217件，调撤结案164件，司法确认调解协议72件。

【涉诉信访】 实行“院领导每日接待”与“院长预约接待”双规制，接访当事人204人次，处理来信202件。对群众来信来访确定责任领导、责任部门、责任承办人，领导包案、重点约访，做好释法明理、化解矛盾和息诉息访。与街道、社区配合，办理173件上级交办督办信访件，化解多起涉诉时间长、社会关注度高的涉诉信访案，被中国法院网报道。建立涉诉信访案件风险评估机制和责任倒查制度，随案发放信访风险评估表，评估源头案件涉诉信访风险，预防和减少涉诉信访案件的发生。

【司法服务】 优化诉讼服务中心工作 为当事人提供材料收转、案件查询、咨询答疑等诉讼服务6400人次，当天立案率98%。实行案件“繁简分流”，立案庭设立速裁调解中心，调处各类纠纷171件，调撤率及调解履行率均达100%，审理周期平均9天。

落实司法救助机制 依法对21名经济困难的当事人实施缓、减、免交诉讼费7.9万元。

完善未成年人犯罪预防帮教机制 制定3项维护未成年被告人权益的办案规定，未成年人保护措施制度化，

区法院热心接待到访群众 （区委宣传部 供）

对7名未成年被告人实行轻罪记录封存。开展"院校共建"活动，法官到学校开展法制讲座4次，受教青少年达2500余名。建立社区矫正联动机制，与检察、司法、社区等部门协作，人员信息、工作动态数据共享，回访社区帮教人员，调查评估229人次。

服务上下杭征迁工作　成立"信息应急中心"，与征迁部门召开联席会议4次，在征迁办设立"法律咨询工作室"，2名法官驻点办公。在征迁现场增设立案窗口，提供快速立案、信访接待、现场调解、小额速裁及诉讼费减免等"一站式"服务。选派5名法官组建"上下杭征迁纠纷合议庭"，集中审理涉及上下杭征迁地块的案件。与征迁办定时交流社情动态、矛盾隐患，提出化解纠纷对策和建议，接待到访群众2000多人次，走访相关部门22次，提供法律咨询700余次，发放法制宣传单4500余份，诉前化解纠纷40余件，调解解决纠纷7件，指导征迁办与近20户征迁户签订补偿安置协议。

【司法公开】　依托"福州法院网"司法公开平台，发布123份裁判文书。依法应当公开审理的案件，提前向包括案件当事人在内不特定人群公布庭审信息，邀请群众代表旁听社会关注的案件庭审。寄送《台江审判》内刊620份，官方微博公布法院动态，提升司法透明度。开展以"信息时代下的司法公开"公众开放日活动，接待群众120余人。

【队伍建设】　推进思想政治工作　对市法院司法巡查组提出的问题建议，专题研究，逐一整改。完善党组中心组学习制度，学习中共十八届三中全会精神。全面推进"1263"（一个目标、两大任务、六个重点、三级联创）党建工作机制建设，开展"四下基层""四个万家"主题实践活动，向翟树全、詹红荔等先进人物学习。

加强业务学习和人才培养　推进"学习型法院"建设，67名干警参加各类培训27场次，聘请福州大学、福建师范大学法学院专家教授开设讲座。7篇调研文章在市级以上刊物发表，5篇论文获市级奖，2篇获省级奖。对青年干警集中培训8次。开展"传帮带"活动，为每名青年干警选定帮带人，促进青年干警培养制度化。评选5名高层次审判后备人才，"一人一策"，针对性培养。

抓好司法廉政建设　开展反腐倡廉警示教育，执行中央"八项规定"，严格控制"三公经费"，加强公车管理，警车全部安装GPS定位系统。拓宽监督渠道，随案发放"廉政监督卡"7000余份。完善部门廉政例会和干部年度述职述廉制度，发放《廉政风险防控手册》、发送廉政短信，强化干警廉政意识。开展纪律作风整肃活动，修订考勤与请休假管理办法，对机关效能定期暗访并公开通报，办理效能投诉35件。

（熊裴彦）

## 检　察

【概况】　2013年，台江区检察机关依法起诉破坏市场经济秩序案件87件124人，其中起诉非法吸收公众存款、金融诈骗等案件64件85人，起诉非法经营、危害税收征管案件17件32人。查办商业贿赂案件15件15人，工程建设领域案件9件9人，教育、环保等民生领域案件8件8人，为工程招标方和主管单位提供行贿犯罪档案查询460批次。

区检察机关5个科室被授予全省检察工作先进集体、全省检察机关信息工作先进单位、省级"文明接待室"等称号。7名干警分获全国检察机关预防素能比武标兵、全省民事行政优秀案件承办人、市劳动模范等称号。

【刑事检察】　批准逮捕各类犯罪嫌疑人609件870人，起诉850件1275人，其中起诉黑恶势力、杀人、重伤、涉毒犯罪嫌疑人451人，起诉抢劫、抢夺、盗窃犯罪嫌疑人432人。不批准逮捕89人，不起诉52人。

7月，全市率先成立未成年人刑事检察科，指派3名女检察官专职办案，批准逮捕未成年人犯罪案件33件53人，起诉40件108人；探索开展附条件不起诉、轻罪记录封存和亲情会见等工作，依法不批准逮捕6件11人，不起诉3件3人。推行双向保护制度，聘请律师、社工等合适成年人参与讯问35场，援助慰问未成年被害人5人次；与10所市、区属中学建立联系平台，开展送法进校14场，落实后续帮教13人次。

开展"四个万家""三服务"活动，与辖区30多名困难群众"一对一"结对帮扶；派员参与万象商圈社会管理、服务上下杭拆迁等，协助化解各类矛盾纠纷38件，提供法律服务200多人次；妥善处理来信来访83件，到企业、机关、社区等开展法制宣讲活动31场，提出社会管理检察建议13份。

【职务犯罪侦查与预防】　以工程建设、征地拆迁、食品安全等领域为重点，立案侦查贪污贿赂和渎职侵权等案件20件21人，其中，渎职侵权1件1人；百万元以上大案3件，涉及副处级1人，科级4人，涉案金额700多万元，追缴赃款29万元。查处省轮船公司潘某贪污70万元大案、福州市港口管理局原副局长许某某等6人贿赂窝串案等影响较大的案件。

围绕"百场法制宣讲"，开展警示教育35场，预防调查5件，发出检察建议10份；与区卫生局、区建筑工程总公司等单位建立职务犯罪预防协作，签订预防协议；组织科级领导干部和街道社区干部到省榕城监狱参观警示教育基地2次，编发预防手册

10 月 30 日，区检察院与福州第四中学签订检校共建的仪式

（区检察院 供）

2000 多份，并播放廉政公益短片等。

【诉讼监督】 立案和侦查监督 办理立案监督 34 件 34 人，其中，监督侦查机关立案 20 件 20 人，撤案 14 件 14 人；追捕 34 人，追诉 53 人，追罪 17 件，改变公安机关定性 12 件 18 人，发出纠正违法通知书 36 份。严格非法证据排除，实行捕后羁押必要性审查，对刑事、行政案件立案、撤案建立告知、备案制度。

刑事审判监督 提请抗诉 4 件 10 人，量刑建议采纳率 92.5%，检察长列席法院审判委员会 10 件次；落实简易程序全部出庭、庭前会议等措施，组织侦查人员、证人、鉴定人出庭 5 场次。

刑罚执行监督 依托社区检察官办公室，开展派出所刑事执法巡查 15 次，重点监督纠正执法不规范 28 件，落实约见检察官制度，组织专项检查，对辖区 229 名监外服刑人员有效监管。

民事行政审判和执行监督 提请抗诉 1 件，获改判；开展民事执行监督 11 件，行政非诉执行监督 2 件，诉讼违法监督 2 件。

【队伍建设】 干警中本科以上学历占干警总数 87%，研究生以上学历和法律硕士学位占 12%；1980 年后出生干警占 32%，其中 80% 调整至办案一线。干警参加刑事证据、民事检察等实训活动 5 场，分类练赛、检察委员会学习和法律知识考试 459 人次，组织庭审观摩、检法联合评庭 5 场；建立青年干警培养制度，推行院领导结对联系、交叉轮岗、参加案件讨论、参与检校共建等。

会员卡清退、机关效能、公车使用等专项检务督察 7 场，干警参观警示教育基地 103 人次，观看专题教育片 3 场，廉政谈话 204 人次。实施廉政风险防控“回头看”，出台 6 项防控措施，修订完善制度规范 5 项。

（黄思明）

## 公 安

【概况】 2013 年，台江区公安机关开展“走基层、解民忧、树形象、保平安”主题实践教育活动，被市公安局确定为主题教育活动示范单位。实施“雷霆治爆”“打黑除恶”“打盗抢保民安”及规范交通行为等专项行动。成功处置和化解福州大鞋城经营户搬迁纠纷、宝龙广场非法聚集、医院医患纠纷、阿波罗酒店故意纵火案等突发性事件，妥善处置各类群体性事件 86 起，盗窃警情同比下降 0.14%。1 个集体和 3 人受省部级表彰、6 个集体和 39 人受市级表彰。

建成刑侦一级技术室、分局办案中心和派出所四区八室并加强规范管理，推进网上执法办案新机制。在公安部取保候审突出问题第二轮集中督察中，台江区分局以零扣分成绩通过验收，受到市局通报表扬。分局网上执法办案案件录入率、考评率 100%，问题整改率 99.88%，网上执法办案“四率”考评名列全市第 3 名。

【刑事犯罪侦查】 抓获各类犯罪嫌疑人 1239 名，提请逮捕 761 人；破获各类刑事案件 3050 起，同比上升 84%。6 起现行命案全破，连续 95 个月保持现行命案全破势头；破获省市挂牌案件 9 起，摧毁团伙 61 伙 190 人，其中黑社会性质犯罪团伙 1 伙，恶势力犯罪团伙 6 伙 46 人；抓获网上在逃人员 171 名。

侦破现行命案 落实“一长双责”（公安局长领导下的专案组组长负责制和刑事技术负责人负责制）、“四长”联动（勘查命案，公安局局长，分管刑侦工作的副局长、刑侦大队长、派出所所长必须到达现场）、相关部门同步上案等工作机制，侦破 2013 年“2·17”伤害致死案等 6 起现行命案。

“打黑除恶”行动 对辖区可能滋生黑恶势力的区域、场所、人群、案件进行摸底排查，摧毁涉及团伙犯罪的斗殴、伤害、敲诈勒索等案件，摧毁恶势力团伙 6 伙，一审判决连某云黑社会性质组织 1 伙 13 人，起诉董某安黑社会性质组织 1 伙 10 人。

查破侵财案件 破获各类侵财案件 2577 起，其中盗窃案件 2455 起、两抢案件 48 起、诈骗案件 74 起。

**【刑事要案】** 侦破2012年市挂牌"11•4"案件 在市局刑侦支队支持下，在新疆警方配合下，2月7日，刑侦大队与后洲派出所抓获犯罪嫌疑人木合塔尔·吾休尔、吐尔洪·吐热普等人，成功破案。

*侦破"8•3"伤害致死案* 8月3日，河下街大排档发生一起争抢出租车纠纷，引发集体械斗，造成一死一伤。分局在市局相关部门支持下，在福州、南平等地抓获嫌疑人陈某起等4人以及涉嫌窝藏包庇的嫌疑人董某伟。

*摧毁外省籍入盗犯罪团伙* 9月4日，刑侦大队在市局相关部门支持配合下，在仓山区则徐大道某民房抓获姜某明等5名海南儋州籍犯罪团伙，查获赃物手表、黄金手链和品牌手机20余部及大量用于开锁的塑料插片、手套等作案工具。

*破获省挂牌督办诈骗案* 9月3日，被害人张某松报案称，被人以"重金求子"骗走汇款110余万元。刑侦大队专案组在南昌市铁路警方的协助下，于11月15日在鹰潭市玉山县火车站附近抓获犯罪嫌疑人江某昌、张某英。

*破获系列抢劫单身女性案* 11月20日，刑侦大队专案组在鼓楼区树汤路某网吧抓获犯罪嫌疑人王某贵，缴获被抢金银首饰、品牌手机等赃物及透明胶带、布条等作案工具。查明犯罪嫌疑人先后在光明桥公交车站、祥坂路口、海潮路等处深夜尾随单身女性，实施10余起抢劫案件的犯罪事实。

**【打击经济犯罪】** 立经济犯罪案件252起，破案130起，抓获犯罪嫌疑人137人，挽回经济损失1200余万元。2—12月，全区组织开展打假专项行动，破案60起，抓获犯罪嫌疑人29人，涉案金额4875.63万元。侦办12起影响较大的非法集资案件，涉案金额数亿元，移送起诉犯罪嫌疑人26人。

8月21日，经侦大队抓获涉嫌非法吸收公众存款的某公司负责人黄某海等8名犯罪嫌疑人，缴获大量宣传品、借款合同、收款收据、银行卡以及公司明细账等，涉案金额700余万元，受害人达200余名。

福州某公司自2011年以来向社会不特定群众非法集资数亿元，参与融资人员达1200余人。年内，经侦大队抓获犯罪嫌疑人6名，犯罪嫌疑人杨某高、丁某海被移送起诉，犯罪嫌疑人汪某、杨某荣、冯某军、朱某强被依法逮捕。

**【禁毒工作】** 破获毒品案件208起，摧毁毒品犯罪团伙11伙33人，抓获贩毒人员264人，缴获各类毒品6148.41克。

*整治重点部位、场所* 以娱乐服务场所、旅馆业、出租屋、KTV酒吧等容易滋生涉毒犯罪的部位、场所为清查整治重点，组织开展统一清查行动20余场次，捣毁涉毒窝点6处，依法处理涉毒人员30余人。

*禁毒宣传教育* 重点对在校学生进行禁毒宣传预防教育，纳入教学计划。以社区为依托，针对毒品问题突出区域周边人群开展禁毒宣传教育。会同文化、工商、消防等部门加强对歌舞娱乐、宾馆酒店、洗浴桑拿等公共服务场所禁毒管理。加强新闻媒介沟通联系，曝光毒品犯罪典型案例，普及毒品预防知识。开展"五进"宣传活动40余场次，发放宣传材料3万余份，手机提示短信6万余条，受教育群众10余万人次。

**【社会治安管理】** 采取严防、严控、严查措施，加强危险品、场所、高危人群管理，严密社会面治安防控。开展"缉枪治爆专项行动"，查处非法储存及销售烟花爆竹案件3起，抓获违法嫌疑人3名，收缴烟花爆竹12箱。

整治社会治安突出问题，打击赌博和卖淫嫖娼违法犯罪活动，查获治安案件2160起，违法人员1212人。年内，没有发生影响较大的治安事件。

加强校园及周边治安管理，将校园定为GPS巡逻车必巡点，落实"优先受理、优先出警、优先处置、优先侦查"要求，依法查处涉校涉生治安案件4起。

**【网络安全监管】** 对13家互联网重点单位进行实地网络安全抽查，发现安全漏洞并督促整改到位。检查整治

台江公安分局在江滨公园检查督导元宵节安保工作 （台江公安分局 供）

网吧31家，处罚违规经营网吧12家次，通过“5+N”网吧网上申报受理系统完成11家网吧年审。

【道路交通管理】 发生道路交通事故44起，死亡11人，受伤39人，直接经济损失6.897万元。四项指数同比全面下降，其中，交通事故总起数下降20%，死亡人数下降15.38%，受伤人数下降18.75%，财产损失下降43.2%。

规范交通行为 查处严重违法交通行为2.7106万起，同比上升131.1%，其中，酒后驾驶733起，同比上升195.56%；涉牌涉证类交通违法8617起，同比上升129.79%；超员违法1.0799万起，同比上升51.56%。

推行民生警务 坚持“以人为本、执法为民”，推行“一站式窗口”服务，缩短群众办事时间，窗口“零投诉”，好评率100%。化解调处因交通事故引发的社会矛盾，通过多元调处中心受理调解申请232起，成功调解191起，成功率82.3%。新增曙光支路、江滨大道等路段149个24小时停车泊位。

抓源头管控 重点监管客货运企业安全源头，催检摩托车4135辆，催检率69.03%；大中型客货车6530辆，催检率为99.98%，排名全市第三。加强基础信息采集工作，采集电动自行车信息2.6万条、录入电动自行车信息1.8万条，统计电动车实体店41家、电动车维修点96家。

加强基础建设 完善台江智能指挥中心建设，发挥交通管理、勤务督导、指挥调度、警卫安保等方面作用。配置巡逻车无线视频传输设备和单警装备，组建骑警队伍，动态管控辖区重点时段、路段，完善常态化动态巡逻机制。

【消防工作】 发生火灾45起，死亡1人，受伤2人，直接财产损失278.3795万元，过火面积2864平方米，受灾户115户，受灾人数178人。火灾起数同比下降11.9%、死亡人数同比下降50%、受伤人数同比上升100%。接警出动429次，出动消防车651辆次，抢救被困人员98人，疏散402人，抢救财产价值100.4万元。扑救和处置工业路旅游集散中心、无线电元件五厂、奋斗里民房等多起火灾事故。

消除火灾隐患 开展“消防安全大排查、大整治”、“清剿火患”战役、“除火患、保平安”冬春专项行动、除夕元宵节“零点行动”、小型餐饮场所燃气安全专项治理、安全生产“打非治违”、拆除违章搭建彩钢板临时建筑及影响逃生灭火障碍物专项整治、消防产品专项整治等。检查单位1633家，排查隐患2590处，发出《责令改正通知书》2561份，临时查封违法单位16家，责令“三停”9家，拘留1人，处罚单位和个人79起，罚款金额67.44万元。

强化基础管理 健全三级“网格化”消防安全管理模式，完善196家消防安全重点单位“户籍化”管理和21项重大事项报告制度；推广木屋毗连区火情联动、多警联勤机制、火灾隐患抄告制度等，强化木屋毗邻区和网格化消防安全动态监管。加强对特艺城、“台农”商圈等10余家较大火灾隐患单位日常检查。

消防安全宣传 利用电视、广播、报纸、网络等传播媒介和公共娱乐场所VOD视频系统、交通电子屏、手机短信、户外视频等宣传平台，开展日常宣传教育普及活动。对10个街道、52个社区专兼职消防安全管理人员进行消防安全教育培训。举办28场消防宣传和演练活动，发放宣传资料3万余份。开放消防站22场次，受训5000余人。

【公安法制】 完善执法制度、执法环节和执法流程，制订《关于接处警短信回访满意度评议工作问责暂行办法》《关于规范刑事案件作出不予立案决定的通知》等一系列执法规范性文件。规范事前民警执法行为到事后执法监督全过程。举办各类执法培训11场、受训2100余人次。

加强执法检查 运用省公安厅执法监督平台“四级考评”功能，加强“一案一评”“一日一报”和对案件办理过程阶段性考评，编发《网上案件执法监督工作日报》101期。执法质量考核评议13次，全面考评13个执法单位及执法民警，抽查刑事、治安行政案件520卷。

规范执法环节 建成分局新执法办案中心，下发《关于规范执法办案场所管理使用的通知》，明确责任主体，规范日常使用管理，定期监督检查办案单位使用办案区情况。分级培训，确保执法办案中心规范运行。

抓好信访工作 受理信访件43件，办结31件，息访31起。每月10日、25日开展分局领导接访活动，开门接访22场，接待群众83批95人次。受理行政诉讼案件4起，其中维持1起、撤销1起、变更1起、未结1起。无发生国家赔偿案件。

【公安科技信息通信建设】 “平安福州”视频监控系统续建工程列入区委、区政府2013年为民办实事项目。联入公安网视频监控标清探头329个，联入“全球眼”校园门口视频监控探头99个。扩大监控探头覆盖范围，基本完成第一期400粒高清探头前端立杆建设。配合市公安局完成台江区第二期500个高清探头建设踩点论证。参与各类警卫、保卫任务23场次，通信组网工作零差错。

【队伍建设】 提任调研员1名，正科级干部5名，副科级干部15名，科级非领导职务21名，正股级干部15名，副股级干部8名，转、提任派出所警务队、刑侦专业队队长32名，副队长57名。3人受省厅表彰，6个集体39人受市级表彰，8个集体和159人受区委、区政府和分局表彰。其中，3名民警荣立二等功，26名民警荣立三等功，5名民警受到市局嘉奖，5名民警被评市优秀人民警察，159名民警受分局嘉奖。

调整、提拔26名科所队领导干部。6月，组建一支80人维稳处突分队。刑侦大队被评为福州市先进基层团组织，交巡大队被评为省级青少年维权岗，1名民警获福州五四青年奖章，1名民警获台江区五四青年奖章。

建立健全教官人才库，聘任4个专业种类、6个警种、48名民警兼职教官。举办各类业务培训班18期，培训民警665名；协办14期警衔晋升培训班，完成符合警衔晋升条件民警培训79名；协办2期派出所警务队长、1期刑侦队长培训班，培训民警21名。

"美丽福州·绿满榕城"台江区社区矫正人员社区服务活动 （区司法局 供）

【主题教育活动】 开展"三亮三比三评""走基层、解民忧、树形象、保平安""进万家门、知万家情、解万家忧、办万家事"等活动。开展学习茶亭派出所"最美警察"吴炼、新港派出所省劳模林传铭、宁化派出所市劳模林辉、洋中派出所"最美微笑服务之星"林文、后洲派出所"盗窃克星"程章宝活动。编发活动简报28期、报道动态信息1015条，投稿市局1475篇、转发757篇，排名全市前列。获全市"走基层、解民忧、树形象、保平安"主题教育实践活动"五个一"作品评展宣传专栏一等奖；获"第六届警察文化周"活动3个二等奖，1个三等奖；获福州市公安局和法制今报联办摄影赛三等奖。

（谢志洪）

## 司 法

【概况】 2013年，台江区司法机关编印刑法修正案、旅游法、环保法选编等宣传小册子8000本。开展各类法制讲座81场次。人民调解排查案件1128件，"公调对接"移送1件，调解1129件，成功1110件，调解率100%，调解成功率98.3%。办理各类公证3363件，公证收费347万元。区法律援助中心解答咨询来电、到访522个，接待群众到访800余人次，办理各类法律援助案件548件，完成年度任务总数的110%。

【人民调解】 强化社会矛盾化解机制，公调对接案件调解142起，成功132起；检调对接案件2起，成功2起；诉调对接案件1起，成功1起。人民调解排查案件1128件，"公调对接"移送1件，调解1129件，成功1110件，调解率100%，调解成功率98.3%。

【社区矫正】 筹建社区矫正监控指挥中心，落实社区矫正信息化管理，开展手机定位与轨迹研判及定期分析通报工作，手机定位覆盖率90%。接收社区矫正人员544名，解矫314名，在矫人员230名，在矫人员无一重新犯罪。

【安置帮教】 运行全国和全省安置帮教工作两套信息系统，监所与基层司法所信息无缝衔接，人员信息及时核查，帮教对象衔接率100%。衔接刑释解教人员65名，安置65名，安置率100%，帮教率100%。

【律师工作】 拓展律师业务领域，健全"两结合"管理体制。至年底，全区律师事务所 4家，执业律师40人，其中，专职律师39人，兼职律师1人。

【公证工作】 办理各类公证3363件，公证收费347万元。其中，内地民事2542件，内地经济390件，涉外390件，涉台56件，涉港澳15件。

【法制宣传】 推进法律"六进"（法律进机关、法律进单位、法律进社区、法律进学校、法律进企业、法律进乡村），编印刑法修正案、旅游法、环保法选编等宣传小册子8000本，分发区直相关街道、单位以及社区居民。开展法制讲座81场次，大型主题宣传活动或专项法制宣传活动177场，发放法律书籍和法制宣传材料1.1万余份。

（黄 娟）

（编辑 何嘉芳）

# 国防建设

## 兵 役

【概况】 2013年，台江区征兵工作按照“十个步骤”（兵役登记、预征对象确定、体检初检、政治初审、体格检查、政治审查、走访调查、审批定兵、交接运输、跟踪走访）目标，依法征兵、规范征兵。1—8月，进一步规范兵役登记工作，确保兵役登记与征兵工作有效衔接。5—8月，从高校毕业生中直接招收士官。9月上旬，完成新兵征集任务。

【征兵宣传】 7月，开展“征兵宣传月”活动。采取传统手段与现代传媒、面上宣传与点上发动、普及教育与主题活动相结合方法，以各类院校为主阵地，以大学生为主要对象，以兵役法规、廉洁征兵政策规定、优待政策为主要内容，开展征兵宣传。分别在福建农林大学、福建医科大学、宝龙广场、中亭街、台江万达广场、中心城区繁华地段举办大型宣传活动18场次，6万余人参与。7月14日，市征兵办在福建师范大学召开征兵宣传动员大会，利用校园网、电信（移动）网、征兵网和公交LED显示屏等“三网一屏”不间断发布征兵公告、征兵优待政策。

【落实廉洁征兵机制】 在征兵工作中实行“五公开”（政策规定、数量指标、条件标准、程序步骤和征接兵纪律公开）、“五公布”（上站体检人员、“双合格”人员、预定新兵、定兵人员名单、举报电话和举报信箱公布）、“三参与”（纪检监察部门全程参与、新闻媒体广泛参与、应征青年积极参与监督体系）等政策。实行持证上岗、形势分析、集中办公、集体定兵、轮岗回避、责任追究“六项机制”，增加征兵工作透明度。

## 民 兵

【概况】 着眼“平时服务、急时应急、战时应战”职能定位和台江区主要战略方向特殊区位，按“四个拓展”（由户籍地编组向按工作地编组拓展，由区域编组向行业部门编组拓展，由传统产业编组向高新技术产业编组拓展，由国有大中型企业编组向建有党组织规模型民营企业拓展）编组基干民兵队伍，按“三重六沿”（重点方向、重点地区、重点目标，沿山灭火、沿江抗洪、沿海防台、沿路保交、沿地震带抗震、沿重点核化企业建核化救援和在大中城市建应急维稳队伍）编强参战支前队伍。

【民兵组织建设】 突出加强战时应战、平时应急能力建设。突出应急队伍建设，抽调城管、联防、保安、社区工作人员组建民兵反恐连，成为各

7月，区人武部到福建农林大学开展征兵宣传咨询活动　　（区人武部 供）

5月6日，区委常委、区人武部政委刘勇（左二）在台江区民兵预备役工作会议上部署工作　（区人武部 供）

街道自主掌握、先行应对拳头力量，具备快速应战能力。树立“编组出战斗力”思想，按照“一专多能、一队多用”要求编组应急救援队伍；按照“区域统筹、重点建设、机动保障”要求编组参战支前队伍；按照“先知先觉”情报报知要求建立民兵信息员队伍，向重点方向和科技含量高单位布局，缩小一般方向和普通基干民兵组建规模，建立“平战一体、建用一致、精干合成、够用能用”民兵组织体系。

【民兵政治工作】　制订《民兵政治工作规定》学习培训计划，组织集训6次，参加180人次，结合民兵组织整顿，开展新入队民兵政治考核、思想教育和出队民兵欢送会等政治工作。结合社区换届，会同地方组织部门，下发通知落实民兵营（连）长进“两委”（村委、支委）规定。针对非战争军事行动中民兵人员思想实际，2月、5月和9月，开展“坚强党性、改进作风”等主题政治教育，以坚定理想信念教育和树立正确人生观、价值观为主要内容专题教育。结合民兵应急分队拉动演练、民兵实弹射击和抢险救灾等，加强实践磨炼和日常养成。

【民兵军事训练】　开展全区基干民兵训练，训练课目成绩合格率96%。1—3月，完成专武干部和民兵营（连）长集训。4月起，组织民兵应急维稳和应急救援分队训练，路桥抢修大队应对突发事件、路桥抢修演练。5—6月，组织民兵技术骨干参加上级培训，步兵分队、重要目标警戒分队和城市管制分队训练。6月，组织全区冲锋舟操作手集训，完成520小时训练任务。6—8月，组织民兵勤务保障分队和信息战分队训练，民兵信息骨干、民兵专业技术骨干参加上级培训。9月3—26日，组织学习、对照检查、拉动检验3个阶段，组织首长机关指挥所演习和民兵分队动员支前课题演练，动用车辆10余辆，检验民兵分队遂行多样化任务能力，提高全区民兵队伍应急能力。

## 国防动员

【概况】　2013年，区国防动员工作以军民融合式发展为途径，以后备力量建设为核心，以应急准备为重点，促进经济建设与军事需求有机融合，加大国防动员信息建设、抢险救灾设施、军民共建等建设力度。区政府投资800余万元用于国防建设。

【国防宣传教育】　按照“全民参与、常态保持、讲求实效”思路，拓展渠道，丰富内容。区委中心组理论学习2次，专题学习国防教育有关知识，开展形势报告和知识讲座。进党校、学校为机关干部、青年学生做报告，介绍国防形势，普及国防知识。7月30日，组织机关干部过军事日活动，领导干部参加72人次；召开议军会、现场办公会2次。以党政干部、院校学生和民兵预备役人员为重点，机关干部178人次、学生和民兵2万多人次参加国防教育活动。利用红色资源、红色文化，依托国防教育基地开展国防教育活动。拓展国防教育，国防教育讲座作为道德讲堂内容，在小区、公园等举办国防教育活动。全区国防教育讲座20多次，听众3000多人次。借助报刊、电视、广播、网站等传媒，开通国防教育专栏、专刊、专题。利用QQ、飞信、短信平台等，每周向民兵预备役人员群发国防教育信息。

【国防基础设施建设】　依托国民经济体系、现行储备体系、地方装备科技能力，“藏物于市、藏物于民”，建立支前物资供应站1个，确定支前快速食品供应点2家，选定军民通用装备修理点1家、医疗器材保障点1家，完善战时支前保障网络。开展“两网”（政务网、军事综合信息网）建设试点，租用地方电信线路，联通省军区、警备区与人武部三级指挥专网，横向贯通人武部至省军区其他单位联系，确保指挥通信系统常态化运行；依托市政务网，完成区国动委与上级国动委国防动员专网建设联通。使用便携式3G移动通信，利用3G单兵移动通信系统，组成机动通信网，结合指挥所演习、民兵分队野战化拉动演练、民兵抢险救灾等，通过视频传输系统和3G单兵终端实施不间断指挥、监控，确保遂行任务分队现场视音频实时传输。完成通信设备升级改造，10月，升级改造电视电话会议系统，更换淘汰部分故障率较高设备，保障日常指挥通信系统正常运行。利用岗位练兵、集训、业务学习，加强信息化知识学习、信息化装备操作训练和信息化网络运用。

【国防动员潜力调查】 6月下旬至8月20日，采取依托政府统计系统采集与开展专项统计调查相结合方式，由区国动委综合办牵头，各专业办公室按职责范围和业务分工，会同有关单位对口组织实施。对涉及政治、经济、人防、交战、科技、信息、支前等领域国防动员潜力数质量和分布情况进行调查统计，上报8类58种1483项数据。

## 双拥共建

【概况】 2013年，以双拥创模成果为契机，开展各项双拥共建活动，军地双方相互配合、相互支持，军政军民关系加强。全年各级财政投入资金支持部队各项建设和开展拥军活动。

【拥军优属】 春节前夕，区领导率台江区“两节”慰问团，分组走访慰问7个驻榕部队机关单位及共建单位，赠送慰问品、慰问金100多万元。协调召开军地协调会、军地联席会、涉军问题专题协调会等3场，帮助驻区部队解决涉及战士家庭经济纠纷、房产纠纷。接收退役士兵、转业士官112人，协调解决军人子女就学3人。

【文明共建】 出动车辆机械等30多台次，民兵600余人次参加防抗台风，转移危险地带群众2000多人。200余人次参加植树造林、文明城市建设，其中武警福州支队出动官兵，参加三环路绿化美化，植树1万多棵；出动车辆50多台次参加区环境整治行动。全年驻区部队扶贫帮困53户。

【抢险救灾】 出动车辆40多台次，参加抢险救灾10多次，扑救火灾10多起，转移危险区域和被困遇险群众1000人次。

（杨　毅）

## 人民防空

【概况】 2013年，台江区防空地下室竣工验收57项，全区新增警报器5台，基本完成与市人防办数据库对接。区人防办被省、市人防办评为人防工作建设先进单位。

【人防宣传教育】 区人防系统在市级以上新闻媒体刊登人防稿件及图片6篇（幅），研究性文章1篇，其中省市报刊采用稿件1篇。编写《台江人防》工作简报1期。办事指南、表格下载、审批结果、通知公告在福州人防网站及办内政务栏公开。向政府、军事机关、街道、社区居民赠阅《防空防灾手册》26万多册；在5所初中开展防空防灾知识教育，受教育学生4800多人次。

【人防工程建设】 配合市办办理结建审批防空地下室面积0.85万平方米，常六级防护单元5个。办理竣工验收备案事项5项，新增防空地下室，2009—2014年引进北京中防公司在宝龙万象广场开发建设大型融合式平战结合人防工程。

【指挥通信建设】 4月21日，完成福州市组织实施的年度防空警报试鸣，全区19台警报器鸣响率100%，警报音响覆盖率97%以上。根据市国动委《关于开展防空袭方案修订工作的通知》，组织方案修订培训，编写82页规范性方案文本，指导区内各街道开展修订工作。

（卢振云）

（编辑　何嘉芳　涂江华）

# 综合经济管理

## 宏观经济管理

【概况】 2013年，以提高经济增长质量和效益为中心，实施“中心突破、两翼齐飞”发展战略，打造“五大品牌”，打好“五大战役”，全区经济社会平稳健康发展。

全区生产总值完成307.0571亿元，同比增长11.1%；规模以上工业增加值31.0246亿元，同比增长13.6%；公共财政总收入26.0847亿元，同比增长7.6%，其中，地方公共财政收入16.0114亿元，同比增长16.2%；出口总额7.296亿美元，同比增长28.84%；按验资口径实际利用外资及港澳台资0.9789亿美元，同比增长0.92%；全社会固定资产投资299.1391亿元，同比增长17.8%；社会消费品零售总额325.992亿元，同比增长17.1%；城镇居民人均可支配收入3.1461万元，同比增长12.8%；全区城镇新增就业人数7435人。

【经济发展方式】 打造“五大品牌”（海峡现代金融中心、省会总部经济集聚区、国际化电子商务基地、闽水文化之旅、上下杭历史文化街区），推动传统商贸服务业向现代商贸商务服务业转型提升。

整合提升商贸服务业　坚持服务业强区发展理念，推动商圈经济繁荣发展，苏宁广场（一期）商业卖场开业运营，金融街万达广场、万（象）宝（龙）、中亭街等特色商圈繁荣发展。整合升级中亭街、特艺城、红星美凯龙等现有零散业态商贸资源，推广“苏宁云商”“宝龙广场在线”等线上线下联动销售模式。新增和提升限上商贸企业58家。

培育发展现代服务业　新增郑和国际基金、民生银行、瑞特基金、榕金实业等4个金融项目，入驻海峡金融商务区金融项目13个。电子商务产业初具规模，永安电子等56家优质企业入驻海峡电子商务产业基地一期，年交易额突破30亿元。发展文化创意产业，完善公共服务平台设施建设、街区创意墙绘以及配套服务设施建设，提升榕都318文化创意街区发展水平。

丰富拓展滨江旅游业　“闽江游”与闽都文化对接，开发多元旅游产品，闽江游年接待游客突破15万人次。

服务企业做大做强　顶点软件、智恒电子、新中冠、百仕韦、新概念、台魅、一丁、恒业电影等8家企业入省级重点上市后备企业。兴业银行、兴业证券、福建苏宁电器有限公司、福建宏盛建设集团有限公司等4家被认定福州市第一批总部企业。第十一届项交会对接项目25项，投资金额1.540亿元。

2月30日，区委常委、区政府常务副区长何长嘉（中），区委常委、政法委书记叶仁佑（右一）参加区法院拆迁业务研讨会　（区委办　供）

【城区人居环境】 集中连片式旧屋区改造 启动上下杭历史文化街区保护改造项目征迁，地铁1号线达道站及枢纽大厦地块等5个征迁项目完成。太平汀洲和苍霞地块挂牌出让，推进五一路沿线、排尾红星地块征迁改造前期准备。

环境综合 实施基础配套、景观提升、市容整治、区域突破等“四大行动”。闽江北港驳岸整治一期工程先行先试段和江滨中大道“拆墙退距”工程竣工。实施西二环路、五一路等城区主干道立面景观改造和整治提升，改造、维修浦尾巷、凤凰巷等12条小街巷，完成六一路、白马路等主次干道绿化提升。完成73个老旧住宅小区整治。

【“五大战役”项目】 安排区级“五大战役”项目107项，总投资895.85亿元，年度计划投资274.79亿元。2013年，完成项目投资316.27亿元，超年度计划15.09个百分点。其中，列入省“五大战役”的11个项目完成投资51.89亿元，超年度计划20.93个百分点；列入市级“五大战役”的35个项目完成投资102.55亿元，超年度计划22.83个百分点。连续4年获市“五大战役”评比综合三等奖以上奖项。

区委书记张忠（右三）、区长陈曾勇（左二）、区委副书记陈宗胜（右二）调研新港苑限价房建设 （区委办 供）

【商务区建设】 海峡金融商务区、闽江北岸中央商务区项目建设出让地块面积约101.646公顷，入驻项目39个，总投资约531亿元，全年完成投资84.4亿元。郑和国际基金、神华集团、中庚置业、民生银行等新项目落地，苏宁广场（一期）商业卖场9月30日开业，申发大厦、百联大厦项目竣工，升龙大厦、华班大厦等10个项目主体结构封顶。2013年，全区新增可供招商商务面积约45万平方米。

【招商引资】 对接“三维”项目，通过“5•18”“9•8”招商平台，签约外资及港澳台资项目22项，总投资3.71亿美元，协议外资及港澳台资3.34亿美元。神华集团、富力地产、榕金实业等9家央企、民企和外企项目入驻。

（陈健勇）

## 统计与调查

【概况】 2013年，台江区统计工作发挥统计信息、咨询和监督职能，实事求是反映全区经济社会发展成果。定期编印《台江统计月报》《台江统计年鉴》等综合性统计资料；推进基本单位名录库建设，法人单位7066家；开展2012年度政府绩效管理有关指标数据科学采集和考核评分，参与改进2013年度区绩效评估指标体系、评估办法、计算方案。

完成服务业调查、工业企业景气调查等专项调查10项，推进第三次全国经济普查。完成住户调查等7项常规调查。64人参加统计从业资格考试，19人参加统计职称考试，170人参加继续教育。

【普查与专项调查】 第三次全国经济普查 下发《福州市台江区人民政府关于认真做好第三次全国经济普查的通知》，成立区经济普查领导小组。联合区委宣传部做好普查宣传动员。开展“地毯式”核查工作，生成单位核查底册。

服务业调查 建立服务业统计联席会议制度，地区生产总值相关基础数据通过财政、税务、交通、银行等部门季度报表收集；实行重点服务业统计报表制度，开展国家服务业重点企业联网直报工作，对全区94家重点服务业进行季报、年报培训。

企业景气调查 抽取商贸、工业、建筑业企业，通过网络直报，了解企业人员、生产材料采购价格等，全年调查4次。

企业用工情况调查 随机抽取部门样本企业，主要以商贸企业为主，全年开展3次调查。

其他专项调查 会同区效能办组织开展2012年政府绩效考核评估；完成高新技术产业调查，人口抽样调查，2012年私营单位工资情况抽样调查，文化产业调查，妇女儿童发展纲要监测等。完成工业、能源、投资、贸易、人口、社科、服务业等专业2012年统

12月3日，第三次全国经济普查宣传活动　　（区统计局 供）

计年报和2013年定期统计报表。

【常规调查】　住户调查　组织实施第一批城乡住户调查一体化改革，涉及义洲、新港、茶亭、鳌峰、上海、瀛洲、苍霞7个街道，10个普查小区。每季度开展调查员培训、电话抽查，年中召开调查户座谈会。

房地产价格调查　按照国家统计局《房地产价格统计调查方案》要求，二手住宅价格调查数据来自房地产中介企业。全区二手住宅价格调查单位3家，调查内容包括当月二手房成交区域、地块、类型、面积、单价等。

服务业调查　实行《服务业小微企业监测统计报表制度》，调查样本企业29家。调查行业类别包括仓储业、软件和信息技术服务业、商务服务业、文化、体育和娱乐业等行业。调查内容包括调查样本的基本情况，营业收入、营业利润、从业人员等主要经济指标和企业发展状况。

限额以下商业调查　完成限额以下商业抽样调查，调查样本40家，涉及汇多利、大利嘉城、特艺城、台农4家亿元市场。召开业务培训会，定期走访调查样本单位。

规模以下工业调查　随机抽样调查企业3家，通过纸质报表调查企业基本情况，经济指标及企业发展情况，为季度调查。

福建产品市场占有率调查　采用纸质报表与电子网络直报相结合方式，全年调查2次，半年报5家工业企业，年报13家企业，其中工业12家，商贸1家。

采购经理调查　调查网络直报企业样本12家，其中，制造业1家，非制造业11家，企业网络直报率100%。

【调查服务】　接受区委、区政府委托对10个街道开展绩效管理公众评议调查，对84个区级机关单位开展绩效管理公众评议调查；接受区纠风办委托对22家公共服务业行业单位开展政风行风民主评议调查；接受区综治办委托对10个街道开展社会治安公众安全感电话调查。

【统计法制建设】　结合第三次全国经济普查、“12•4”法制宣传日、“12•8”统计法宣传日等，以宣传手册、群发短信等形式，向社会、企业宣传统计知识和统计法律法规。

【统计执法】　开展工业、贸易、建设领域、劳动工资等专业统计专项执法检查，加大对源头统计数据质量的检查力度。检查单位数35家，立案查处统计违法案件2起，其中警告2起。

（陈　渝）

## 工商行政管理

【概况】　2013年，新增内资企业48户，注册资本7.285亿元；新增私营企业2151户，注册资本44.71亿元；新增个体工商户4793户，资金2.39亿元；新增外资及港澳台资企业73户，注册资本0.549亿美元。至年底，全区各类市场主体3.2754万户，其中，内资企业1040户，注册资本136.935亿元；私营企业1.2262万户，注册资本566.124亿元；个体工商户1.9056万户，资金7.509亿元；外资及港澳资企业396户，注册资本10.79亿美元；台湾个体工商户27户，资金355万元。查处各类违法违规案件933件，罚没入库333.09万元。

【商标品牌培育与保护】　新增注册商标1024件，中国驰名商标1件、省著名商标4件、市知名商标19件。有效注册商标7021件，同比增长11.3%，其中驰名商标3件、著名商标41件、知名商标94件，地理标志证明商标1件，商标国际注册36件。宣传普及商标和广告知识，举办“魅力商标”评选和“乐善杯”公益广告展示活动。查处商标侵权案58件，罚没入库11.79万元。落实《关于建立知识产权纠纷“大调解”联动机制的若干意见》，开展商标纠纷调解与司法确认衔接。处理知识产权纠纷1件。

【企业注册登记】　企业注册窗口网上预约与现场预约双轨并行，深化值

1月4日，区工商局"八闽红盾出击——反不正当竞争执法 维护市场公平秩序"专项行动推进会 （区工商局 供）

班科长服务、预约服务、延时服务等特色服务，建立健全大中专毕业生、残疾人、下岗再就业和转业军人再就业等绿色通道，抽查群众满意率99.5%。落实"马上就办"，精简审批环节，缩短办事时限，一般注册登记事务实行注册官独审制，各类注册登记办理时限从法定20个工作日缩短为5个，注销登记即时办结。

**内资企业** 新增内资企业48户，实有内资企业1040户，其中国有企业2户，集体企业372户，股份合作制企业1户，公司178户，其他企业487户。批发和零售业、金融业、租赁和商务服务业、制造业、建筑业排名前5位，分别有307户、184户、125户、110户和70户，分别占总户数的29.52%、17.69%、12.02%、10.58%、6.73%。内资企业注册资本136.935亿元，同比增长5.61%。

**私营经济** 私营企业1.2262万户，注册资金566.124亿元。注册资本100万—500万元企业2322户，注册资本500万—1000万元企业301户，注册资本1000万—1亿元企业803户，注册资本1亿元以上企业70户。年内新注册2151户，注册资本44.71亿元。

**个体经济** 个体工商户1.9056万户，注册资金7.509亿元。新开个体工商户4793户，注册资金2.39亿元。注销个体工商户685户。

**外资及港澳台资企业** 外资及港澳台资主体396户（含分支机构228户），同比增长22.6%；投资总额10.79亿美元，同比增长5.37%；外方认缴额9.25亿美元，占认缴注册资本85.73%，同比增长5.84%。企业法人户均注册资本273万美元，同比增长13.61%。外商投资企业（含分支机构）三大产业实有户数占比分别为0.76%、9.09%、90.15%。企业法人位居前三名的国家或地区分别为中国香港地区125户、中国台湾地区34户，美国14户。全年新增外资及港澳台资主体73户，同比增长108.57%；注册资本0.549亿美元，同比减少48.21%；外方认缴额0.517亿美元，同比减少36.17%。

**【市场监管执法】** 办结各类案件933件，同比增长136.2%；罚没333.09万元，同比减少44.63%。

**流通环节食品安全监管** 流通环节食品质量安全可追溯体系示范点44个，乳制品批发经营企业食品质量可追溯体系全覆盖，整体工作水平居全省前列。开展"八闽红盾出击"食品安全专项整治，查处食品安全案件89起，罚没金额31.79万元，查获私宰肉1575公斤。抽样检测、快速检测各类食品1995批次。

**企业主体和各类市场监管** 引导办照452户；取缔无照160户，查处无照经营案件274起，罚没款48.91万元，同比分别增长95.71%、284.82%；抄告相关部门函告件143份947户次。建成"零无照一条街"25条，开展"安全生产重点整治百日行动""安全生产大检查"，查处霸王条款、网络违法、欺行霸市行为，发放行政指导告知书51份，市场监管案件39起，案值12.12万元，罚没8.67万元。

**公平竞争执法** 突出治理"傍名牌"、商标侵权、合同违法、虚假广告等违法行为。开展校园周边整治、扫黄打非、查处违法拼装车、"死飞"自行车、军品管理、烟草市场、医药医疗领域发票使用等专项执法行动。全年查处各类违法案件933件，罚没333.09万元。

**参与社会综合治理工作** 开展打击传销宣传教育活动12场。走访经营户、出租户业主1552户次，发放各类宣传材料3256份，发布消费警示28条，编发打击传销宣传短信3000多条，联合打击传销巡查43次，遣散5起涉嫌传销聚众行为，查处传销案件1起，移送公安部门1起。

**【消费维权】** 推进"12315"行政执法体系"四个平台"建设，加强消费教育引导工作，多措并举，切实把消费教育和服务贯穿消费维权工作之中。推进消费维权服务站、点建设，方便消费者就近投诉和解决消费纠纷，努力将消费纠纷化解在源头，切实解决好消费者最现实的利益问题。

**完善消费维权"大调解"格局** 健全人民调解、司法调解、行政调解三位一体多元调解机制，强化诉前调解、诉中委托调解、调解司法确认。建立健全投诉企业约谈、维权抄告执法、应急处理突发等工作机制，落实消费维权“八率”（咨询满意率、和解息诉率、现场处置率、调解成功率、诉求办结率、一次接通率、及时反馈率、数据成果利用率）考核。

健全“12315”消费维权网络　完善全区“12315”消费维权三级（区工商局“12315”台、工商所、消费维权服务站、点）网络，深化“12315”消费维权网络“五进”（进商场、进超市、进市场、进企业、进景区）工作，规范全区消费维权服务站、点128个，其中省级示范站、点12个。全年区“12315”台受理消费者申诉举报7069件，其中申诉6203件，举报866件，挽回经济损失339万元。“12315”维权站点受理消费者投诉2862件，挽回经济损失134.09万元。

（区工商局）

## 国有资产营运

【概况】　福州台江国有资产营运有限公司受台江区政府委托，负责部分区属国资管理职能并参与政府基础设施和重点项目的资金管理。2013年，筹集资金4.77亿元。

【项目建设】　打造“国家电子商务示范基地”品牌，推进海峡电子商务产业基地二期建设。采用项目代建形式，按照招拍挂程序，出资1亿元由代建单位拍下土地。保障红星苑项目资金，筹资1.7亿元，项目建设完工。

【资产管理】　红星苑三期商场6万平方米整体公开招商，永辉公司中标。盘活资产，利用闲置区属资产招商引资，与区科技局协作，引进乾坤车城、榕金公司和开元辉宝3家公司，为区域经济发展提供支持。

（林梁鑫）

## 价格管理

【概况】　2013年，台江区价格管理部门围绕“居民消费价格总水平涨幅控制在3.5%左右”控价目标，运用价格杠杆，服务经济转型发展；关注价格与收费热点难点问题，规范民生服务价格，清费治乱减负；开展价格监督检查，整顿规范市场价费秩序。

【价格总水平调控】　巡查区内超市和农贸市场价格，监测蔬菜、禽蛋、食用油、肉、鱼等农副产品价格，重点跟踪10个上规模超市和11个主要农贸市场价格运行情况，在价格异常波动期间每日一报，日常每周一报，分析价格情况。与区民政局、人力资源与社会保障局沟通物价指数信息，适时启动联动机制。

【非商品价格收费监管】　审验行政事业收费单位执行国家及省、市有关收费文件情况，审验收费许可证，收费项目、范围、标准及公示，代办费收入支出情况，收费票据使用等。全区审验42个收费单位，审验率100%，合格率100%。

【价格监督检查】　开展涉农收费、中小学教育收费、药品和医疗服务价格、电动车销售市场价格、机动车驾培机构培训收费、物业收费、电信资费等专项检查。日常市场巡查重要民生商品价格。元旦、春节、清明、“五一”、中秋、国庆等传统节日以及“3•15”消费者权益保护日、诚信兴商宣传月、全国糖酒商品交易会等重大文体、经贸活动期间，监督检查粮食、食用油、主要副食品、蔬菜、牛奶及奶制品、常用药品、交通运输、民用能源、物业管理服务、停车服务、银行金融服务、零售商业服务、旅游相关服务等重要民生商品价格和服务收费。健全价格纠纷化解机制，省、市、县（区）三级“12358”举报系统联网试运行，受理群众价格诉求、机动车停放收费、自行车和电动自行车代管收费、物业管理服务价格、医疗收费以及零售行业明码标价等投诉245件。

【价格服务】　走访幼儿园、医院、物业管理企业等，实地进行价格行为指导与宣教，面对面服务。开展“阳光价费”活动前期工作。9月开始，按照“依法规范、阳光运行、全程监督、高效便民”原则，构建面向全区“价费动态监管、价费公共服务、价费监督制约”三大机制，时间3年。

（林　华）

## 安全生产管理

【概况】　2013年，台江区安全生产形势总体平稳，各类事故死亡人数占全年度事故死亡控制指标40%。

【安全工作部署】　落实安全生产“一岗双责”。加强应急救援、重点行业领域安全生产、安全生产标准化建设和安全生产宣传教育。

【安全生产标准化建设】　按月上报属地企业和行业所属企业进展情况。区内危险化学品生产、经营企业和各加油站通过安全生产标准化达标考核，达标率100%。年内，工商注册企事业单位1.3864万家，开展活动1.3864万家，覆盖率100%；自评1.3848万家，自评率99.8%；通过达标级别考评验收

1.3033万家，达标率94%；事业单位完成转化200家。

【重点行业（领域）专项整治】　制订“台江区安全生产重点整治百日行动”实施方案，扩大消防、道路交通、危险化学品、建筑工地、液化气、学校幼儿园、民爆物品、交通运输、职业病防治等9个专项整治。区内各部门、各街道承担安全生产“行业管理”和“属地管理”责任。各专项小组开展安全生产工作大检查，对安全隐患，采取“三定”（定整改措施、定整改时间、定整改责任人）原则，督促安全隐患整改到位。

【打非治违】　开展“打非治违”安全专项整治，加强重点行业领域安全生产工作。

消防安全　年内检查单位827家，督促整改消防安全隐患1536处，临时查封生产经营单位11家，责令“三停”2家，拘留1人，罚款21.65万元。

道路交通安全　定期、不定期巡查道路交通状况，年内查处交通违法7.0161万起，其中非机动车、行人闯红灯等2391起，机动车乱停车3.6623万起；查处机动车涉牌涉证违法1077起；查处酒后驾驶166起，其中醉驾34起，拘留45人。

危险化学品安全　检查各类危险化学品生产经营单位61家，发现安全隐患86条，发出《隐患整改指令书》27份，其中现场整改67条、限期整改19条，整改率100%。

建筑工程安全　检查安全生产责任制落实情况以及工地防高空坠落、脚手架、模板工程、大型机械设施、深基坑以及工地电气线路等。排查安全隐患34条，发出“安全隐患整改通知书”7份。

燃气安全　出动2172人次，检查餐饮场所2150家，收缴“黑气”钢瓶50公斤5个、15公斤39个、5公斤23个，治安拘留2人。

学校幼儿园安全　区教育局牵头开展辖区学校、幼儿园安全生产工作检查，排查照明线路及视频安防监控装置运行情况、体育器材等设施使用、维护以及楼梯口、围墙、电器设施、周边环境。查处校园安全隐患251处，现场整改238处，限期整改13处。

【应急救援能力建设】　筹建“台江区安全生产应急救援中心”，区内每个街道安监站配备2名全民事业人员编制，每个社区配备1—2名安全协管员。

（徐瑜茜）

## 审计

【概况】　2013年，台江区审计局对2012年度查出问题进行审计整改检查，完成审计和审计调查项目22项，查处管理不规范金额2.3999亿元，提交审计综合性报告以及信息简报25篇（次），提出审计建议48条。2个项目获市审计局AO实例（现场审计实施系统）应用奖、“2013年度审计统计工作”第一名、“2013年度审计信息工作先进单位”第二名。

【预算执行情况审计】　以预算执行为主线、全部政府性资金为主要内容、财政专项资金为重点，对区财政局、地税局、市容管理局3个单位2012年度本级预算执行和其他财政收支、税收征管情况进行审计，延伸检查其二、三级预算单位。结合预算执行审计，税收征管审计和市容管理局部门预算执行及决算审计，查处管理不规范金额2.3942亿元。发现年度预算执行不够均衡、预算外收入账户未清理收入未纳入预算管理、基金预算执行率偏低、年度额度结余偏大、专项资金结转结余量大、债权未及时清理问题，提出加紧清理结转结余资金、完善国库集中支付改革审计建议。

【政府投资审计】　以服务“五大战役”建设项目为重点，以规范政府投资项目管理，提高投资效益为目的，完成校安工程跟踪审计，借用外部审计力量对区第三十八中学、区第四中心小学、瀛滨小学、亚峰小学、工业路小学、龙津小学、双虹小学、第二中心小学、第十四中学等9所中小学校校安加固工程进行竣工决算审计；9所学校抗震加固送审造价3331.27万元，核减造价576.44万元，审定造价2754.83万元。

【民生资金审计】　坚持“民本审计”理念，加强民生及专项资金审计和审计调查，促进惠民政策落实。对就业专项资金审计（调查）进行审计，查处管理不规范金额10万元。

【经济责任审计】　以“权力”和“责任”为主线，重点检查领导干部任职期间重大经济决策及执行效果、贯彻落实中央“八项规定”、执行国家财经法规、内部控制制度及相关目标责任制落实情况、个人遵守廉政纪律等情况。完成7人任期经济责任审计，其中，离任审计5人，占72%；任中审计2人，占28%。经济责任审计共查出不规范金额30.8万元。

【审计信息化建设】　根据《2012—2015年福州市审计信息化发展规划》，运用计算机审计管理办法、门户网站管理暂行办法、政务微博管理实施意见和审计信息化工作考核暂行办法等5项制度，推进审计方式转型升级。推荐AO应用实例2个项目获奖。

【内审工作】　部门内部审计机构23个，兼职内审人员23人，完成审计项目41个，其中财务审计19个、经济责任审计20个、其他审计2个。提出建议意见被采纳51条。

（陈鸿燕）

（编辑　何嘉芳　涂江华）

# 财政 税务

## 财 政

**【概况】** 2013年，全区财政部门把握“稳中求进”总基调，增收节支，保障经济社会领域重点支出，财政改革与管理继续稳步推进，财政收支运行总体平稳，完成收支任务。全区财政总收入26.08亿元，地方公共财政收入16.01亿元，分别同比增长7.6%、16.2%；地方公共财政支出13.28亿元，同比增长22.5%。

**【投资评审】** 健全财政投资资金监管制度，加强财政投资范围界定，强化财政性投资项目预算审核，规范财政投资评审管理，实现评审工作合法、公开和高效。全年组织审核政府财政性投融资预（结）算项目255项，送审金额3.5932亿元，审定金额3.2823亿元，核减金额3109万元，核减率8.65%。其中，预算评审项目114项，送审金额1.6469亿元，审定金额1.5325亿元；结算评审项目141项，送审金额1.9464亿元，审定金额1.7498亿元。

**【保障民生】** 教育支出3.578亿元，完成校舍加固1.1万平方米，推进义务教育标准化建设，试点中小学“班班通”工程，十五中通过福建省二级达标校验收；文化体育支出1248万元，完成社区多功能公共运动场所建设和10条健身路径新增任务；医疗卫生支出8892万元，深化卫生体制改革，增加基础卫技人员力量，提升卫生服务水平，完成区妇幼保健院及苍霞、洋中、宁化社区卫生服务中心改造；社会保障和就业支出1.3504亿元，实现城镇新增就业7435人，安置下岗失业人员2316人。加快保障性安居工程建设支出1.23亿元，新港苑、福机新苑主体结构封顶，红星苑三期、上海新苑交付使用。完成东二环路、国货路、五一南路等8条道路景观整治以及主次干道、闽江江滨夜景灯光改造提升。

**【创新财政机制体制】** 建立重点企业主要财政指标统计报告制度；配合税务部门、工商部门加强重点行业、重点项目、重点税源分析和监管，培植新税收增长点。筹建涉税信息综合管理平台，及时掌握企业动态及税收入库情况，提高综合纳税管理水平。加强财政政策导向，为企业税费减免等予以帮助。优化审批流程，发挥财政政策资金导向作用，增强经济发展后劲。落实结构性减税政策，降低小微企业增值税和营业税起征点，推进“营改增”试点，兑现减轻企业负担一系列政策，对工业外贸流通企业房产税、城镇土地使用税“即征即奖”。全年兑现政策性补助1073万元。

**【政府采购】** 按照《区级办公设备配置标准》规定品目，预算单位编报年度政府采购项目和资金预算；审核申购、中标、验收等系列采购环节，保证政府采购资金安全。严格执行厉行节约“八项规定”，加强政府采购监管，严格采购纪律。预算采购金额3850万元，实际采购金额3452万元，节约398万元，节约率10.34%。其中，公开招标42批次，预算采购金额3023万元，实际采购金额2670万元，节约353万元，节约率11.68%，公开招标预算采购金额占预算采购总额的79%。

**【国库集中支付改革】** 开设零余额账户115户，全区除10个街道外，预算单位（含二级预算单位和基层预算单位）实施国库集中支付，支付资金包括预算外资金、专项资金和往来资金。财政直接支付业务 1.3952万笔，金额4.060876亿元；办理财政授权支付业务3.8181万笔，金额1.623555亿元；办理清算业务5.2133万笔，清算财政资金5.684431亿元。

**【预算管理】** 建立健全新预算管理框架，基本实现一部门一预算，完整反映部门收支状况；建立较为规范和公开预算编制程序和方法，实现自下而上逐级编制预算改革目标，细化预算编制内容，推行部门资产管理与预算编制有机结合。加大财政监管力度，审核批复检察院、教育局等17家单位支出绩效目标；预算支出绩效监控纳入预算执行监控体系；督促部门强化预算执行绩效管理，预算资金安排由“重分配”向“重管理”转变。

【财政监督】 保证财政资金使用规范和安全，强化专项资金及转移支付资金管理，专款专用，提高资金使用效益；加强政府债务管理，防范和化解财政风险；强化行政事业收费监管，加强非税收入和收支两条线管理；完善国有资产监管制度、管理体制和管理方式，加强国有资产规范管理与依法处置；完善区直行政事业单位、区属国有企业资产管理，提高管理效率和准确性；健全财政投资资金监管制度，加强财政投资范围界定，强化财政投资项目预算审核与跟踪管理，规范财政投资评审管理；推进电子化政府采购，严格执行经费预算和资产配置标准，严禁超标准采购、超办公需要采购。

（林 萍）

## 国家税务

【概况】 2013年，台江区国家税务局实现税收141.7亿元，同比增长45.6亿元，增长47.4%，占全年收入计划133.7%，列全省县区级国税系统首位。其中完成区级财政收入2.89亿元，同比增长2713万元，增长10.38%。税收收入以金融保险业、电力行业、房地产行业、商业以及车购税为主。金融所得税入库101.3932亿元，占所得税收入94.34%，占总收入71.56%。电力行业增值税入库7.4014亿元，占增值税收入49.8%，占总收入5.22%；商业增值税入库5.2942亿元，占增值税收入35.62%，占总收入3.74%。房地产所得税入库9107万元，占所得税收入0.85%，占总收入0.64%。营改增入库8355万元，占增值税收入5.62%，占总收入0.59%。车辆购置税入库18.66亿元，占总收入13.17%。

【法制建设】 规范税收执法 贯彻落实《福建省税务系统行政处罚自由裁量权基准》，推进税法咨询维权，加强规范性文件审查，保障纳税人合法权益。答复和执行统一口径，税收执法方式、违法违章处理、纳税服务等方面标准化建设，按照法定权限、程序和标准行使权力，履行职责，规范税收执法行为。推进税收执法责任制，加强和改进税收执法督察和执法监察工作，依托执法管理信息系统，开展税收执法督察，抓好整改落实和过错责任追究。

整顿税收秩序 加强与海关、公安、商检、工商等部门合作，重点查处骗取出口退税和虚开增值税专用发票大案要案，打击发票违法犯罪。开展税收专项检查和区域税收专项整治，查找征管薄弱环节和风险隐患。

推进税务公开 贯彻落实公开行政审批事项，设立国税微博和税企QQ群，召开座谈会，开展满意度调查，加大信息公开力度，提供纳税人知悉、参与、诉求平台。

【税收管理】 调整机构职能 对机构职能实行“扁平化”和“实体化”改造。职能科室面向纳税人从事某一个环节管理或者服务工作，征管科负责户籍等基础事项管理，法规科直接负责咨询维权工作。按照“四大体系”设置机构（大服务机构、税源管理机构、税务稽查机构、后勤保障机构），原后勤机构被压缩，撤并2个科室，充实税收管理和纳税服务一线人力资源。

推行分类管理 改变属地管理，按行业、纳税人规模、特定税收业务等分类管理，区内所有工业企业、营改增企业归一个分局统一管理。分局职能调整为主要负责纳税评估。

推行风险管理 成立税收风险分析监控中心，推行“信息管税”，通过应用风险分析监控平台、行业税收管理模型等，对纳税人申报信息、政府相关部门提供第三方信息等各类信息进行分析，按风险高低对纳税人进行排序。对风险较小纳税人，通过提醒，及时纠正；对一般风险纳税人，通过分局纳税评估，引导企业自查自纠；对风险较高纳税人，移送税务稽查部门立案处理。将税源管理的主要资源优先用于管理高风险的纳税人，提高资源利用和税收征管效率。

行业评估 纳税评估分局数量由

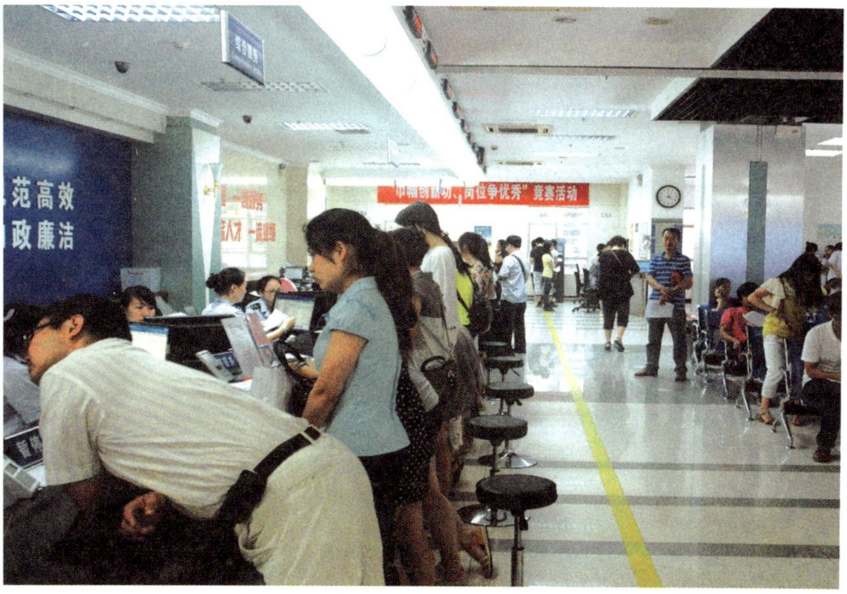


区国税局办税服务厅工作人员为纳税人服务 （区国税局 供）

3个增加到7个，按行业加规模结合属地划分开展纳税评估。全年评估177户，直接补税5066.5万元，加收滞纳金121.8万元。

【纳税服务】 构建“纳税大服务”体系，办税服务厅、征管科、税政科、法规科纳入服务体系，为纳税人提供专业化服务。纳税人所有办税事项由办税服务厅直接办理或者受理转办，即办事项扩展到103项。推行“集中审批”，原分散各部门73项审核审批管理事项，集中税政科统一办理，精简审批环节。推行“任务管理与服务回访”制度，运用市国家税务局“任务管理与服务回访系统”，所有下户工作纳入系统管理，规范审批，多次任务合并一次下户，下户过程和结果纳入系统监控。市国家税务局对区局785次下户工作回访，纳税人总体评价满意和基本满意率100%。

（何　锋）

## 地方税务

【概况】 2013年，台江区地方税务局入库税费37.619亿元，同比增加3.884亿元，同比增长11.51%，其中，税收收入25.386亿元，同比增加2.465亿元，同比增长10.73%；各项费金收入12.233亿元，同比增加1.42亿元，同比增长13.13%。入库区级财政收入9.111亿元。

管征各类纳税人2.16万户，其中内资企业1.33万户，港澳台商投资企业116户，外商投资企业66户，个体经营户7537户，其他类型纳税户579户。

【依法行政】 根据省、市地税局稽查局下达指令性检查项目，结合区实际开展各类专项检查，主要检查营利性医疗机构、建安业、广告业。打击发票违法犯罪，全年发现发票违法单位35户，涉及非法发票36份，票面金额293.53万元，查补63.12万元，其中税款54.72万元，滞纳金1.62万元，罚款6.78万元。向公安部门移送3起涉嫌逃避缴纳税款案，清回欠税378.7万元。稽查全年检查企业28户，查补收入2141.67万元，组织入库地方各税费2622.19万元。

【营业税管征】 营业税入库7.935亿元，同比增加7251万元，同比增长10.06%。每月至少巡查1次房地产、建安项目，掌握重点税源户经济运行状况和财务运行状况。加强承接海峡金融商务区、闽江北岸中央商务区建设项目重点外建安企业涉税信息分析，比对分析综合办税系统建安开票情况与合同中工程完工进度，发现差异及时要求纳税人申报纳税。落实营业税改征增值税政策，涉及交通运输业196户、广告业642户、邮电通信业16户、现代服务业2345户 。

【企业所得税管征】 企业所得税入库3.672亿元，减征1.665亿元，同比下降31.21%。企业所得税年度汇算，应参加汇算申报3335户，实际申报3265户，申报率97.9%。2012年度企业所得税重点抽查房地产行业转让价格明显偏低和建安行业申报收入与工程进度严重不符户，由评估分局和双杭管理分局重点检查，查补税费1980万元。做好各行业企业所得税预警值宣传。

【个人所得税管征】 个人所得税入库2.229亿元，同比增加1496万元，同比增长7.19%。全面推进个人所得税明细申报，上线户数8093户，申报成功率96.57%，上线入库率70%，完成各项考核指标。年所得12万元以上个人所得税自行申报4036人，比上年增长92%。提出个人股权转让审核办法，户管员在税务登记变更后续管理中对股权转让涉及个人所得税进行审核，房产等资产股权转让需提供资产评估报告，净资产值大于股权转让价格按照净资产所持份额确认股权转让收入征收个人所得税。42个自然人申报股权转让相关税费480.29万元，其中个人所得税418万元。

【财产行为税管征】 土地增值税入库8.425亿元，同比增加3.08亿元，同比增长57.62%。对达到土地增值税清算条件企业及时清算。对2007年土地增值税清算政策出台前历史楼盘清算情况逐项排查，区分正常申报和走逃失踪类型，及时清理和跟踪监控。全面清理2012年以前积压土地增值税未清算房地产开发项目，登记造册。城市维护建设税入库1.282亿元，同比增加213万元，同比增长1.69%。房产税入库1.168亿元，同比增加1193万元，同比增长11.37%。各街道代征点增收房产税1704万元；工业企业缓征房产税入库增收138万元。城镇土地使用税入库2629万元，同比减少188万元，同比下降6.67%。印花税入库3392万元，同比增加298万元，同比增长9.63%。

【国际税收管理】 开展非居民企业服务贸易对外支付税务证明审核，开具税务凭证24份，其中征税凭证23份，征收税款78.96万元。向外税局提交涉及德国外籍人员税收自动情报件1件。

【规费征收】 组织入库基本养老保险费5.771亿元，比上年增长14.44%；失业保险费3996.48万元，比上年减少12.06%；医疗保险费2.981亿元，比上年增长19.96%；工伤保险费1668.36万元，比上年增长20.04%；生育保险费2000.37万元，比上年增长19.14%；机关事业保险费6967.86万元，比上年减少17.5%；江海堤防费6937.94万元，比上年增长 5.6%；残疾人保障金 1536.64 万元，比上年增长 27.29%；工会经费 663.48 万元，比上年增收 107.2 万元，同比增长 19.27%；价格调节基金 1664.16 万元。

【科学征管】　推行专业化纳税评估　组建专业化评估机构和评估队伍，1 个属地管理分局成建制转为专业纳税评估分局，选调 28 人按行业分工设 13 个小组。制定纳税评估工作规程、管理办法、文书式样等，系统规范纳税评估组织架构、工作职责、操作步骤、内部监控等。成立数据管理中心，作为税收风险分析监控专业部门，获取和汇总内外部涉税信息，定期进行风险分析识别，开展数据比对 10 项，下达高风险评估任务 291 户。评估分局评估 9 个行业（类型）291 户，入库税费滞纳金 5664 万元。

优化个体税收征管　对非正常户、停业户巡查、定额户面积核实等权力事项与税管员日常管理事项分离，日常工作实行派单制和集体审议制，分局长指定派单，定额调整事项集体审议。规范个体税收定额管理，对餐饮、住宿、桑拿、娱乐等行业取消预警值管理，改按双定或查账征收方式。推行“定额早知道”，纳税人通过定额测算软件，自行对照核定，自动生成税款，定额对外公开。

【纳税服务】　推行标准化纳税服务，简政放权，4 月 1 日起实现审核审批事项前移，落实 260 项即办涉税事项、269 项全市通办涉税事项业务要求。开展个性化、定单式服务，对 A 级纳税人和重点税源企业，组成纳税服务团队，为企业筹备上市等涉税事项提供个性化服务。在局大楼和繁华商圈安装 24 小时自助终端 7 台，提供包括打印完税凭证、缴纳灵活就业人员社保、个体户缴纳税费、网上报税、发票真伪查询等自助服务。建立需求快速响应机制，办税服务厅对纳税人个性需求、疑难问题等以派发工作单形式内部流转，限时办理，全年受理办结 221 件。

（李红灯）

（编辑　何嘉芳）

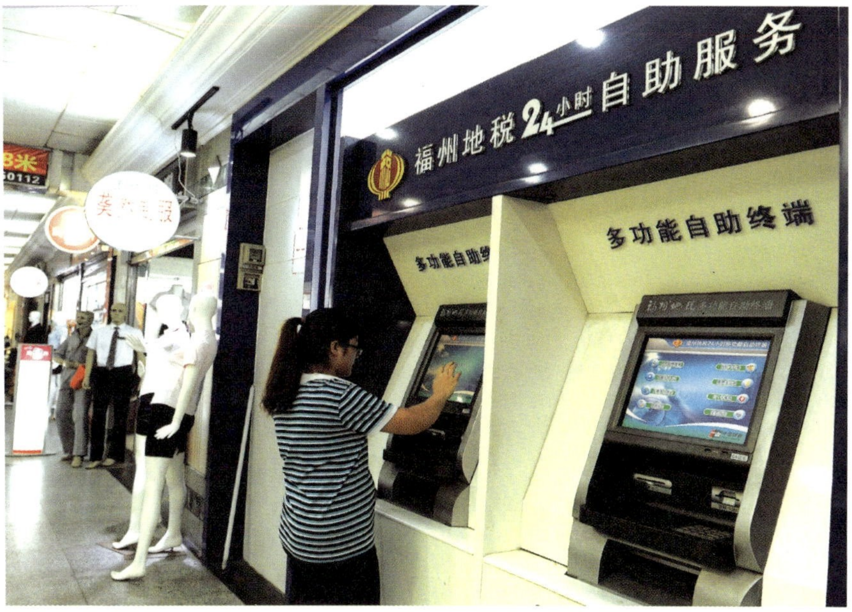

区地税局在中亭街设立 24 小时自助办税点　（区地税局 供）

# 工业 民营经济 商贸服务业

## 工业

2013年，台江区驻区国有工业规模以上企业9家；区属集体工业企业15家，均处于停产或改制状态；街道工业（实属个体私营企业）规模以上企业14家。

工业总产值154.21亿元，同比增长13.6%。全区规模以上工业完成产值143.45亿元，同比增长14.1%；工业固定资产投资35.32亿元，同比增长13.8%。

（江思毅）

## 民营经济

【概况】　2013年，台江区外资及港澳台资企业396户，私营企业1.23万户，个体工商户1.91万户。

【外资及港澳台资企业】　396户（含分支机构228户），同比增长22.6%；投资总额10.79亿美元，同比增长5.37%。年内新注册73户，注册资本0.549亿美元。第一、二、三产业户数分别占外资及港澳台资企业总数的0.76%、9.09%、90.15%。外资及港澳台资企业法人户数位居前三位分别是中国香港地区、中国台湾地区、美国。

【私营企业】　私营企业1.2262万户，同比增长9.86%；注册资金566.124亿元，同比减少13.23%；从业人员9.4995万人，同比增长22.31%。注册资本100万—500万元企业2322户，同比增长370户，增长19.26%；注册资本500万—1000万元企业301户，同比增长32户，增长12.73%；注册资本1000万—1亿元企业803户，同比增长42户，增长5.52%；注册资本1亿元以上企业70户，同比增长5户，增长7.69%。年内新注册2151户，注册资本44.71亿元。第一、二、三产业分别有34户、981户、1.1247万户，各占私营企业总数的0.28%、8.01%、91.71%。

【个体工商户】　个体工商户1.9056万户，同比增长27.56%；注册资金7.509亿元，同比增长37.28%。新开个体工商户4793户，同比增长24.28%；注册资金2.39亿元，同比增长52.23%。注销个体工商户685户。批发和零售业、居民服务和其他服务业、住宿和餐饮业排名前3位，分别有1.47万户、2005户、1808户，各占总数的77.14%、10.52%、9.49%。第一、二、三产业个体户分别有76户、9户、1.8971万户，各占总数的0.4%、0.05%、99.55%。

（区工商局）

## 商贸服务业

【概况】　2013年，台江区商品销售额750.97亿元，同比增长19.22%，其中限上销售额320.11亿元，同比增长29.2%；社会消费品零售总额325.99亿元，同比增长17.1%，其中限上社会消费品零售额148.7亿元，同比增长29.2%。

【住宿餐饮业】　住宿餐饮企业营业额超15.327亿元，同比增长9%，占GDP2.5%，贡献率0.4%。其中，客房收入8023.9万元，同比减少3.3%；餐费收入14.390亿元，同比增长9.9%。

【典当业】　全区6家典当行业公司，为25家中小企业提供金融担保等服务。

【副食品业】　跟踪监测、分析限上企业及产品，引导企业到便利店覆盖率低的社区发展便利店与中小超市，提高社区副食品业覆盖率。实施农贸市场升级改造工程，改造升级13家便利店和2家农贸市场。

（江思毅）

（编辑　何嘉芳　涂江华）

# 城区建设与管理

## 国土资源管理

【概况】　2013年，台江区国土资源管理贯彻执行福州市统一用地管理制度，统筹节约集约用地，高效率利用有限土地资源。协助上级做好建设项目用地前期服务，做好旧屋区改造项目地块调查进展情况和省重大项目用地报批进展情况跟踪。协助做好福州城镇基准地价修编，抽样调查区内商业路线53个、小区108个。摸底排查已办理房产证未办理土地登记43个小区，破解新村小区土地登记发证历史遗留问题，完成贸发新村1—3座、中平花园1—7号楼、商会花园（原工商联花园、富商世家）1—3号楼、奋斗里118号洋中新村1—8座等新村小区土地总登记，解决小区业主土地发证问题。

【土地管理】　年内，测绘和数字化土地证地籍附图363件，办理划拨转出让624宗、总登记宗地调查办总证27宗。完成民房初始登记、变更登记和新村变更登记地籍调查1.0375万宗，发土地证1.0601万本。办理土地登记资料公开查询业务1890件。协助各地各级人民法院土地查封、解封、冻结件35宗。

辖区农村所有权确权登记发证37宗，面积22.2公顷，通过市国土资源局对台江区集体土地确权工作验收。至年底，摸清高桥、红星、南公、双丰、长汀、红旗、祥坂、曙光等8个经济合作社，晋安区远东村、远西村、仓山区江边村等3个飞地农村集体土地所有权宗地44宗，面积29.61公顷，明晰集体土地产权和范围。

建设用地项目报批前期土地利用总体规划认定18宗，面积85.45公顷；分村分类6宗，面积31.76公顷；用地预审5宗，面积3.87公顷。编制《征地告知书》2宗。做好福州市国土资源局下放“工业企业外贸流通企业房产税土地使用税即征即奖认定”业务，为企业办理认定8件。

【地质灾害防治】　启用省级地质灾害管理系统录入地灾数据，实时更新。组织《2013年台江区地质灾害防治方案》修编，提交区政府批准颁布执行。加强灾点监测和汛期、台风季节巡查，及时转发灾害预警。推进地质灾害点治理，督促责任单位对福州十四中地灾点进行治理，治理工程进入图纸会审阶段。

【执法监察】　按照执法职责分工，辖区日常动态巡查，发现、制止集体土地违建行为。辖区无重大违法占用集体土地案件，土地违建纠正在初始阶段。

按照信访“路线图”调查处理答复信访转办件2件，办结市国土资源局转办“福州市便民服务中心12345”诉求件76件，答复和反馈率均100%。

（严为民）

## 市政建设

【概况】　2013年，台江区管城市道路及设施量管养经费203万元，开展环境综合整治900天大会战，负责推进辖区13条内河的整治、移交及日常管养工作。

【市政设施维护】　市下放象园路等75条城市道路及瀛洲桥等8座桥梁监管、维护、大修改造和挖掘、占用许可审批。下放管养内容包括路面、人行道、桥隧、路灯、雨水系统等市政设施（不含污水排放设施）。下放原台江区管123条道路上的市管路灯设施924盏管养（不含变压器）。在建规划红线20米以下道路竣工验收后直接移交区管养。区管城市道路及设施量管养年度经费203万元。

【城市景观整治】　按照全市环境综合整治工作部署，以承办2015年第一届全国青年运动会为契机，2012年9月始，开展环境综合整治900天大会战。2013年，实施“四大行动”（基础配套、景观提升、市容整治、区域突破），推进“八大任务”（道路交通建设、

拆墙透绿工作初见成效　（区委办 供）

居住环境整治、道路景观整治、水系综合整治、园林绿化建设、市容环境提升、历史街区改造、两翼新区建设）。

**道路交通建设**　完成12条小街巷维修改造，推进市下放区管道路维护整治和市政道路“白改黑”工程。

**城市社区整治**　完成75个老旧住宅小区整治，金斗社区、洋头口社区、武夷绿洲社区打造完整社区。

**道路景观整治**　完成6条市定示范道路外立面景观综合整治、10条主次干道店牌店招改造、18个楼盘及重要商业街夜景灯光改造。以一干道（西二环路）和三街巷片区（安南路、滨河路、浦尾巷）整治为重点，推进西二环路、上浦路、鳌峰路、白马路、六一路、排尾路、国货路等10条道路沿线立面景观改造和整治提升。推进宝龙万象广场平战结合地下人防工程。

**水系景观整治**　闽江北港驳岸整治一期工程先行先试段列为市2013年“五大战役”项目、为民办实事项目，区整治提升重点项目。项目位于北江滨，东起鳌峰大桥，西至三县洲大桥，与闽水园连接，岸线全长3.2千米（不含已建滨江休闲广场）。其中，水利驳岸整治工程7月完工。

**园林绿化提升**　完成江滨中大道拆墙退距绿化及10处道路节点拆墙透绿；推进南公园和鳌峰公园改造方案设计；完成六一路、八一七路、白马路等主、次干道绿化、花化。

**市容环境提升**　完成后洲、洋中2个街道环卫市场化试点和市定重要道路清违整治，完成其余8个街道环卫市场化工作，推进白马路、西二环路、上浦路、国货路等主次干道清违。

**旧屋区改造**　完成上下杭历史文化街区改造房屋征收等13个项目，太平汀洲和苍霞地块等4个项目完成前期工作，5个项目启动旧改程序。

**两翼新区建设**　推进闽江北岸中央商务区、海峡金融商务区2个新功能区建设，完成省港口工程公司、省轮船总公司及省石化供销公司房屋征收，推进片区景观整治。

【内河治理】　根据市政府《福州市城建国土部门强区扩权实施意见》，除光明港河、白马河、晋安河外的其他内河建设及管养工作下放各区负责。台江区内河治理范围包括光明港一支河、光明港二支河、瀛洲河、达道河、打铁港、三捷河、大庆河（台江段）、茶亭河、东西河（台江段）、琼东河（台江段）以及红星河、新透河、济南河。

**光明港一支河综合整治项目**　光明港一支河房屋征收涉及23户，征收总建筑面积3773.81平方米。业主单位区江滨公司，委托区房地产拆迁工程处征收。

**三捷河综合整治项目**　征收面积1.2774万平方米，涉及204户。征收实施单位区房地产开发公司，市水环境公司负责建设河道补水泵站，三坊七巷管委会负责其余沿河景观建设工程，纳入上下杭历史文化街区整体改造。

**大庆河（台江段）综合整治项目**　列入市为民办实事项目。房屋征收涉及43户，征收建筑面积4102平方米，征收费用约5750万元。业主单位市水环境公司，委托区建设投资管理中心征收。

**东西河（台江段）综合整治项目**　房屋征收涉及35户，征收房屋建筑面积7126平方米。业主单位市水环境公司，委托区房地产拆迁工程处实施房屋征收。

**光明港河（西段）沿线房屋征收项目**　房屋征收建筑面积约16.5万平方米。河道沿线房屋征收业主单位市城乡建设发展总公司，委托区房地产拆迁工程处和市土地开发拆迁工程处实施河道（西段）沿线房屋征收。

**白马河沿线浦西村、江乾下地块危旧房改造项目**　涉及102户。业主单位市水环境公司，委托区建设投资管理中心负责征迁。2012年11月28日，启动“模拟签约”。2013年6月13日，白马河景观带建设用地房屋签约。

（区建设局）

## 园林绿化

【概况】　2013年，台江区新增绿地面积27.6万平方米，建成区绿化覆盖率 25.33%，绿地率 17.51%，人均公共绿地面积 6.39 平方米。

【城区绿化】 道路景观整治 配合安平小区周边、铺前顶路、浦尾巷等景观改造，沿线花坛种植非洲茉莉球、西洋杜鹃、一串红、贴梗海棠等花灌木 13.18 万株；安南路道路绿化提升及建筑外墙垂直绿化，设置花架 480 个，摆换三角梅 7000 余株。

主次干道绿化 茶亭街、白马路、八一七路分车带、三县洲大桥桥底绿化改造；江滨中大道北侧（鳌港路至鳌峰支路）退距 10—15 米，新增绿地 1.8 万平方米；江滨大道南侧沿线道旁种植樟树、蓝花楹等，点缀半支莲、三色堇、矮牵牛等；配合六一路立交桥改造，六一路与台江路喇叭口新增绿地 2000 平方米，种植羊蹄甲、矮牵牛等。

重要节点花化 五一路、六一路、工业路过街天桥、高架桥设置花坛及花卉花化、彩化；台江路、五一路（台江段）两侧人行道增设花坛，道旁种植杜鹃、山丹、黄金榕等 15 万余株；滨江休闲广场花化，种植西洋杜鹃、贴梗海棠等 6000 余株，配置景观石；元旦、春节等节日，学军路与八一七路渠划岛、排尾路与长乐南路渠划岛摆放一串红、石竹、瓜叶菊等 11.5 万余盆。

拆墙透绿 尤溪洲公交站、宁化街道社区卫生服务中心、市广电集团中心、福州八中、中盐公司、世贸集团外滩、省人民医院（洋中路）、鑫达富第（安南路）、国家电网福州电业局堤边 110 千伏变电站、秋龙园文化宫等 10 处建设通透式绿墙。

【公园景区建设】 闽江北港驳岸整治一期工程先行先试段建设 项目位于闽江北江滨，东起鳌峰大桥，西至三县洲大桥，与闽水园相连接，岸线全长 3.247 千米（不含已建滨江休闲广场），总面积约 6.7 公顷，概算投资约 1 亿元。

南公园改造提升前期工作 完成园内建筑物摸底、补偿费用初估、园内外文物保护单位摸底造册、园内部分物业清理；公园改造初步设计方案形成。

鳌峰公园整治提升前期工作 完成园内建筑物摸底、安置补偿费用估算、部分到期房屋清退及环境检测评估工作；完善公园整治提升概念性设计方案。

【古树名木保护】 按照《福州市城市古树名木保护管理法》，对辖区内 108 株古树名木进行保护管理。组织完成 2 次古树名木巡查工作；一期开发古树名木地理信息管理系统；实施苍霞公园 1 株二级古榕树白蚂蚁防治专项保护；对龙庭创业公寓等地的 4 株古树名木进行修剪及防腐处理。

【园林管理】 联合市园林局开展机动车违规侵绿、乱设摊点毁绿、清理违规绿地广告牌等专项整治行动，劝导占绿毁绿现象 50 余次。发放宣传资料 3500 余份，免费赠送民众小型盆景 1000 余盆。定期巡查区道路、街头、居住小区及公园绿化养护，督导相关养管单位整改，发放整改通知书 25 份。接管光明港一支河、光明港二支河、瀛洲河、打铁垱河、达道河、水岸华庭等河岸绿地绿化养管，定期养护河岸绿地。制定园林绿化日常养护管理标准，定期考核局属基层单位养管情况。

（詹文凤）

三县洲大桥桥底绿化改造 （区园林局 供）

## 市容管理与执法

【概况】 2013 年，台江区市容管理局开展流动摊点、市容“六乱”和渣土运输管理整治，配合区灯管办开展灯箱、户外广告景观改造。全年受理“12345”便民呼叫系统投诉 785 件，其中渣土、噪声类 101 件，市容环卫类 93 件，违法建设类 570 件，其他 21 件，反馈率 100%，无逾期办理案件；接待来信来访 85 件（其中到访 12 批 280 人次），反馈率 95% 以上；“110”社会联动电话接警 103 余件，反馈率 98%；办理领导批办件 19 件，反馈率 100%。全区环卫员工 436 人，其中，全民事业 41 人，集体事业 104 人，非在编 291 人；各种环卫专用车辆 65 辆；垃圾转运站 9 座，日转运生活垃圾约 400 吨；公厕 90 座全部免费开放；区主次干道 133 条，保洁面积 393.89 万平方米。

**【市容环境综合整治】** 清理各类占道摊点、排档480余起，查扣占道摊车2200多辆、其他占道物品2690件，会同公安部门查扣占道载货销售机动车辆12部。建成区夜间大排档疏导点2个，设置便民市场7个。清理店外店占道1.1万起，乱悬挂红布条、布幅广告375面，收缴占道移动广告牌785面，清理乱晾晒1080起、乱堆放杂物987起。整治“两车”（自行车、摩托车）不规范停放，以及代管点乱收费、收费不给票据等违章行为，查纠2502辆次，罚款1.38万元。开展“门前三包”（包环境卫生、包绿化、包秩序）违规行为整治，查纠乱堆乱放，乱丢乱倒垃圾等行为872起，罚款10.225万元；扩大“门前三包”责任书签订范围，向次要路段、二环路以外地区覆盖，签订责任书1万余户。整治乱张贴和市政违规施工，移送通讯部门停机11批次875部。开展“扫黄打非”和流浪犬整治，收缴非法、盗版光碟、书籍、六合彩报等2.85万余件。区3条线路和主干道为重点，协调市户外灯光广告建设管理委员会办公室，拆除各类违章、过期广告103面；查处市区违规商品展示、大型促销活动197起，查扣拱门、帐篷等87件。

**【环境卫生管理】** *道路清扫保洁管理* 指导、检查、督查4家保洁公司。小型扫路车进入小街巷及商贸街区，推进主次干道与小街巷保洁的无缝隙管理。3月，区8个街道环卫清扫保洁推向市场，由招投标公司代理。9月1日，全区环卫清扫保洁推向市场。区政府投入资金4200万元/年，分别由4家清扫保洁服务公司承包。

*环卫设施改造提升* 完成同德垃圾转运站提升改造。配合区环境综合整治指挥部，拆除15条主干道上违法建设。3月，启动红星、十二桥垃圾转运站改造提升工程，完成基础部分改造。12月，完成500个果皮箱政府采购，更新投入使用。

**【垃圾无害化处理】** 11月，完成3个机关事业单位、2个住宅小区垃圾分类试点。全区垃圾转运站9座，日处理垃圾量400吨。

**【建筑垃圾工程渣土管理】** 根据《福州市人民政府〈关于印发城建国土部门强区扩权实施意见的通知〉》，3月，组建渣土科，开展工作。

**【制度法规建设】** 法制教育进社区，发放《市容管理市民手册》等700多册。区政府网站公开各类信息87件。结合市法制宣传教育规划，开展常见违规行为宣传教育活动8次。7月，参加福州电视台行风政风热线现场解答会，接受群众反映市容问题31件，现场解决28件，其余3件在规定时间内办结。

**【行政审批与处罚】** 受理申报件71件，办结率100%；接受现场咨询30多人次，满意率100%；优化缩短审批流程时限，由1周缩短至3个工作日。受理案件522件，处罚金额约19.48万元。

（侯敏凤）

（编辑 何嘉芳 李秀丹）

# 环境保护

## 综述

2013 年，台江区空气污染指数平均值 63，优良率 99.6%；东南区饮用水源水质达标率 100%，内河水质达标率 66.7%；环境噪声 59.5 分贝，交通噪声 69.1 分贝；环境影响评价执行率与“三同时”（同时设计、同时施工、同时投产）执行率 100%；医疗废物处置率 100%。

## 环境质量

【大气环境】 城区空气污染指数（API）平均值 63，与上年持平，全年空气质量优 87 天，良 255 天，优良率 99.6%，轻微污染 13 天，首要污染物是可吸入颗粒物。空气中二氧化硫、二氧化氮与可吸入颗粒物均值分别为 0.009 毫克 / 立方米、0.040 毫克 / 立方米、0.075 毫克 / 立方米，其中二氧化硫与二氧化氮达环境空气质量一级标准，可吸入颗粒物达二级标准。

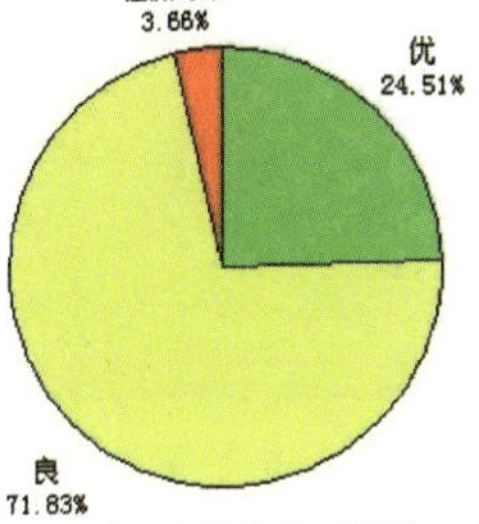


图 1 2013 年台江区空气质量天数比例

【水环境】 鳌峰洲饮用水源水质达标率 100%。内河以有机污染为主，6 个内河监测断面水质年平均达标率 66.7%，较上年提高 6 个百分点。内河水质超标项目主要为氨氮、五日生化需氧量与溶解氧，其中氨氮为首要污染物，6 个监测点位氨氮均超标，打铁港河（新港桥）断面超标 2.2 倍。

【声学环境】 区域环境噪声年均值 59.5 分贝，比上年上升 0.2 分贝，处于轻度污染水平。交通噪声年平均值 69.1 分贝，与上年持平，维持在较好水平。监测 17 条交通干道，噪声声级大于 70 分贝、长度 7.25 千米，占总长的 19.2%，与上年相同。

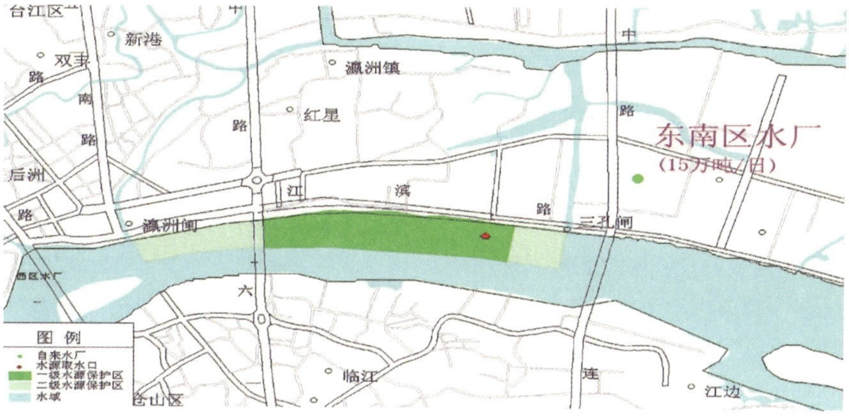


图 2 台江区鳌峰洲饮用水源保护区及监测点位图

表 3 2013 年台江区 6 条内河监测断面水质状况统计表

| 点位名称 | 监测项目年平均值 | | | | | |
|---|---|---|---|---|---|---|
| | 水温（℃） | pH | 溶解氧（毫克 / 升） | 高锰酸盐指数（毫克 / 升） | 五日生化需氧量（毫克 / 升） | 氨氮（毫克 / 升） |
| 瀛洲河（瀛洲闸） | 21.6 | 7.2 | 2.1 | 10.6 | 14.1 | 5.6 |
| 三捷河（三捷闸） | 21.2 | 7.1 | 2.3 | 9.2 | 10.0 | 2.4 |
| 达道河（万寿闸） | 21.7 | 7.1 | 3.3 | 8.8 | 8.7 | 2.2 |
| 打铁港河（新港桥） | 21.7 | 7.2 | 1.4 | 11.7 | 16.9 | 6.5 |
| 大庆河（万象城天桥） | 22.0 | 7.1 | 2.1 | 9.3 | 13.2 | 4.4 |
| 白马河（工业路口） | 21.5 | 7.1 | 3.5 | 6.2 | 7.9 | 1.9 |

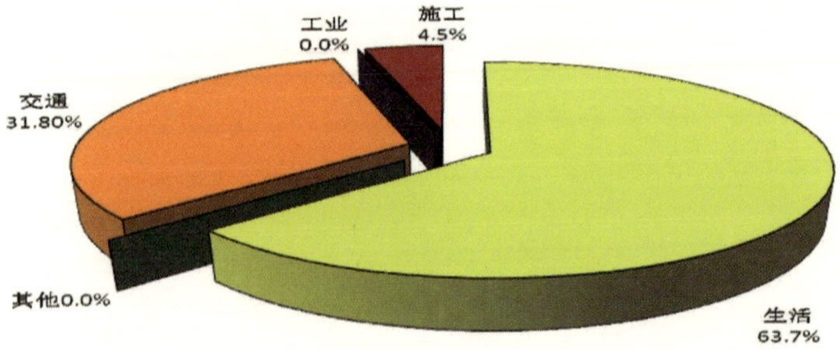


图 3 2013 年台江区区域环境噪声声源比例变化趋势图

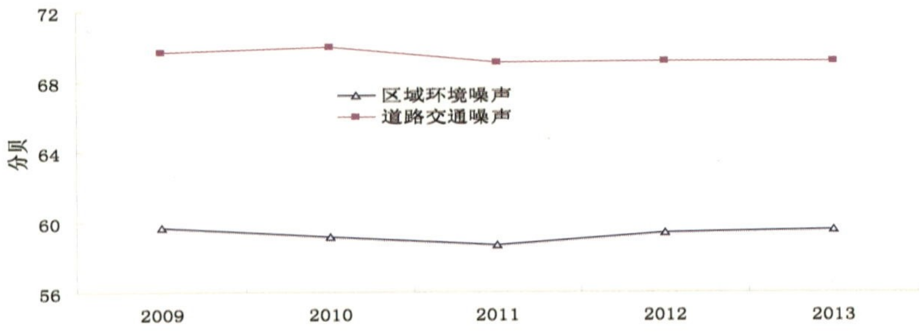


图 4 2009—2013 年台江区环境噪声变化图

## 环境整治

【环保专项整治】 开展环境安全百日大检查、大气污染防治专项检查、电动车废旧电池专项检查、整治违法排污企业保障群众健康环保专项行动、查处无证无照经营专项行动、高音喇叭专项整治行动、拆迁粉尘防治专项行动、禁煤专项检查等，出动环境监察执法人员 1200 人次，检查餐饮店、娱乐场所、电动车电池销售店等商铺 600 余家，拆迁工地 30 余处，立案查处 10 件。

【水环境综合整治】 推进闽江水环境综合整治，重点加强东南区饮用水源保护。“全球眼”系统对水源保护全天候监控，监控视频纳入公安部门“天网”监控网络；完成东南区水源地隔离围网建设，隔离围网东起东南区水源二级保护区边界（三孔闸），西至东南区水源一级保护区边界（闽江大桥），长度 1326 米。水源标志牌建设 28 面，其中道路交通警示牌 4 面、航道警示牌 1 面、宣传警示牌 6 面、隔离网宣传警示牌 15 面、车辆禁行牌 2 面。

【固体废弃物处置】 执行危险废物转移审批制度和转移联单制度，控制危险废物流向。辖区内医疗单位医疗废物院内收集、暂存，院内院外交接等程序符合规范要求。169 家区及区以下医疗单位签订医疗废物委托处置合同，安全处置医疗废物 74.9 吨。

## 环境监测

加密监测辖区内河等水质超标情况，审核质控数据，完成年度水、气、声等各项环境要素监测。编制完成《2013 年台江区环境质量分析报告》，每月向上级主管部门报送月质量通报，提供环境管理监测数据。3 月，完成环境空气自动监测系统升级改造，增加一氧化碳（CO）、臭氧（$O_3$）、PM2.5 监测设备，空气自动站按空气质量新标准开展空气全指标监测。10 月起，按照新环境空气质量标准报送二氧化硫、二氧化氮、PM10、一氧化碳、臭氧、PM2.5 指标监测结果（环境空气质量指数 AQI）。污染源监测报告 251 份，其中，废水 50 份，烟尘 4 份，噪声 171 份，监督性监测 13 份，建设项目竣工验收报告 13 家。

区环保局空气自动站 （区环保局 供）

## 环保宣教与环境信访

**【环保宣传教育】** 开展纪念“6·5”世界环境日宣传暨中华环保世纪行（台江）活动、“世界水日”和“中国水周”宣传活动、“关爱山川河流 建设美丽福州”志愿服务主题活动、“青春雷锋 美丽福州”福州市、台江区环境综合整治青年志愿服务活动等。环保进社区活动10多次，发放环保宣传手册4000余份、赠送环保小物品5000余件、展出环保漫画20幅。设立环保咨询台，受理并解答群众环境污染的投诉和问题，弘扬环境文化。

开展学校及社区环境宣教。创建区级及区级以上环境友好型学校37所，联合教育局组织区学校参加第六届福建省“绿色世界”少年儿童艺术创作大赛，获奖作品25个，其中一等奖2个、二等奖6个、三等奖5个、优秀奖12个；创建区级及区级以上环境友好型社区54个，与10个街道环保工作站联合开展环保宣传，张贴更新社区环保宣传版面600张，LED电子屏幕播放福州市扩大无绿色环保标志机动车限行区域、“6·5”世界环境日中国主题等环保信息。

“6·5”世界环境日环保宣传活动 （区环保局 供）

**【环境信访】** 畅通“12345”“12369”环保热线、值班投诉与网络投诉渠道，整治污染严重、群众投诉强烈的餐饮业与无证照娱乐业。年内，处理信访1005件，其中“12369”251件、“12345”648件、值班室投诉54件、数字化城市管理28件、各级政府督办件22件，政协提案2件，同比增长9%。开展重点、难点、重复投诉件回访，走访万宝、红星美凯龙、中亭街、元洪城、苏宁广场等商圈，开展系列活动12场次，服务对象近200人。实地查看，面对面沟通，解决企业环保困难和问题。

（黄伟滨）

（编辑 李秀丹）

# 建筑业 房地产业

## 建筑业

【概况】 2013年，台江区属建筑公司有建设投资管理中心、房地产开发公司、福州江滨建设开发公司3家。

区建工系统内建安企业建筑业总产值3.0341亿元，同比增长36.8%；施工面积23.6万平方米，竣工面积16万平方米；上缴税收1727.82万元，同比增长67.5%。系统内建材企业停产，靠房产租金维持运营。

区房地产开发公司开展三捷河、东西河整治、光明港一支河、太平汀洲等项目征收前期摸底及征收实施工作。征收摸底面积逾43.6万平方米，征收门牌1700余个，征收住户超过4800户，征收成本60亿元。其中，完成征收项目2个，征收面积2.38万平方米，征收门牌99个，涉征收267户，征收资金投入3.3亿元。

区江滨建设办公室与江滨公司实行“两块牌子，一套人马”管理运作模式，主要承担政府重点工程的征迁安置保障房建设任务。年内，有员工36人（含事业编制9人），大专以上学历26人，专业技术职称14人。逐步实现工作重心从单一承担政府工程的拆迁安置到综合开发的转变，培育新型市场，开拓融资渠道。

【建设投资管理中心】 建筑招投标　中心及直属城建开发公司3个项目公开招投标，中标金额1048.8万元。各建安企业参与投标163次，中标29个项目，中标金额7435万元。

代建工程　科技电子商务中心（海峡电子商务产业基地二期）建设项目，总投资额约3.3亿元。3月26日，区城市建设综合开发公司参与土地竞标得地。完成建设用地规划许可、用地批准书、总平、管综及环评等前期建审手续，开展现场勘察、试桩以及施工用水用电申请等。承接环境景观综合整治项目17个，包括晋安河沿线、五一路沿线、滨河路、国货西路、五金机电城及鳌峰路等道路沿线整治项目，工程总投资约6000万元。年内，完成全部整治工程。

质量与安全监督　组建现场工程部，实时监督工程施工，督促整改，促进工程项目规范、安全、高效施工，无安全生产事故。

（郑　真）

【房地产开发公司征收改造项目】

三捷河地块旧屋区改造项目　地处上下杭地块，东起中亭街，西至隆平路，整治工程涉及两岸房屋门牌90个，征

海峡电子商务呼叫中心　（区委宣传部供）

收面积 1.2774 万平方米，被征收产权户 204 户，房屋征收成本预估 2.8 亿元。195 户被征收户签订征收补偿协议并搬迁，签约率 95.59%，9 户被征收户未签协议搬离。

东西河综合整治房屋征收项目　涉及被征收门牌 9 个，房屋总建筑面积 6958 平方米，需就近安置房源 5025 平方米，异地安置房源 6420 平方米。11 月 12 日，市水环境建设开发公司出具评估结论并修正风险评估报告。

工业路旧西客站地块项目　位于工业路旅游集散中心，涉及门牌 62 个，户数 143 户，总面积 1.769055 万平方米，其中，营业面积 1301.87 平方米，成套房面积 657.53 平方米，私房面积 9631.15 平方米。

光明港一支河征收项目　涉及征收面积 3773.81 平方米，项目签约期 2013 年 9 月 18 日截止，住户签约完毕。

太平汀洲旧屋区改造项目　位于义洲街道太平、南禅社区地段，东至洋中路、南至延平路、西至白马南路、北至工业路，占地 23.7478 万平方米，征收门牌数 1415 个，征收住户 3920 户，征收范围内总建筑面积 39.1838 万平方米。

（石　鑫）

【福州江滨建设开发公司】　安置房建设　建成区限价房鳌港苑三期，建筑总面积 5.7487 万平方米，完成产权和土地总登记。红星苑一期（金融街拆迁安置房），建筑总面积 19.8746 万平方米，完成产权和土地总登记。建成市区重点项目红星苑三期，建筑总面积 18.4943 万平方米，完成发电机组采购及楼宇智能化工程招投标、管线铺设与室内大厅装潢、绿地景观建设等。

景观综合整治　基本完成西二环路、上浦路的立面景观整治。

质量与安全监督　完成每季度大检查、季节性大检查、重大节假日前大检查、灾害性气候前大检查、安全生产月大检查、起重机械和关键岗位以及监理检查。每周五现场组织质量安全分析会，强化现场监管，对存在问题限期整改。未发生重大安全生产事故。

建筑节能　框架采用剪力墙结构体系，预制管桩基础；墙体采用岩棉、玻璃棉、聚苯乙烯塑料、聚氨酯泡沫塑料及聚乙烯塑料等新型高效保温绝热材料以及复合墙体，降低外墙传热系数；屋面采用高效保温材料、架空型保温、浮石沙保温与倒置型保温等节能屋面。

（陶小红）

# 房地产业

【概况】　2013 年，启动台江区历史文化街区保护性开发（上下杭）地块征收，涉征范围（不含三捷河地块征用范围）北至延平路、南至中平路、东至高顶路和三通路、西至隆平路和白马南路。年内，区房管局获“福州市 2013 年度重点项目建设先进集体”称号，产权交易登记窗口被授予“福州市文明示范窗口”称号，第二房管所被评为“福州市五一先锋岗”。

【产权登记与交易、产籍管理】　房屋登记　3 月，受理房屋登记 1882 起，同比下降 12.5%；交易成交面积 14.13 万平方米，同比增长 28%；成交金额 2.38 亿元，同比增长 72.4%；协征契税 340.97 万元，同比下降 26.7%；代征登记费、手续费等 43.49 万元，同比下降 24.8%；代征一般营业税等 201.25 万元，同比下降 28.5%。办理租赁合同鉴证建筑面积 1313.18 平方米，收取鉴证手续费 3.3534 万元。

历史遗留房屋产权登记处理　按照商品房与拆迁安置房、政策性房产、涉及法律纠纷抵押以及个人办证四类型梳理分析，跟踪落实群众反映强烈、经市“两权证”（产权证、土地证）例会议定的拆迁安置房遗留办证项目。涉及义帮洲一期安置房同德园 13 号楼、义洲新区 12 号楼及义帮洲二期安置房 5000 多户，其中义洲新区 12 号楼涉及 119 户完成产权初始登记手续；义帮洲二期三保园、乃裳园（10—12 号楼）、汀洲园、锦标园约 2000 户完成测绘数据备案，转入产权初始登记；开展乃裳园（1—9 号楼）、彬德园、河下园测绘；核对北兴园、万侯园涉及规划变更等问题数据；登记鑫达富第小区安置户 252 户入住 10 多年无法办理安置房产权证（因开发商破产未办妥相关手续无规划验收）。

个人住房信息系统建设　重新核对，补录房管局早期权证信息 4329 份。对存放房管局 4500 份纸质房产信息原件完成扫描与补录。推进房地产纸质档案数字化进程，完成政务数字证书申请等。参加市中心新系统运行调试，投入 6 万元完善房管局房屋登记系统异地容灾数据备份、系统优化及配备身份证识别器等。

【房屋征收管理】　办理高桥西路西段道路工程等 13 个项目前期手续，其中协助征收实施单位向被征收人征求关于上海东兰花路及规划支路工程、高桥西路西段道路工程、光明港一支河综合整治、光明港二支河综合整治等 7 个项目房屋征收补偿方案意见；发布房屋征收补偿方案告知书 1 个项目；发布房屋征收补偿方案征求意见告知书 1 个项目；发布鳌光路道路工程、群众西道路工程、闽江二桥桥北立交改造及周边道路工程、福州市第一医院周边范围内房屋 4 个项目评估机构选取情况告知书。

启动台江区历史文化街区保护性开发（上下杭）地块征收，涉征范围（不含三捷河地块征用范围）北至延平路、南至中平路、东至高顶路和三通路、西至隆平路和白马南路，主要涉及后洲、苍霞两个街道龙岭、上杭、下杭和田垱等，涉及门牌号887个，总占地面积31.83万平方米，征收户数4076户，征收建筑面积约40万平方米。10月4日，征收工作进场；10月10日，按抽签预约方式签约搬迁；年内完成征收协议任务数97%。完成2012年地铁枢纽大厦及地铁1号线达道站地块遗留户搬迁工作。完成翁排龙祥小区160多套安置房、福州电厂二期地块安置亿力江滨回迁交房。完成中央商务区一期地块安置福机第一生活区1000多户，发放拆迁户过渡费2000多万元。

**【公房管理与住房保障】** 受上下杭历史文化街区保护性开发地块征收工作影响，区范围拆除公房近9.1万平方米，年内租金收缴749.5万元，同比下降7.2%；完成4个街道（后洲、苍霞、义洲、新港）重点棚屋区老化电线及开关改造工程，投入财政经费100万元。受理廉租房申请507户，公租房申请380户。修缮5341起，投入修缮资金253.03万元，修缮面积16.06万平方米。审批发放1998年12月1日以前参加工作（已购房）职工201人住房补贴，1998年12月1日后参加工作职工131人住房补贴，金额570.62万元。

**【物业管理】** 成立小区业主委员会4个，核定三级（暂定）资质4件，受理企业法人、注册地址变更6件；结合创建文明城市工作，检查小区97个，发出整改通知书263份。综合整治旧住宅小区73个，投入专项资金2000万元（其中100万元用于棚户区消防改造）。

（陈平平）

（编辑 李秀丹）

# 交 通

## 城区路桥建设

瀛洲路道路改造工程，全长350米，规划红线宽度18米，为步行街。工程内容包括道路、给排水、综合管线、路灯、绿化、电力及交通设施等附属工程，估算费用962万元。市市民服务中心东侧规划道路，起点高桥路，终点接现状广达支路，全长180米，宽度12米。工程内容包括道路、给排水、综合管线、路灯照明、绿化、交通和安全设施等附属工程，总投资1233万元，其中，工程建设费用317万元，建设用地费用916万元。白马南路、交通路、儿童公园路、文化宫正门通道等城市道路建设项目改造完工。

## 个体运输

【概况】 台江区个体运输主要由台江客运联合公司经营，企业隶属建设局，系客运服务性单位，固定资产175余万元，出租车639部，其中个体挂靠管理579部，企业自有承包车60辆。

【出租车管理】 开展交通安全综合整治“三年行动”，办班教育培训驾驶员1020人次，办班教育培训新上岗出租车聘用司机和交通运政司机108人次，教育出租车驾驶员2.25万人次。群发安全行车宣传标语短信4.8141万条，LED显示屏曝光违法出租车行为，设立宣传栏宣传交通法律法规及安全行车要求。维护交通和营运秩序，督导出租车文明经营，规范服务，强化安全运政教育，实行违章司机退出机制，净化营运市场。8月22—25日，创建全国文明城市迎评活动期间，全体车主及驾驶员分8场学习教育，教育面100%。出租车三天一进站，检查整改车容车况，做好车辆卫生清洗保洁，车容车况合格率100%，进服务站出租车 6.83万辆次，整改出租车319辆。

【出租车服务】 根据省财政厅通知精神，做好2012年度成品油价格改革财政补贴清算资金及2013年度预拨补贴资金发放，补贴对象登记造册，向实际用油者发放油价补贴资金489.5379万元。为有客运出租运输服务资格人员办理服务监督卡1489本，办理车辆更新、过户130次，督促二级维护到期车辆按时维护639辆次。

（区建设局）

（编辑 何嘉芳）

# 邮政通信与政府信息化建设

## 邮 政

【概况】 2013年，城南营业局台江片区邮务收入863.22万元。建成便民服务站113个，形成便民服务网。

【邮政业务经营】 全年邮务类收入863.22万元。其中，函件业务收入634.18万元；国内普通包裹业务收入27.2万元；集邮业务收入175.46万元；电子商务业务收入26.38万元；代理速递业务结算收入80.72万元。

【邮政便民服务站】 建成便民服务站113个，形成布局合理的便民服务设施网络，方便群众办理各项公众服务缴费、飞机票等票务预订，扩大邮政基础业务功能。

【邮政金融服务】 以“项目带动是根本，基础客户是核心，服务至上是保障，团队作战是能力”为原则，实施“三进五优”（进企业、进社区、进商户；老人客户、商贸结算户、中小企业主、代发工资户、特色项目，5类优质客户）营销，推进客户转型。

（于 晨）

## 中国电信

【概况】 2013年，台江区电信局经营收入2.6亿元，同比增长3.52%。小桥营业厅获得“市文明窗口”称号。

【通信业务】 天翼用户13万户，天翼流量经营保持全区领先；宽带用户超2万户；区域内专营门店55个，同比增加14个；百分百网格化经营覆盖。

完成区各街道办事处“智慧街道”信息化签约。3月13日，在东街信息广场举办“智慧城市，海西领航”信息化成果巡展；11月26日，完成区委政法委综治网格社会服务管理系统升级项目签约；12月31日，完成旭日幼儿园“智慧幼儿园”项目签约，打造首家省级示范幼儿园“智慧幼儿园”标杆校。

【网络建设】 光纤覆盖小区或楼宇165个，3.9万户，覆盖率90%以上；新建9个室外站点，提升3G信号覆盖能力；配合“智慧校园”建设，完成25所学校合作建设项目；协助实施区教育局高清全球眼升级，实现40所学校102路标清全球眼升级为高清摄像头；开展宽带精品网建设，完善各项装维规程，缩短装维响应时限。开展宽带用户引入线整治并借助雅思亚DSL评估系统进行全程效果评估，提升网络稳定性。

【客户服务】 践行“金牌宽带”五项承诺服务，采取“建立区、分局二级调度体系”“强化装维业务考核”“装维服务升级管理”“做好装维队伍能

3月13日，举办信息化成果巡展 （中国电信台江分公司 供）

力提升”等方式，提升宽带客户满意度。建立客户全业务维系体系，以天翼业务为核心，提升3G业务满意度。在营业厅、装维末梢服务两大服务接触点，开展服务主题活动，优化完善服务流程，创新服务方式，各级营业开通易信、微信、微博等3种新型服务方式，提升FTTH装维服务能力，实施“服务领先”战略。全年全业务万用户投诉率18.1%，宽带装移机履约率99.5%，宽带修障及时率97.8%。

（吴 娜）

## 中国移动

【概况】 2013年，中国移动福建公司台江分公司存量客户保有率82.92%，通信用户份额62.98%。手机上网流量同比增幅71%，无线上网收入0.75亿元。

【网络建设】 开展2G/TD结构性优化项目、TD专项整治、网络“百日攻坚战”等，改善网络质量。2G、TD健康度分别较年初提升10分、13分。搭建网络投诉三大管理体系、采用“拆闲拼站”模式、开展投诉黑点专项整治等，满足刚性覆盖需求，解决长期热点投诉区域7处。

【通信保障】 制定《台江分公司防汛抗台简明指导手册》，构建应急通信网络体系。参与“苏力”“潭美”“天兔”等超强台风抢险救灾保障工作。全年出动应急通信保障车辆8辆次，抢险车辆85辆次，抢险保障人员113人次。

【客户服务】 “突破136”服务提升工程针对“促销、新业务、流量、热线外呼、网络覆盖”等显隐性不满意客户群体，搭建不满意客户修复体系。12月，回访客户评价满意率76%。组织暗访监测、明察走访、满意度调查和投诉跟踪分析，强化营业厅服务过程管理。建立全区投诉处理质量评估体系，开发营销投诉热点分析应用平台，深化服务质量分析。热难点问题投诉103件，解决率92%。

【市场拓展】 围绕“存量经营、流量经营、集客经营”三大驱动力，强化市场竞争力。全年存量客户保有率82.92%，通信用户份额62.98%。启动互联网电视业务试商用活动，移动铁通宽带净增客户与收入分别同比提升36.18%、23.14%，家庭客户规模逐步扩大。电话用户全部真实身份信息登记。开发应用栅格化分析法，搭建四网协同平台，加强TD智能终端销售等，手机上网流量同比增幅71%，无线上网收入0.75亿元。

青年文明号“情满后洲 传递温暖”主题活动

（中国移动福建公司台江分公司 供）

【信息化建设】 关注专业市场与重点行业，实现行业信息化规模拓展。政务合作台江区政府电子政务改造项目、省人民医院一卡通等中标。依托省市县项目联动机制，集团专线、集团WLAN等规模拓展。

（檀凌颖）

## 中国联通

【概况】 2013年，联通台江营销部主要经营移动通信、固话、宽带、互联网接入及应用、数据通信及增值业务等，是台江区主要综合通信与信息服务提供商。年收入突破1.4亿元，同比增长超30%。移动在网用户突破16万，宽带用户突破2万，同时为台江集团用户提供网元、集团语音等服务。

【网络建设】 与249个国家和地区的576个运营商开通漫游业务，与其中188个国家和地区的439个运营商开通WCDMA 3G数据业务和GPRS数据业务。网络覆盖以WCDMA 3G网络为主，开通升级到HSPA+ 42M网络服务，无缝覆盖台江全部区域，总3G基站数256个。

【市场营销】 以市场为导向，以客户为中心，为社会提供综合、便利、特色电信服务。3G增值应用业务，带来客户消费结构性变化，促进社会信息化向个人化、宽带化、智能化、信息化方向发展。

市教育局、中国联通福州市分公司“战略框架合作仪式”台江分会场

（中国联合网络通信有限公司台江分公司 供）

【客户服务】 台江联通营业厅开展“消费请客户放心，服务让社会满意”活动，规范经营，诚信服务，提升通信服务质量水平，要求客户到厅满意率达100%。遵守中国联通八项服务承诺，提升窗口服务质量，截至12月，回访到厅用户满意率达到92.3%。

（林 敏）

## 政府信息化建设

【概况】 建成信息化项目机关OA办公系统、网上行政审批和效能监察系统、网上行政处罚和执法监察系统、效能电子监察总监控室、国库统一支付系统、数字城管系统、社区网格化管理系统。

【政务信息化】 发挥政府网站政务服务功能 升级改版“中国台江”门户网站，完善网站功能、丰富内容，定期发布信息资料，方便公众查询。按照省市政府要求，网站显著位置设置政府信息公开指南与目录、依申请公开、政府信息公开制度规定、政府信息公开年度报告、政府信息公开意见箱栏目。设置单位信息管理员，下放后台管理权限，便于各单位及时录入、更新信息。年内有要求政府信息公开的单位都在“中国台江”门户网站发布相关信息。

效能电子监察总监控室建设 电子政务平台建设辐射全区政府信息公开单位，效能电子监察总监控室建设实现对全区网上审批、行政处罚、市民诉求网络办理和对全区各服务窗口实行统一电子监察监控，提升综合电子监察功能和效能。年内，梳理并公开政府信息公开事项36项、行政职权事项249项、便民服务事项10项。梳理上网公布行政处罚事项4386项，处罚档次细化为1.3158万个条款。

推进“政务向服务发展”进程 延伸建立便民服务窗口电子监察监控点33个。深化公共服务内涵，便民服务向基层文化服务、医疗卫生服务、特殊弱势群体上门服务、企业投资者项目代办服务等拓展延伸。

开展政务公开和政务服务全国试点工作 年内台江区作为福建省4个参加全国试点县区级单位之一，依托电子政务平台深化政务公开和政务服务试点，实现政府信息公开、行政权力公开透明运行，为经济、社会发展、为人民群众提供政务服务，推进服务政府、责任政府、法治政府、廉洁政府建设。

行政权力阳光运行平台建设 完善网上审批、网上行政处罚、市民诉求网络系统和区政府行政服务中心“一条龙”公共服务等平台，贯彻执行规范程序、办事公开、限时办结、联合会审、效能监察等制度，提高服务企业、服务群众办事效率，增强政府公信力。出台《台江区网上行政处罚及执法监察系统工作方案》，对全区28个区直部门行政职权全面梳理，依法确认行政权力项目1466项，细化、量化为3575个行政处罚档次标准，网上向社会公开；对区属19个单位380多名各类执法人员姓名和执法有效证号等执法合法身份的认定情况网上公示。

【数字化城市管理平台建设】 按照“统一规划设计、统一技术标准；统一受理交互、统一服务支撑；保障九个子系统基本应用、支持模块化扩展接入；整合资源、综合应用”要求，建设台江区数字化城市管理平台，整合信息化资源，提升城市数字化综合管理能力、应急指挥能力和公共服务水平。利用数字城管系统、社区网格化管理系统、空间地理数据库建设等现有成果，整合资源，建设全区城市综合管理服务平台。包括9个城市管理服务子系统的城市综合管理服务平台，在城市综合管理中发挥应对突发事件及自然灾害的应急决策、指挥与处置作用。

（郑紫薇）

【数字化城市管理系统建设】 全面运行完善“数字城管”系统，建立精细化、常态化长效管理机制，形成全面、清晰、规范城市管理体制。区20个专业处置单位参与数字城管系统，受理案件4.4639万件，其中4.3402万件结案，结案率97.23%。办结城市部件养护案件1221件，办结市容环境治理案件4.2181万件。

（区建设局）

（编辑 何嘉芳 李秀丹）

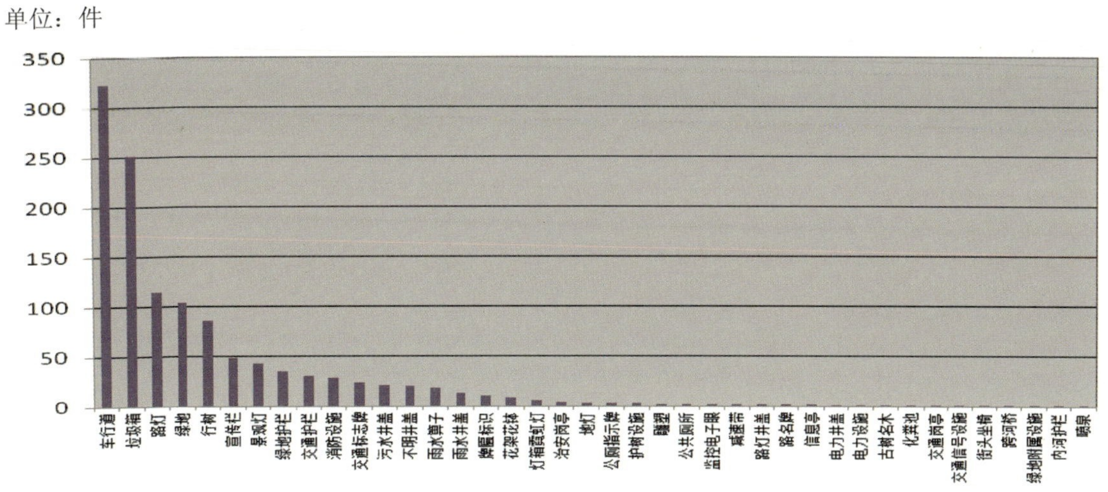


图5 城市部件养护明细图

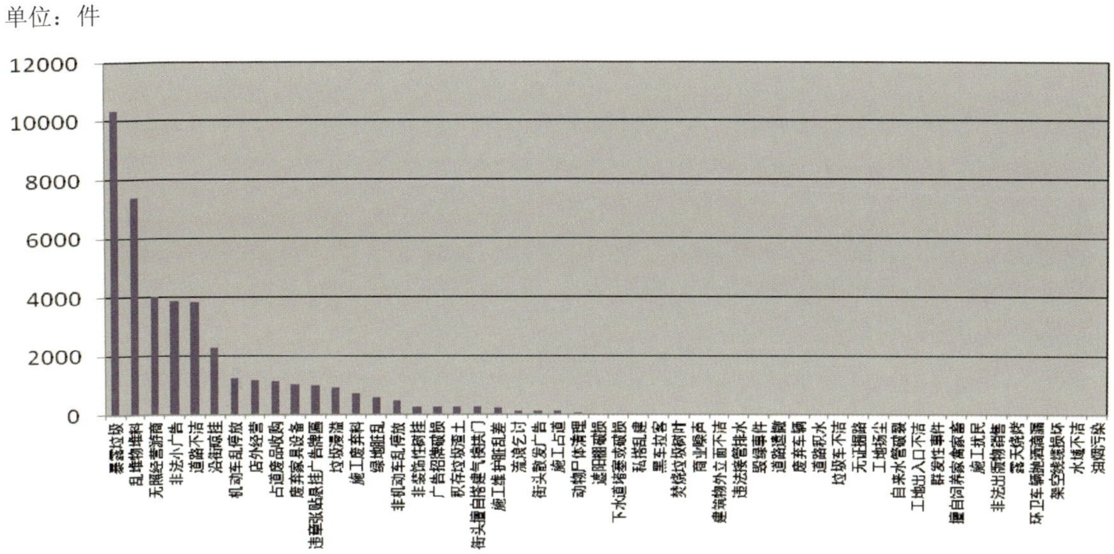


图6 市容环境治理明细图

# 商务区建设

## 闽江北岸中央商务区

【概况】　福州闽江北岸中央商务区是福州市重点建设项目，复合型功能组合（精英商务平台、区域标志商圈、星级会议酒店、成熟生活社区等四大功能），位于宁化片区，西起上浦路，东至西二环路，南临闽江，北至工业路，用地面积109.47公顷，可出让面积49.73公顷。

【招商引资】　2013年，出让地块面积30.622公顷，苏宁电器集团、万科集团、升龙集团、三迪地产、融侨集团、阳光集团、福晟集团、富力集团等9家知名企业以及海峡图书馆项目进驻。

【项目建设】　年内在建项目9个，其中，封顶2个（阳光假日广场、海峡金融大厦主楼）；基础施工3个（海峡图书馆、福晟钱隆广场、升龙环球大厦）；上部结构施工3个（万科金域花园、融侨江滨广场、三迪·联邦大厦）。9月30日，苏宁城市广场一期开业。富力地产项目尚未交地。

## 海峡金融商务区

【概况】　福州海峡金融商务区位于鳌峰片区，西起长乐南路，东至九孔闸，南临闽江北岸，北至鳌峰路，扩区后用地面积105.73公顷。其中，一期西起长乐南路，东至台江万达广场，占地面积63.47公顷；二期西起台江万达广场，东至九孔闸，占地面积63.33公顷；周边项目占地面积23.93公顷。

【招商引资】　2013年，出让土地71.024公顷，入驻项目29个，总投资347.440亿元，总建筑面积约300公顷。截至12月，12家区域金融总部机构入驻，3家国企央企入驻，11家知名企业入驻开发。

【项目建设】　年内入驻项目29个，其中，建成1个（台江万达广场）；封顶9个（申发大厦、百联大厦、升龙大厦、恒丰大厦、华班大厦、金座大厦、交通运输物流信息大楼、水晶花园、天御城）；上部结构工程施工2个（建行大楼、海峡银行大楼）；基础施工5个（招商银行大楼、兴业银行总部大楼、福州农商行大楼、进出口银行大楼、中捷大厦）；序时推进香江万里小区建设，未动建2个，未交地9个。

（卓文达）

（编辑　李秀丹）

海峡金融商务区　　（陈蒲　摄）

# 对外及港澳台经济贸易

## 利用外资及港澳台资

【概况】 2013年，全区对外及港澳台经济贸易主要体现在利用外资及港澳台资上，新批外商及港澳台商投资企业22家，合同外资及港澳台资2.4257亿美元，同比增长5.39%。全年实际到资9789万美元，同比增长0.92%。其中，引进香港投资项目6项，合同港资6990万美元；引进台湾投资项目11项，合同台资1.5627亿美元。行业主要分布在金融业、批发零售业。

全区进出口总额9.47亿美元。出口总额7.28亿美元，同比增长28.84%。进口总额2.18亿美元，同比增长85.97%。

【外商及港澳台商投资项目】 新批外商及港澳台商投资企业22项。其中，金融服务业1项，金额1129万美元；批发和零售业18项，金额2.2337亿美元；制造业2项，金额461万美元。投资项目主要来自中国台湾地区、中国香港地区和澳大利亚、美国、荷兰、塞舌尔、匈牙利等国家。

【重大利用外资项目】 新批总投资1000万美元以上项目12个，合同外资2.3689亿美元，占全区合同外资总量的97.66%。列入市重点跟踪项目的郑和国际金融大厦、凯拉特实业获批，合同外资3500万美元，占年合同外资总量的14.43%。

【“5·18”海交会与“9·8”投洽会】 第十五届“5•18”海交会，区签约外资及港澳台资项目12项，总投资1.785亿美元，利用外资及港澳台资1.77亿美元。第十七届中国国际投资贸易洽谈会（下文简称“9•8”投洽会）签约外资及港澳台资项目10项，总投资1.9299亿美元，利用外资及港澳台资1.5701亿美元。

（江 锋）

（编辑 李秀丹）

# 科学技术

## 综 述

2013年，台江区科技工作围绕区委、区政府工作思路，发展电子商务、改造提升传统产业、搭建科技服务平台、加快科技成果转化。

8家科技型企业与省内3家高校、2家科研院所建立产学研开发关系，腾新食品鱼糜制品加工技术研发分中心研发的老滕家系列等27项新产品通过国家科技部验收。指导、推动自主知识产权科技企业申报国家高新技术企业认定。扶持科技型中小企业技术创新，探索科技创新机制。

探索为企业提供育成、指导、服务等特色功能，建设“九大中心、三个平台、一支基金”。海峡电子商务产业基地入驻企业56家，注册资金7.2亿余元，电子商务交易额近30亿元。

## 科技创新体系建设

【产学研用一体化机制建设】 福建鼎天农业科技有限公司与福建农林大学合作研发农业生产信息采集控制一体化设备，申报国家、省级科技创新项目3项。福建一丁智能科技有限公司与闽江学院签订合作开发协议，企业利用高等院校技术、人力以及技术成果，高校利用企业生产条件，提高学校科研能力，促进科研成果转化为生产力，公司年增产值1350万元。

【科技创新机制】 针对电商相关企业，探索提供育成、指导、服务等特色功能，建设“九大中心、三个平台、一支基金”，即“931”核心工程。其中，九大中心：电子商务高级管理与团队运营培训中心、电子商务战略咨询与专家服务中心、电子商务用户呼叫与技术外包服务中心、海峡电子商务与物联网商务融合创新研究所、海西移动商务模式创新研究中心、电子商务评测中心和监理中心、海峡电子商务育成中心、海峡电子商务物流运筹中心、电子商务风险投资与平台上市服务中心；三个平台：海峡电子商务“云”服务平台、海峡商通电子商务交易支付平台、海峡电子商务安全交易保障平台；一支基金：海峡电子商务创业投资引导基金。扶持科技型中小企业技术创新、科技成果转化与产业化，补助技术含量高、创新性强、市场前景好、经济效益显著、有一定影响力的科技项目。

【科技企业研发中心建设】 5家企业研发中心通过省科技厅认定。福建省抗生素药物工程技术研究中心建筑面积0.1748公顷，配备国际国内先进研发设备、仪器800余台（套），新增56台，年度研发经费占公司同期销售收入3%以上，获得专利证书5项。腾新食品鱼糜制品加工技术研发分中心研发的老滕家系列等27项新产品通过国家科技部验收。

## 高新技术企业

高新技术企业16家，其中新通过立方体信息、鼎天农业、数创电子3家，区科技局分别给予3万元奖励。复审福建智恒电子、福州百仕韦医疗器械有限公司2家高新技术企业。福州中园塑胶、福州西汉园林制品有限公司申报国家高新技术企业认定。福建省一丁智能有限公司等10家科技型企业通过技术创新备案，其中福建森润达软件、福抗药业有限公司等4家通过技术创新认定。

## 科技成果管理

【企业科技成果转化】 推荐金钱猫电子、康为网络、毅康网络等5家企业申报国家级中小企业创新基金项目。6家企业参加“6•18”项交会，3家企业现场参展。福建百仕韦、福州中园塑胶、福抗药业等5家企业申报2013年“福州市知识产权示范企业”。区内福建顶点软件股份有限公司、福州市建筑科学研究所等3家获省、市科技项目经费扶持110万元。

【企业科技项目申报】 推荐安排科技计划项目扶持、配套、奖励等19项，272.5万元。组织企业申报国家、省、市各类科技计划项目。区科技企业获各类科技项目5项，配套经费155万元。其中福州市建筑科学研究所获福建省科技计划项目平台建设配套经费65万元，福建顶点软件股份有限公司《基于SOA的证券金融投资者营销与服务平台》项目获福建省科技厅颁发2013年省科技进步三等奖。

## 知识产权培训

3月、9月，与市知识产权局、博深专利代理事务所、君诚专利代理事务所合作，组织“2013年台江区知识产权质押贷款工作培训”。提升企业自主创新意识，重点指导福建鼎天农业科技、福建顶点软件股份有限公司。

## 海峡电子商务产业基地建设

【基地招商】 签约入驻企业56家，注册资金7.2亿多元，电子商务交易额近30亿元。制定《“中央第五街”海峡电子商务产业基地入驻考核标准》，印制招商手册1000册。“中央第五街”办公楼作为海峡电子商务产业基地二期。

【综合服务】 对签约入驻基地企业，协调金融、工商、税务、通信及消防等部门，做好后期服务。1月，基地协助市红十字会与基地企业成立“福建三特公司红十字会”，举办“博爱温暖2013”系列公益慈善活动；2月，三特公司建立电商企业党支部。基地按照“政府引导、市场化运作、服务企业、资源共享”原则，建设区电子商务公共服务平台，为基地企业提供信息查询、科技创新、法规标准、管理咨询等方面服务。

【企业扶持】 鳌峰小学空置操场约0.22公顷作为“乾坤车城网”线下汽车展示体验店场所，5月，展示厅建成投入使用。鳌峰小学原教学楼作为福建榕金实业有限公司电子商务配套展览展示中心。万达原售楼部租赁福建开元辉宝电子商务有限公司汽车展示及办公场所使用。

（陈嘉强）

（编辑 李秀丹）

# 教育

## 综述

2013年，区属小学21所，中学5所，职业学校1所，特教学校1所。全区省三级达标中学1所，省示范小学1所，省示范幼儿园1所，市示范幼儿园7所，区示范幼儿园14所。公办幼儿园10所，民办园58所，部门园1所，街道中心园4所，培训学校（中心）18所。小学生2.118万人，初中生4796人，高中生888人，职业高中生538人，特教学生105人，在园幼儿1.2236万人。在职教职工1893人，其中幼儿教师201人，小学教师1068人，中学教师491人，中等职业学校教师 79人，区教师进修学校26人，特教教师28人。全区普通高中、职专、初中、小学、幼儿专任教师学历合格率均100%。规范网上审批程序，审批3所培训机构，变更事项13项；开展民办校园年检；开展幼儿园精细化规范化管理工作。建立“送教上门”制度，3位骨干教师上门服务区户籍4名重度残疾学生。

## 学前教育

建成洋中园新园，扩容宁化、凤乐、上海园，改造提升瀛洲、建海、凤凰和新港街道中心园，增加公办学额800个。鳌峰园获评市级示范园，义洲园、苍霞园、洋中园获评区级示范园。教育直属10所公办园三级示范园全覆盖，通过市教育局“学前三年行动计划”专项督导检查。开展园本教研，每学期举行教学开放日、优质课评选及评新秀活动。

## 初等教育

小招继续执行“划片招生、就近入学”总原则，初招实行“中小学相对就近对口入学”总体方案。一年级招生计划77班3850人，实际招生84班4097人，超市局3800人招生计划数。小学毕业生3596人报考初中校，其中3093人参加对口安排初中入学。

## 普通中学教育

9月29日，辖区小学五年级、初中九年级部分学生接受国家抽测，通过“基础教育质量”监测，区教育局获评“基础教育质量”监测组织工作先进单位。区五所中学、回台江区原籍及往届生参加市中考1594人。十五中、三十六中、三十八中获市教育局初中素质教育目标考评表彰，十五中作初中中考质量经验介绍。

## 中等职业教育

教育费附加1200多万元，用于外贸职专校加固改造及专业实训设备添置，专业实训教室27间。区属职专获福州市第八届中职校学生职业技能竞赛一等奖4个，二等奖11个，三等奖24个，团体总分列福州市中职（技工）学校第7名。4位学生代表福州市参加2013年福建省职业院校技能大赛，获二等奖1个，三等奖3个。1人入选福建省代表队参加2013年全国职业院校技能大赛，获服装设计与工艺项目比赛三等奖。

（区教育局）

（编辑 涂江华）

# 文化 出版 传媒

## 公共文化

【概况】 2013年，台江区文体局以“坚持先进文化引领”“不断提升文化惠民能力”为主导思想，以继续完善公共文化服务体系构建为工作重心。开展“多元化”文化活动，举办舞蹈、钢琴、书画等培训班，培养学员600人次。加强区民间乐团、十番乐团、百合艺术团、少儿舞蹈团、十番乐队、凤之旅女子打击乐团、滨江艺术团等民间文艺队伍建设。区图书馆获评“国家二级图书馆”。

【群众文化活动】 以区、街道、居委会（社区）三级文化阵地为依托，以“闽味文化”为特色，以江滨公园、社区文化广场为活动场所，开展“多元化”文化与交流活动，社区居民参与。元旦，举办新年音乐会；春节、元宵节，举办民间文艺展演及民俗踩街、花灯展示活动；劳动节，举办外来工系列文化活动；国庆节，举办综合晚会与歌咏比赛等。全区民间文艺队伍36支、激情广场等群众队伍20余支，先后举办“江滨大舞台，想唱你就来”“文明小戏进社区”“激情夏日纳凉晚会”等主题活动。

【文化惠民工程】 在全民健身路径全覆盖基础上，修建2个社区多功能运动场所，节假日开展群众体育健身活动，8月8日—11月24日，举办区首届全民健身运动会。区图书馆、文化馆、博物馆全年免费对外开放。开展文物普查，公布全国第三次文物普查区不可移动文物保护单位名录。完善三级文化网络与北江滨文化繁荣带建设，定期组织文艺培训。成立合唱团、舞蹈队、器乐合奏团等表演团队。开展“世界读书日”“国际博物馆日”“文化遗产日”相关主题系列活动。

【图书阅览服务】 区图书馆采编上架新书7000余册。读者到馆率、借阅率以及图书馆活动参与度等得到提高。

【文化交流活动】 区文化馆民间乐团、十番乐队、少儿十番音乐培训基地等，先后应中国香港地区文化传播中心、中国台湾地区马祖云台协会邀请，参加十番音乐交流活动。区文化馆民间乐团，应邀到上海、香港等地参加“朱家角水乡世界音乐季”、江西电视台建台25周年文艺演出、浙江舟山“泛太平洋地区渔歌邀请赛”，以及香港青年文化艺术节等。

“激情广场大家唱”走进社区　　（区文体局 供）

## 文化市场

【概况】 2013年，区文化市场经营户年检完成。其中，文化娱乐场所31家，网吧31家，出版物经营户62家，印刷厂10家，打字复印店21家。经营性演出备案8场次。行政许可受理30件。

【市场稽查与综合执法】 区文化市场综合执法大队受理“12345”举报投诉6起，出动执法人员2200余人次，立案查处13家网吧，收缴罚款6.20万元。专项整治网吧游艺娱乐场所，网吧“网格化”管理，分片包干，责任到人，日常巡查与专项整治结合，错时巡查与“三重”巡查结合，全区聘请“五老”网吧监督员93人。开展“扫黄打非”专项整治行动4次。收缴盗版图书2020本、音像制品1380盘。

【宣传与培训】 执法人员执法能力、办案能力培训3场，学习文化市场管理相关法律法规、业务知识，集体评审案卷、集体讨论案情。每月业主例会以会代训，学习文化市场法律法规以及安全消防培训、排除安全隐患。

## 非物质文化遗产

“非遗项目”国家级名录1项、省级名录3项、市级名录1项、区级名录55项；国家级传承人1名、省级传承人4名、市级传承人3名、区级传承人33名；市级非遗传承培训基地4个、区级非遗传承培训基地5个。出版十番音乐专辑（音像制品）1碟，举办“非物质文化遗产”进校园、十番音乐专场演奏会、陈文龙信仰“尚书公出海”等活动。

## 文博事业

【概况】 2013年，区博物馆完善相关观展与规范化管理制度，发挥爱国主义教育基地与青少年文化活动基地功能，区博物馆及其下属4个展馆（古田会馆、民俗馆、琉球馆、陈文龙纪念馆）免费开放，接待参观约8万人次。成立全国可移动文物普查领导小组。

【古桥修缮】 配合市文物局设计白马桥、彬德桥古桥修缮方案及整体修缮。3月，古桥修缮通过省市文物部门验收，投入使用。

【上下杭保护与改造】 区文物保护人员到拆迁区域采集文物资料拍照、留档。配合福州名城保护开发有限公司，申报审批三捷河沿岸文物点先期调研及修缮文物点图纸。至年底，福州商务总会旧址等文物保护单位完成修缮工程招投标，施工负责单位——福建省建筑科学研究院施工人员进场。陈文龙尚书庙、观音庵重点文物保护修缮规划、立项。

【博物馆展览】 5月16、24日，区博物馆在台江第五中心小学、台江第一中心小学举办“传承文明，发现未来”“5•18”国际博物馆日图片巡展。

6月14—24日，围绕中国“文化遗产日”“文化遗产和全面小康”等主题，区博物馆开展“台江区历史概括”“台江区重点文物保护单位”等图片展览。

（宋　岗）

## 广播电影电视

【概况】 2013年，区广播电视局围绕建设海峡西岸经济区工作目标，坚持团结稳定鼓劲与正面宣传为主要方针，为全区经济社会发展营造舆论氛围。全年向《城区新闻》栏目送播新闻168条，上送省台、市一套播出新闻节目78条次，拍摄历史资料75盒。

【新闻宣传报道】 坚持团结、稳定、鼓劲与正面宣传为主，唱响主旋律，报道解读中共十八大报告、学习贯彻中共十八大精神等。编播新闻节目“激情送歌迎新春——台江区举行庆十八大激情广场设备赠送仪式”“台江区举行‘全区科级干部学习贯彻党的十八大精神研讨班’开班仪式”等。宣传报道区文明城市创建、社会事业发展、宜居城区建设等。编播新闻“台江区第一季度主要经济指标完成情况良好”“台江区召开2013年第一季度经济形势分析会”“上海东新村危旧房改造项目进入选房阶段”等。

元旦、春节期间，采访报道春节拥军优属慰问、送温暖活动、节前各种专项检查与安排丰富市民节日生活等。编播新闻节目“台江区召开2013年‘两节’送温暖活动仪式”“台江区瀛洲街道人大联组组织企业家代表开展扶贫助困活动”“台江区政协为困难群众送温暖”“爱心送到家　温暖过新年——台江工商个体协会开展春风送暖行动”等20多条。

上送省、市一套台播出新闻节目《台江区青年志愿者服务环境综合治理传递“美丽福州”青春正能量》《探索在建项目党建新模式》《廉政文化进校园》《灯会文化韵味十足》等78条次。

摄制完成《工地一线党旗红——福州苏宁广场重点项目党建工作纪实》《汽车分队运输保障班防卫方案》《为企业添活力　为党旗增光辉——福州市台江区工商局非公经济党建工作纪实》《互帮共创　描绘和谐新篇章——福州市台江区服装商会党建工作纪实》《医者仁心送光明　东南眼科党旗红——福州东南眼科医院党建工作纪实》专题片5部。

【获奖节目】 3月，短消息《尊老爱幼讲文明、互帮互助倡新风》获福州广电协会“2012年度优秀广播电视节目评比”二等奖，长消息《海峡电子商务基地入选国家电子商务示范基地》获二等奖。

【行业管理】 配合市广电局检查各影城，执法人员定期或不定期到辖区内电影放映单位检查。5—6月，每天轮回巡查万达、金逸、中瑞、世茂、青年会（中兴）5家影城。加强各影城卫生管理，劝导乱扔垃圾、抽烟、大声喧哗等不文明现象。

【服务重点工作】 为区委、区政府以及区工会等举办“元宵灯展”“上海东新村选房”活动安装会场音响20余场。

（孙冠亚）

（编辑 李秀丹）

# 卫生 体育

## 卫生事业

【概况】 2013年，台江区医疗机构188家，其中，厂、校医务室16家，个体诊所、门诊部134家，妇幼保健机构1家，社区卫生服务中心10家，卫生院1家，社区卫生服务站26家。卫生技术人员1276人，其中，高级职称78人，中级职称142人，初级职称1056人。社区卫生服务中心实施国家基本药物制度，实行药品零差率销售，业务总收入3506.3万元，门诊量48.5662万人次。

【巩固完善基本药物制度】 落实基本药物网上集中采购、统一配送。全区社区卫生服务中心药品销售2545.27万元，其中，基本药物目录内用药销售2130.99万元，目录外用药销售414.28万元。门诊48.5662万人次，增加5.5537万人次，同比增长12.91%；药品销售2545.27万元，增加499.55万元，同比增长24.42%；药品让利405.46万元，增加79.27万元，同比增长24.3%；门诊人次药品收费降低8.35元。

【公共卫生服务】 组建以责任医生为主体的社区卫生服务团队60支。建立更新居民健康档案36.1375万份，其中，电子档案33.1305万份，建档率80.12%，入户3.2643万次，电话随访6.214万次；65岁以上老年人新建更新档案3.4933万份，其中，规范健康管理1.5561万人，免费体检1.5561万人次；登记高血压患者3.2102万人，其中，纳入规范管理1.448万人，随访6.4011万人次；登记糖尿病患者1.0592万人，其中，纳入规范管理4809人，随访2.5445万人次；35岁以上门诊首诊测血压12.0123万人次。869名重症精神疾病患者纳入慢性病规范管理。开展孕前孕后保健3336人；免费开展低保妇女常见病检查317人，检查率91%。全科医生签约服务1.6527万户、3.008万人。

【民生项目建设】 基层医疗卫生机构基本建设项目3个，竣工项目3个，区财政拨付510万元。区妇幼所（院）新建艾滋病初选实验室以及添置医疗设备，投资150万元；洋中街道社区卫生服务中心业务用房改造装修865平方米，投资60万元；苍霞街道社区卫生服务中心业务用房改造装修1500平方米，投资300万元。各社区卫生服务中心建成“健康小屋”和“中医馆”。

【疾病预防与控制】 启动应急预案，成立防治人感染H7N9禽流感领导小组，制定《台江区人感染H7N9禽流感应急预案》，开展局属医疗单位、个体开业医务人员人感染H7N9禽流感防控专项知识培训。预检、筛查、登记工作关口前移。实行首诊医生负责制，成立医疗救治专家组，备足各种抢救药品。报告乙、丙类传染病3815例，无甲类传染病发生，总报告发病率844/10万。丙类传染病中手足口病837例，其中，重症9例，无死亡病例，均开展流行病学调查。报告现住址艾滋病11例，死亡1例，随访率100%。网络直报覆盖率100%。各医疗单位肠道门诊腹泻病例1557例，采集便管414份，无阳性病例。采集海产品350份，污水标本211份，未检出霍乱菌。新发涂阳病例74例，复治涂阳病例5例，涂阴病例114例，系统管理率97.9%，2个月阴转率85.5%，治愈率86.5%。监测公共场所122家，美容美发184家，餐饮用具消毒效果监测1294家，二次供水水质检测230份。适龄儿童免疫建卡建证率100%。基础免疫报告率：百白破三联苗、乙肝疫苗、乙脑、流脑均为100%，乙肝首针及时率99%。4月，对2006年9月1日—2012年12月31日出生未按免疫程序完成接种儿童查漏补种，麻疹类疫苗目标儿童1145人，补种1135人，补种率98.9%；脊灰疫苗目标儿童1350人，补种1332人，补种率98.6%。6月中旬，开展半年度检查400人，建卡、建证率100%，七苗全程率100%，抽查20所学校、托、幼机构，查验率100%，接种率95%。10月15—18日，开展免疫规划督导评估自查，建卡、建证率100%。碘盐覆盖率99.33%，合格碘盐289份，合格率

96.98%。调查居民死亡原因 1200 例，回访率 95%以上。

【卫生监督执法】 检查中小餐馆与"五小店"（小旅店、小理发美容店、小浴室、小歌舞厅、小网吧）2300 家次，责令整改 600 余家次，立案处罚 2 家，罚款 6000 元，取缔无证经营中小餐馆、五小店 30 家次。开展春季学校食堂食品安全、餐饮服务食品安全风险点、一次性筷子、肉及肉制品、问题淀粉、河豚、鲎、毒蘑菇、食品包装袋及一次性餐盒专项整治。开展皮蛋产品质量安全专项监督检查。办理餐饮服务许可证新证 327 家、换证 174 家、变更 164 家，公共场所卫生许可证新证 133 家、换证 145 家、变更 32 家，督促健康体检 1.33 万余人。暂缓校验 10 家；综合门诊部停业整顿 2 家，行政处罚 1 家，不良执业行为记分 2 家。医疗机构检查率 100%，取缔无证诊所 5 家。助产技术服务机构和计划生育技术服务机构"两非"监督 10 次、出动人员 53 人次；查处非法接生、无证行医、超范围行医等行为。

【妇幼保健】 全国儿童营养与健康监测点 4 个街道（后洲、新港、苍霞、鳌峰）完成档案 2789 份，比国家下达检测任务多 789 份。0—3 岁儿童系统保健 6871 例，管理率 93.36%。3—6 岁儿童健康管理纳入基本公共卫生服务，在园儿童免费生长发育评估、血常规检查、内外科等年度体检 1 次。新生入园体检 3701 人、口腔保健 1.103 万人、眼保健 1.0851 万人。托幼园所保健人员年度健康体检 1.1731 万人，无 RPR 阳性可疑人员。孕产妇系统保健管理，住院分娩率 100%；系统管理率 92.62%；产后访视率 92.73%；高危孕产妇管理率 100%。孕产妇艾梅乙检测率 99% 以上，阳性病人随访到位。新生儿 24 小时内注射乙肝免疫球蛋白 1084 人，接种率 100%。婚检男 2204 人、女 2225 人。

【医政管理】 开展医院管理年活动和"平安医院"创建活动，通过"以病人为中心，以质量为核心"强化管理。完成卫生专业技术人员继续教育验证 255 人，辖区医师 588 名参加医师定期考核。医护人员执业许可网上受理、审核、审批 250 人，执业注册、变更 268 人次。受理护士资格考试报名 86 名，中初级职称考试报名 303 名，高级职称考试报名 7 名。医疗机构放射工作人员 100% 通过培训、体检、个人剂量监测，发放放射人员工作证 21 本，办理放射诊疗许可证 22 本。受理"12345"诉求件 33 件；医疗质量、安全、服务举报投诉 13 件，现场协调处理医患纠纷 15 件，经第三方调解机制调解 1 起；办结率 100%。重大活动、会议、节日以及信访、体育、拆迁、火灾等医疗救援保障任务 25 批次，派出医护人员 121 人次，救护车 20 余车次。

【健康教育】 举办健教、防保、疫报、登革热检测、H7N9、手足口病、艾滋病等专题培训班 15 次，参训人员 1500 余人次；开展"3·24"世界防治结核病宣传日、计免宣传日、精神卫生法宣传日等大型宣传活动 12 次，发放宣传折页 5000 多份，单页 6000 多份，小册子 3000 本，礼品 4000 多份；开展公共场所艾滋病高危干预活动 3 次，发放宣传材料 5186 份，避孕套 5186 个，干预 2593 人次；发放《我爱健康》2500 本。编印健康教育宣传栏 8 期，发放卫生墙报 3100 份（其中 H7N9 墙报 1000 份，控烟墙报 20 份），H7N9 宣传单 5000 份。

【行风建设】 开展医德医风教育，落实治理医药购销领域商业贿赂长效机制建设制度，治理卫生执法人员执法不公，吃拿卡要等损害群众利益问题。聘请行风监督员 3 人、召开座谈会 3 场，对反馈意见整改。实行院（党）务公开，健全矛盾纠纷排查调处台账，重点关注、防范多发、频发、易发矛盾纠纷，无越级上访、集体上访等事件。

（谢 闽）

【爱国卫生】 城区除"四害" 全年开展外环境灭蚊蝇 2 次、下水道火蚊蟑 4 次、统一烟熏灭蚊蟑 2 次、灭鼠 2 次。8 月，省爱卫办开展福州市灭蚊先进城区检查，台江区送检点全部达标。

城区预防禽流感 4 月底，对全区 11 家农贸市场、场内 18 家活禽店，区内 100 多家活禽店全面消杀。向 52 个社区免费发放消杀喷雾器、消杀药品、消毒药品。

健康场所试点项目 区老年公寓和夕阳红老年公寓开展健康场所试点，在场所内开展健康服务，促进和保障有效人群的健康水平。

（吴文宏）

【卫生队伍建设】 公开招聘卫生专业技术人员 18 名。省、市医院 182 名中级职称以上医师到区内各社区卫生服务中心坐诊、带教、讲座、指导业务；各社区卫生服务中心 54 名医护人员到双向交流协作医院进修培训。11 名医护人员参加省卫生厅全科医生和社区护士规范化培训。

（谢 闽）

## 体育事业

【概况】 2013 年，台江区体育事业以争创全国"全民健身示范城市"和福州市举办全国城运会为契机，开展群众性体育活动。举办三级社会体育指导员培训班和健身气功培训班各 1 场。全区民众健身活动参与面广，被评为全国群众体育先进单位、全民健身先进单位。区文化体育局被福州市体育局授予福州市全民健身活动优秀组织奖，义洲街道等单位被评为全民健身活动先进单位，刘果果等5人被评为全民健身活动先进个人。

【群众体育】 参加省、市体育活动，节假日开展迎春少儿游泳表演赛、乒乓球邀请赛、老年人门球比赛、健身气功比赛，以及社区象棋与围棋比赛等。1月，千人参加福建·福州10万人健步行活动；2月，参加福州市第28届冬泳比赛获多个项目第1名；5月，区组队参加2013年福建省街舞电视大奖赛，获第4名；8月8日，参加“全民健身日”福州市柔力球展示活动等。

社区、公园、广场及楼宇空地晨练、晚练点118个，配备健身项目辅导员284人。健身气功活动站点9个，练功人数超过500人。

【竞技体育】 8月，参加全省少儿乒乓球比赛，获2个第1名，1个第2名。10月10日，区文体局与区教育局在福建师范大学田径场联合举办“福州市台江区第四十三届中、小学生田径运动会”，区5所中学代表队与21所小学代表队约420人参加运动会。福州市第三十四中学获中学组总分第1名，区第三中心小学获小学组团体总分第1名。区第三中心小学代表区参加市级比赛获团体第1名14个，个人第1名13个。

【体育交往】 5月，组织龙舟队与中国台湾、香港地区交流，参加福州海峡龙舟邀请赛（中央电视台体育频道向全国直播），分别获第2名和第4名。9月21日，500人参加全国群众登山健身大会暨“中国体彩杯”福州第七届海峡两岸登山活动。

【体育设施】 全区10个街道青少年校外体育活动场所建设完成。鳄鱼公园区青少年校外体育活动中心，建筑面积2700平方米。其中，1层区少体校校部，内设运动员宿舍、食堂、淋浴室、活动室、办公室及教室；2层乒乓球馆；3层羽毛球馆；室外2个篮球场与1个小型足球场。青少年中心内建设社区多功能运动场（包括溜冰场、棋牌墙等项目），完成规划设计，通过财政评审。更换、更新体育健身路径80条，52个社区均安装健身路径设施。

青少年校外体育活动中心　　（区文体局 供）

【后备人才培养】 区少体校向市少体校输送运动员15人，向省级体育机构间接输送1人。

【体坛荣耀】 区输送羽毛球运动员田厚威获澳大利亚羽毛球公开赛男单第1名，且为全运会羽毛球赛男子团体第1名福建队主力成员。

（柯发平）

（编辑 李秀丹）

# 旅 游

## 综 述

2013年，台江区围绕“中心突破，两翼齐飞”，发挥区位、自然、文化三大资源优势，推进旅游产业发展、提升。全年旅游接待258.85万人次，同比增长17.3%，位居全市第二。其中，闽江游接待15.0148万人次，同比增长15.29%。

## 旅游开发

【旅游规划】 1月，出台《中共福州市台江区委福州市台江区人民政府关于加快旅游产业发展的实施办法》。打造“闽商发祥地——台江”旅游整体形象，以“闽水文化之旅”为主线，依托大庙山、闽江游、上下杭，塑造“登大庙寻千古传奇、游闽江赏黄金水道、走双杭觅闽商风情”三大旅游精品。逐步形成台江旅游五大特色，包括“古韵文化台江”“时尚购物台江”“滨江生态台江”“魅力商务台江”“食全食美台江”，推动旅游产业发展。

【品牌建设】 *打造“闽水文化之旅”品牌* 以“绿色、人文、休闲”为主题，依托区位优势，美化12公里江岸线，重点推进江滨大道中段闽江北港驳岸整治一期先行先试段工程建设；开发“闽水文化”“船游福州”等旅游精品路线；推进万达游艇码头、苍霞游艇码头建设，打造闽江北港游艇产业圈。

*打造“国家历史文化名街”品牌* 启动上下杭历史文化街区保护性开发改造，基本完成上下杭历史文化街区及太平汀州、苍霞旧屋区整体规划。调整、优化街区保护性开发规划编制，推进房屋征收前期工作。推进街区与重点文物保护修复，福州商务总会旧址、采峰别墅、建宁会馆、高氏文昌阁、安澜会馆5处文保建筑与历史建筑保护修复启动计划，部分进行施工图设计。组织专家学者收集上下杭历史文化街区现状及历史资料，编纂出版《上下杭民间故事》《双杭寻古》等。

闽江游船内部 （区旅游局 供）

## 旅游接待

【行业规模】 “闽江游”项目7艘游船投入运营，总运力规模580客座。全区有3家旅行社分社及29家网点，其中中国国旅（福建）国际旅行社为5A级旅行社。星级酒店6家，其中，五星级1家，四星级2家，三星级2家，二星级1家。“闽江游”日游线路4条，夜游线路1条，以“游闽江、赏表演、品美食”为主题，并推出亲子游、情侣游、中小学教育基地春秋游、水上婚庆游、夕阳红之旅等。

表 4 台江区星级饭店一览表

| 星 级 | 饭 店 |
| --- | --- |
| 五星级 | 威斯汀酒店 |
| 四星级 | 阿波罗大酒店、阳光假日大酒店 |
| 三星级 | 唐城大酒店、金广达大饭店 |
| 二星级 | 贸总酒店 |

**【假日旅游接待】** 春节期间，游客142.4万人次。其中，闽江公园游客16.5万人次，中亭街游客92.7万人次，茶亭公园游客2.5万人次，其他地区游客30.7万人次，黄金水道观光游“闽江游”游客2960人次。“五一”期间，游客79.5万人次。其中，闽江公园游客10.5万人次，中亭街游客67.5万人次，茶亭公园游客1.5万人次，黄金水道“闽江游”游客1431人次。“十一”黄金周，游客143万人次。其中，闽江公园游客19.6万人次，中亭街游客119万人次，茶亭公园游客3.5万人次，其他地区游客0.9万人次，黄金水道“闽江游”游客9271人次，闽江游游客人次同比增长15.6%。景区无投诉。

**【宣传营销】** 元宵节，福建八方海上旅游客运有限公司开展“闹元宵、游闽江、观花灯、赏民俗、品小吃”主题水上观花灯活动。

4月26日，八方公司联合腾讯大闽网、市红十字会举办“有你救有力量”——为“4·20”四川雅安地震灾区祈福活动。

“六一”期间，“闽江游”公司、《海峡都市报》联合开展“欢度六一，畅游闽江”活动，邀请12周岁以下小朋友免费游闽江。6月1日，开展“万人游闽江系列活动”，包括游轮相亲汇、微笑天使宝宝评选大赛、福州首届夜拍闽江摄影大赛等。

“9·8”期间，八方公司市场营销人员到厦门参加“第九届海峡旅游博览会”，分发“闽江游”宣传资料。

9月17日，“最美福州十大最美女性”与提名奖获得者携家人游闽江、赏明月、吃月饼、观表演，提前欢度中秋佳节。中秋节，“闽江游”公司推出“中秋团圆，喝加多宝，听好声音，赏闽江美景”主题活动。

国庆期间，“闽江游”公司围绕“喜迎国庆，畅享母亲河”主题，增开“闽江城市两岸观光游”线路；与加多宝、银鹭、养乐多等公司合作举办旅游促销。

## 旅游管理

**【安全管理】** 6月19日，副区长黄劭蓉带领区建设局、安监局、消防大队、旅游局等有关部门领导及街道分管领导，检查阳光大酒店、金广达大酒店、“闽江游”码头等消防设施、客房、餐厅安全，召开“切实加强旅游安全工作”专题座谈会。

**【服务质量管理】** 转发、下发各类安全文件12份，开展“全国安全生产日”旅游安全现场咨询日活动3场，举办“全区星级饭店消防安全应急演练”。结合第一次质量检查周活动，辖区内旅行社分社、服务网点重新备案登记，检查旅行社分社与服务网点，规范经营行为。在省市局统一部署下，开展旅行社“非法转团拼团”专项整治。

开展“2013年旅游行业诚信兴商宣传月”与2013年第二次旅游市场检查周活动。重点检查旅游价格、合同、广告、无证经营及超范围经营、黑车黑导、欺客宰客、强迫消费、非法转让经营资质、恶性价格竞争等违法行为。

（林新媚）

（编辑 李秀丹）

# 社会民生

## 人民生活

2013年，台江区坚持以民生为重，社会养老保险实现全覆盖，城市低保对象应保尽保。落实各项优抚安置政策，发放低保金、医疗补助金、救济金等，各项民生指标保持平稳运行。居民收支平稳增长，其中人均可支配收入3.1461万元，同比增长12.8%，人均消费支出2.1278万元。

（陈　渝）

## 人口与计划生育

【概况】　2013年，台江区人口与计划生育工作责任、措施、投入三到位。实行“月例会”制度，传达省、市相关精神，分析问题、交流部署工作，促进工作阶段性进展。加大人口和计划生育工作经费投入，各项奖励扶助、优惠政策落实到位。全区总人口36.4万人，出生人数2854人，人口出生率8.78‰，人口自然增长率2.3‰，政策符合率92.99%，出生人口性别比102.07，完成市委、市政府年度人口责任目标。

【依法行政】　出生人口性别比综合治理，突破6例“两非”案源，出生人口性别比保持正常值水平。征收社会抚养费50万元，遏制超生势头。公开计划生育各项政策、办事程序和办事纪律、收费标准、服务承诺、投诉电话等。开展政风行评工作，发放“三评”问卷600份，满意率90%以上。受理群众信访243件，落实率100%。

【利益导向】　慰问空巢家庭、农民工流动人口家庭、中心户（组）长等。春节前后投入慰问金106万元，慰问2640余人。落实伤残死亡家庭特别扶助制度。独生子女伤残死亡扶助对象298人，发放扶助金189.6万元，每人500元／月，较上年提升100元／月。低保人员800元／月，较上年提升300元／月。投入60万元将企业无法兑现的独生子女父母奖励纳入政府兑现，实现100%兑现。26名流动人口独生子女以及二女绝育户家庭子女享受中考加分政策。

【宣传教育】　计生国策纳入区委理论学习中心组学习内容。6月27日，市人口学会会长、福州大学教授林筱文为全区副科以上领导干部做《促进人口长期均衡发展的政策分析》主题讲座。

节假日计生宣传　春节，区、街、社区开展三级宣传活动100余场，发放计生宣传品、宣传册10万余份。5月，纪念第十七届母亲节，邀请妇科

5月30日，区计生局举办“纪念第15个会员集中活动日暨幸福工程救助贫困母亲”宣传服务活动

（区计生局　供）

专家开展生殖健康知识讲座；30日，举办“纪念第15个会员集中活动日暨幸福工程救助贫困母亲”宣传服务活动，为40名贫困母亲发放救助金8万元。贝因美公司为10户贫困家庭捐助5000元。7月11日“世界人口日”，在宝龙城市广场举办“我健康、我青春”计生宣传活动，为过往群众发放计生药具和宣传品，接受计生咨询。

人口环境建设宣传　悬挂标语、发放宣传单，计生干部入户与育龄群众面对面宣传，投入10万元，向育龄群众和流动人口免费发放计生宣传品、服务卡等，提高政策知晓率。投入100余万元，各社区按标准制作、安装“药具宣传栏”“人口计生宣传公开栏”，宣传优生知识、计生法律法规，普及计划生育政策。筹建人口文化主题公园，倡导新型生育文化。发放《福建省人口与计划生育条例》（下简称《条例》）宣传册、简明问答宣传页、“生育文明、幸福家庭”历书等8万册，发放宣传单，宣传解释《条例》，推动《条例》贯彻落实。在《福州晚报》开设计生专栏，宣传计生政策、服务亮点、公示公开等。

【计生服务】　新安装药具自取箱740个，分布各小区楼道。孕前优生健康检查1605对，其中流动人口588对，超额完成省、市预期目标责任数。向计生育龄夫妻提供免费技术服务，执行流动人口落实节育措施奖励扶助制度，提供流动人口免费手术服务71例，其中节育措施52例，投入1.1321万元；免费双查服务1.3573万人次，投入1.87万元。

【目标责任管理】　8月，区计生局按照省考核评分细则检查10个街道人口和计划生育工作，督促整改问题跟踪落实。

【流动人口服务管理】　制定《流动人口信息采集制度》《流动人口信息变动制度》《流动人口信息化工作制度》《关于网络化协作的暂行规定》《流动人口计生十项指标通报口径说明》等，推进创建流动人口信息化、规范化示范点活动。加强流动人口巡检，完善“一站式”服务管理平台，人口计划生育基本公共服务均等化，简化流程。4—5月，开展全员流动人口清查服务活动。

【计生协会】　筹集生育关怀公益金10万元，帮扶计生困难家庭。为36位独生困难家庭大学生提供“金秋助学”助学金7万元；开展计生家庭意外伤害保险600户；紧急救助计生困难户3户；资助“幸福工程”贫困母亲51户，资助创业启动资金25.5万元。区人口计生局、计生协会多次到省蓓蕊早教中心，推动早教进社区；发挥公立幼儿园引领示范作用。9月中旬，区计生协联合区计生局、教育局、物价局召开区人口早期发展工作现场会。全区有早教示范基地12个、早教基地8个、早教培训基地2个。

（黄晓榕）

## 劳动就业

【概况】　2013年，台江区城镇新增就业7435人，安置下岗失业人员2316人，农村富余劳动力转移就业3950人，城镇就业困难人员再就业1957人，年末城镇登记失业率2.42%。

【就业工作】　“摇工作”平台录入岗位信息2.5619万条，“金保网”和社区劳动保障宣传专栏发布用工总岗位1.3193万个，用工总信息908条。组织辖区企业参加全市“情暖外来工，就业在福州”“就业援助月”“春风行动”等系列就业服务专项活动，并在万象城广场等举办招聘会，发放就业政策明白卡、《台江区就业服务指南》、春风卡、信息海报及寻工地图等1.07万份。

开展以就业困难人员、零就业家庭和大中专毕业生为重点的就业援助活动。发放小额担保贷款18笔、2006万元，灵活就业社保补贴1.6236万人、1359.19万元，企业吸纳就业困难人员享受社保补贴22家、12.92万元。城镇零就业家庭保持零动态。

【职业培训与技工教育】　落实职业培训经费直补企业政策，联系职业技能培训机构，开展家政服务员、餐厅服务员、保育员、锁具修理工及营业员等培训，与用人单位对接培训1523人，获得职业资格证书1205人，其中初级737人，中级389人，高级79人。

【劳动关系维权】　劳动保障监察网格化管理，开展清理整顿人力资源市场秩序、劳动用工执法检查等检查。劳动保障监察620人次，巡查用人单位360家，发出调查询问通知书和责令改正决定书151份。受理各类到访投诉380起，涉及农民工825人，追回被拖欠和克扣工资及非法押金343.12万元，纠正和查处违法行为338起，补签劳动合同492份。处理各类劳动争议仲裁案件122件，其中立案受理59件，结案56件，不予受理63件。

健全协调劳动关系三方机制，加强对企业用工指导、服务和管理，免费提供劳动合同示范文本，上门指导重点企业和劳动合同制定能力较差单位，制定完善规章制度，开展工资集体协商和集体合同签订。用工备案339家，劳动合同签订率97.5%（不包含建筑施工企业和小微企业）。

## 社会保障

【概况】　2013年，全区发放城镇人员失业金381.37万元，3599人次；农民工一次性失业金161.99万元，379

人次；城乡居民社会养老保险基础养老金556万元，8622人次；被征地养老补助208.3万元，923人次；城镇居民医疗保险参保8.1227万人；纳入社区管理退休职工5.9万人。

【养老保险】 贯彻落实《福州市城镇居民养老保险实施办法》《福州市被征地农民基本养老保险暂行办法》，通过宣传栏，在公共场所、道路、墙壁悬挂宣传横幅等，宣传城居保和被征地农民养老保险。推进企业退休人员社会化管理服务，各社区劳保站上门服务，将养老保险新政策、新信息等宣传资料发放到离退休人员手中，做好养老金资格认证。

【医疗保险】 加大宣传，依托学校、社区劳保站抓好城镇居民医疗保险参保、续保，建立领导联络居民医保工作分工负责制度。分片包干，定期到各社区督导检查，确保学生、儿童、低保、残疾、失业人员全部参加居民基本医疗保险，巩固和提高参保率。

【失业、工伤保险】 贯彻《失业保险条例》，按时足额发放失业金，保障失业人员基本生活。规范工伤认定程序，受理工伤案件52件，其中工伤认定35件，撤案11件，不予认定3件，不予受理3件。

【社会保障基金监管】 配合财政、审计等部门，加强社会保险基金审计、监管，执行财政专户管理和收支两条线制度，保障社会保险基金安全运行。

（叶　枫）

## 民政

【概况】 2013年，全区享受低保家庭1829户3330人，发放低保金1152.74万元；医疗救助7893人，救助金108.08万元；生活补助金128.9万元；伤残抚恤金124万元；自主择业补助金和自谋职业补偿金等270多万元；优待金341万元；突发性火灾救助毛毯、棉被、草席、毛巾被及救灾款37万元。开展“爱在福州，暖在榕城”拗九节活动及“贯彻老年法，造福老年人”敬老月活动，评选第一届“敬老文明号”单位。加强地名规范化建设，完善“台江区门楼牌号码电子文档”数据更新。开展社会组织评估，被福州市推荐为创建省级社会组织示范区。婚姻登记信息资料与民政部联网。宣传助人自助理念，推进社会工作者队伍建设。

【优抚安置】 元旦、春节、中秋、国庆等大型节日，开展拥军优属走访慰问活动。各街道、社区走访1000多户优抚对象，发放7.2万元慰问金和慰问品，对优抚对象存在困难提供帮助。发放重点优抚抚恤定补人员生活补助金128.9万元，197名；为退役伤残军人发放伤残抚恤金124万元，110名。接收2012年度冬季退伍军人116名，发放自主择业补助金和自谋职业补偿金等270多万元；发放2013年现役士兵优待金341万元，245名。开展关爱优抚对象健康活动，组织全区优抚对象和革命五老人员健康体检。区政府下发《关于下岗越战老兵再就业有关事项的通知》（台政办（2013）55号），属地街道开发岗位，扶持26名越战老兵再就业。

【社会救助】 10个街道、52个社区“五人评议”小组参加低保工作规范培训。跟踪动态管理低保对象家庭，摸底、了解低保户家庭现状，以家庭成员就业、社保、退养金领取等收入方面变动情况作为增减发放保障金依据。建立低保人员信息档案，规范管理低保资料文件和档案。摸底、分类救助中重度残疾人低保家庭。年内，享受低保家庭1829户3330人，发放低保金1152.74万元。救助符合医疗救助条件低保户，解决基本医疗困难，年内，为7893人发放医疗补助金108.08万元。接受捐赠款物70.9万元。开展救助、赈灾、助学等活动，发放款物76.44万。制定《福州市台江区困难居民临时救助实施意见》，对特殊原因基本生活暂时困难城区居民家庭给予非定期、非定量生活救助，发放救济金28.46万元。开展冬、春期间困难群众救助，发放御寒棉被515件、棉衣棉裤200套、绒衣裤200套，增发元旦、春节慰问金100万元。落实“三无”（无劳动能力、无经济来源、无法定赡养人或继承人）人员保障政策，保障全区11名精神残“三无”人员衣、食、住、医。落实孤儿保障政策，做好全区6名孤儿生活保障。健全流浪乞讨人员长效管理机制，形成常态化救助工作体系，城管、公安和街道、社区民政共同做好流浪乞讨人员救助劝导。劝导流浪乞讨人员997人次，其中130人被护送到市救助站。

【救灾工作】 对区级避灾点、救灾物资仓库进行示范性改造，避灾点功能齐全、管理规范。规范救灾工作，灾前做好棉被、单衣等救灾物资储备，灾后保证实物供给。建立救灾物资库存账，统一、规范救灾物资发放程序和公示制度，接受社会监督。做好突发性火灾救助工作，及时下拨救灾物品及救灾款37万元。

开展“防灾减灾意识”主题宣传活动，发放宣传资料3万份，向社会公布6个地震应急避难场所及96个避灾点位置。举办1场防灾减灾演练活动，布置10个宣传模板，培训民政工作人员熟悉救助程序，掌握帐篷搭建、卧具铺设、救灾物品发放等灾后救助技能和临时避灾点设置规范。

【社会福利】 社会福利化管理　加

大3家老人院基础设施建设投入，提升服务管理水平和档次。在居家养老服务工作中引入社工理念，拓展居家养老服务内容，增加居家养老服务覆盖面和知晓率。坚持六个“老有”（老有所养、老有所医、老有所教、老有所学、老有所为、老有所乐）原则，规范管理77个居家养老社区服务站，建立健全内部制度，加强养护员绩效考评，组织护理员培训。37名养护人员上门为297名低保老人、伤残革命军人、百岁老人服务。105名养护人员为77个社区居家养老服务站老人提供各类服务。向民政部申请下拨50万元康复器材，安置在宁化社区居家养老服务站。

“福州市台江区福利印刷厂”改制　解除企业职工劳动关系，清理各项债权债务，为48名退休职工和在职职工解决医保、社保问题。

【老龄事务】　开展“爱在福州，暖在榕城”“拗九节”活动及“贯彻老年法，造福老年人”敬老月活动，走访慰问70多位60岁以上困难老人和百岁老人，发放慰问品3万余元。福州东南眼科医院获评第一届全国“敬老文明号”，中国邮政储蓄银行福州国货路支行、上海街道凤凰社区获评福州市首批“敬老文明号”。开展落实“一法一例”（《中华人民共和国老年人权益保障法》《福建省老年人保护条例》）调研。

【区划地名管理】　完成《台江区政区大典》第三稿编撰。加强地名规范化建设，整理地名历史档案，组织街道、社区全面梳理辖区门楼牌，规范编排门楼牌。编排排尾路等12条路段门楼牌1397面，更新“台江区门楼牌号码电子文档”数据。群众地名变更确认1590份。

【民间组织管理】　接待社团7家，审批成立登记5家，变更登记3家，换届登记6家；审批“民非”单位登记7家，变更登记5家。对2012年12月前登记的110家“民非”单位、43家社团组织办理年检。开展社会组织评估工作，参评率90%，被福州市推荐为创建省级社会组织示范区。

【区界管理】　县级行政区域界线3条（台江鼓楼线6.482千米、台江晋安线7.37千米、台江仓山线10.98千米），总长24.832千米。东起江滨中大道东头九孔闸，沿光明港至晋安河中心线为界与晋安区一河之隔；西、南以闽江主航道中心线为界，与仓山区相望；北以琼东河、东西河、斗池路、上浦路中心线至金山大桥西侧桥下小岛北端至闽江航道中心线，与鼓楼区毗邻，设立和维护31个界桩。

【殡葬服务】　宣传文明祭扫，实施绿色、人文殡葬火化制度，火化率100%。未享受国家或单位丧葬费补助的城乡困难群众免除基本殡葬服务费用，包括城乡低保对象、城镇“三无”人员、重点优抚对象、革命“五老”人员。

【婚姻、收养登记】　婚姻登记信息资料与民政部联网。全年受理结婚登记3611对、离婚1261对，收养登记16人，出具婚姻档案证明9904份。

【社会工作】　宣传助人自助理念，指导社区引入社会工作理念与方法，提升社区人员社会工作素质，推进社会工作者队伍建设。鼓励相关职能部门社会工作岗位人员参加全国社会工作职业资格考试，做好通知、审核、上报工作。专业社会工作者108人，其中，助理社会工作师73人，社会工作师35人。

（张　偲）

【基层政权与社区建设】　2013年，完成社区整合，原有73个社区整合为52个并设立社区工作服务站。全区范围首次公开招聘社区工作服务站专职工作人员，598名原社区党组织成员、居委会成员、社区服务协管员参加全市统一招聘考试。190名社区工作者参加省委组织部、省民政厅、省电大联办首批社区工作者岗位培训。年内省、市、区投入超500万元推进社区组织工作用房（社区综合服务站）、精品社区建设。全区推广“中国社区”标识。

（张建星）

（编辑　何嘉芳　李秀丹）

# 街 道

## 宁化街道

【概况】 宁化街道位于台江区西部，东至宁化路，西至上浦路，北至工业路，南至闽江。辖长汀、祥坂2个经济合作社与宁化、福瑞、长汀、祥坂、福祥5个社区，面积2.9平方千米。2013年，居民7839户，人口2.2万人。社区党委4个，社区党总支1个，党支部50个，党员1064名。先后获评省人口计生依法行政示范街道与市“生育文明·幸福家庭”示范单位。

【经济建设】 规模以上工业产值2.63118亿元，占年计划108.76%，同比增长30.51%。固定资产投资57.5023亿元，占年计划140.25%，同比增长3.95%。项目投资19.0495亿元，占年计划158.75%，同比增长170.93%。工业固定资产投资1.0242亿元，占年计划179.5%，同比增长30.51%。建筑业产值27.7039亿元，占年计划104.42%，同比增长27.42%。限额以上商品销售额8.80161亿元，占年计划130.51%，同比增长69.67%。限额以上社会消费品零售额16.94693亿元，占年计划132.17%，同比增长71.82%。协税护税收入1.14131亿元，占年计划104.79%，同比增长21.51%。参与分成收入4719.5万元，占年计划117.72%，同比增长36.54%。私人出租房产税231.9万元，占年计划104.46%，同比增长25.3%。出口总值7300万美元，占年计划100%，同比增长100%。内资实际到资7.6083亿元，占年计划101.72%，同比增长11.93%。合同外资及港澳台资2400万美元，占年计划104.35%，同比增长4.35%。实际利用外资及港澳台资1400万美元，占年计划100%。

提升限上商贸企业2家，新增限上商贸企业8家。新注册街道办公楼企业27家。6月，项目固定资产投资完成全年目标。9月30日，苏宁广场一期（时尚购物中心）开业。

【城区建设与管理】 完成辖区无物业小区改造与景观改造，推进西二环路日杂公寓、东煌花园景观改造。开展餐饮食用油品、废弃电动车电池与餐饮垃圾来源、去向摸底登记，规范货源、废弃物处置。开展燃气安全专项治理，完成157家燃气安全隐患排查，督促34家整改和复查，取缔1家“黑气”窝点。搭建数字城市管理系统，辖内市容“六乱”现象得到处理。利用“12345”诉求平台，处置居民诉求问题。整治万宝商圈流动摊点、夜排档，改善辖区市容市貌。配合区环卫处，完成辖区道路保洁外包测量、评估与市场化转轨。启动H7N9防控预案，进行辖内养鸽户鸽疫苗注射与内、外环境消毒杀菌，处置鸡、鸭屠宰点。

【社会事业】 人口与计划生育 辖内新出生203人，出生率8.71‰，政策符合率93.60%。流入重点对象通报、一孩生育服务登记等信息通报率、接收率100%。完成优生检测195例，完成率113.7%。发放独生子女奖励金14.8万，二孩审批14例，征收社会抚养费2.1万元。开展宣传活动，刊省、市、区报刊媒体信息14篇。宁化社区青春广场建立融休憩、娱乐、宣传一体人口计生文化园。建立生育关怀公益金0.87万元，春节、中秋节、国庆节等节日慰问计生困难人群145人次，送慰问金7.17万元。开展幸福工程，小额贴息贷款，幸福工程救助对象7户。

社会保障 按照“一个不漏、一个不冒”强化低保申请与“低保边缘户”救助，入户调查，核实审批，发放低保金4.999万元，物价补贴费1.19万元。慰问困难群体，发放慰问金2.4万元，助学金4000元，其他物品价值8833.5元。受理廉租房申请27户、公租房申请21户。至9月，街道下岗和城镇失业人员实现就业620人，农村富余劳动力转移264人，发布“摇工作”岗位信息743条。长汀社区、祥坂社区获评市级充分就业社区。

（黄 鹏）

## 上海街道

【概况】 上海街道位于台江区西北部，东临茶亭河，西至斗池路与工业路交叉处，南至工业路，北达东西河、斗池路，与鼓楼区接壤，面积2.65平方千米。2013年，将原怡园、丹桂、交通一、交通二、交通三、菏泽、西洋、牡丹、河上、凤凰10个社区整合为交通、上海新苑、牡丹、西洋、河上、万象、凤凰7个社区。街道户数1.8945万户，常住人口4.8965万人，流入人口1.8281万人。街道党组织下设社区党委7个，党支部76个。党员1803名，其中，街道机关党员40名，社区直管党员1763名。辖内有凤凰、凤乐、上海新村、台江实验幼儿园，交通路、凤乐小学，十五中分校、三十六中。

【经济建设】 规模以上工业总产值2.10811亿元，占年计划100.39%，同比增长20.46%。固定资产投资30.4189亿元，占年计划108.64%，同比增长6.46%。项目投资22.5874亿元，占年计划102.67%，同比增长20.77%。工业固定资产投资1.2183亿元，占年计划211.84%，同比增长139.35%。建筑业产值23.25842亿元，占年计划126.54%，同比增长54.38%。提升限上商贸企业3家，新增限上企业18家。限额以上商品销售额29.098亿元，占年计划117.37%，同比增长52.58%。限额以上社会消费品零售额13.099亿元，占年计划115.44%，同比增长50.08%。协税护税收入9682.3万元，占年计划122.2%，同比增长41.76%。参与分成收入4154.1万元，占年计划103.88%，同比增长20.5%。私人出租房产税609.9万元，占年计划145.91%，同比增长75.3%。内资实际到资8.6379亿元，占年计划126.54%。合同外资及港澳台资2400万美元，占年计划104.35%，同比增长4.35%。实际利用外资及港澳台资1400万美元，占年计划100%。

【城区建设与管理】 分发文明创建宣传册6000多份，宣传材料与纪念品1万多份。开展文明交通劝导服务5000多人次。开展“道德讲堂”“我们的节日”“诵经典唱红歌”等活动。重点做好城区与相关道路卫生保洁，城市道路违章建筑与小区“四乱”整治，开展横向到边、纵向到底清理。西二环沿线景观综合整治完成。丹桂社区迎春园、丹桂园开展旧住宅小区整治和提升。

【社会事业】 计划生育 发放宣传资料2万多份。开展避孕节育方法知情选择和生殖保健系列服务，推进婚检、孕检优质服务。常住人口出生360人，其中政策内出生336人，政策符合率93.33%。出生性别比102.24，自然增长率1.8‰。

社会保障与优抚 参加养老保险退休认定1.0046万人，参加城镇居民医疗保险4625人。低保户143户、268人，新增8户，每月发放低保救济金7.24万元。日常医疗救助35人，3.69万元。发放低保边缘户物价补贴、生活困难补助77户，1.77万元。发放义务兵优待金42.28万元、2011年冬季退伍军人自谋职业生活费1.92万元、优秀军人奖励金1.42万元。为3户残疾人家庭平均每户3000元标准进行家居无障碍改造。发放新考入大中专院校残疾人与贫困残疾人子女助学补助6人，6500元。发放重度贫困残疾人居家托养补助金11人，2.2万元。受理廉租房申请42户，公租房申请50户。

（王 军）

## 义洲街道

【概况】 义洲街道位于台江区西部，东接洋中路，西至宁化路，南临江滨大道，东南与后洲、苍霞街道相邻，北靠工业路，属城乡接合部，白马河横贯地区中心，面积0.87平方千米。2013年，将原奋斗、泰山、浦东、保兴、浦西、上游、太平7个社区整合为奋斗、浦东、保兴、浦西、泰山5个社区。常住人口1.079万户，3.1295万人，流动人口4385人。

【经济建设】 规模以上工业总产值5348.5万元，占年计划111.03%，同比增长33.25%。固定资产投资13.8057亿元，占年计划62.75%。项目投资12.96亿元，占年计划58.94%。工业固定资产投资2977万元，占年计划127.93%，同比增长44.51%。建筑业产值6006.5万元，占年计划111.23%，同比增长36.08%。限额以上商品销售额4.6256亿元，占年计划36.11%。限额以上社会消费品零售额2.71083亿元，占年计划93.54%，同比增长80.59%。协税护税收入4094.9万元，占年计划113.12%，同比增长31.23%。参与分成收入1033.9万元，占年计划43.21%。私人出租房产税333.8万元，占年计划256.77%，同比增长209.1%。内资实际到资5.8703亿元，占年计划102.45%。合同外资及港澳台资2300万美元，占年计划100%。实际利用外资及港澳台资1400万美元，占年计划100%，同比增长33.33%。

【城区建设与管理】 调整社区行政区域，原7个社区整合成5个社区。投入300多万元整治省人民医院宿舍、新兴小区等7个无物业小区。推进“135”社区工作模式，浦东社区成为市“一十百”示范社区（市级1个党建

浦东社区与“第一帮帮团”栏目联合开展大型文艺汇演活动 （义洲街道 供）

标杆和10个精品村或社区建设，县市区级100个党建示范村或社区建设）。建立非公党支部42家，完成“两个覆盖”任务指标。

【社会事业】 文体、人口与计划生育 开放综合文化站等公共文体基础设施，青少年校外体育活动中心投入使用。至12月31日，全街已婚育妇5132人，人口出生262人，自然增长率1.53‰，性别比100。计划生育率91.98%，随访服务率100%。

社会保障与优抚 低保户262户、429人，月发放低保金13.7525万元。低保边缘户83户、171人，全年发放生活困难补贴2.563万元，边缘户物价上涨补贴1.2312万元，困难群众临时救济款8500元。民政定补对象41人，发放“八一”慰问金7500元，2012年现役或退役军人奖励金1.071万元。发放8名重度残疾人“居家托养”补助金6000元，4户残疾家庭助学金8000元。新增城镇就业722人，城镇下岗失业人员再就业230人，城镇就业困难对象再就业102人，安置进城务工农民296人。完成其他形式小额担保贷款2笔，16万元。发布“摇工作”岗位信息2143条，企业用工信息700条，个人求职信息26条，招聘岗位4200个，企业用工备案52家。组织参加5场“春风送岗”等招聘会。帮助就业困难人员474人申请社保补贴40.287万元。审核认定就业困难人员享受社保补贴对象2000多名。为社区7208名企业退休人员提供人性化服务，为辖内异地退休人员提供网上认定等服务。

平安建设 接访群众147人次，办理暂住证1016件，证明63件。调解矛盾纠纷72件。收集维稳信息1226条，平息群体性闹事苗头15起，制止群体性上访3起，处置突发群体性事件3起，召开约谈会、座谈会35次。在册矫正对象23名，其中，缓刑16名，监外执行3名，假释4人，无重新犯罪。

出动安全生产、防火检查4050人次，检查民房1300间、店面890间，发出整改通知书589份，整改安全隐患293起。投入20多万元为390台灭火器换药。摸排店面消防栓损坏情况，维修、增补100多处。义务消防队购置专用电动消防车1辆与消防设备。投入约17万元整改239户木屋毗连区电线老化，更换漏电保护器224户，整改外线1处。

（郑 凤）

## 苍霞街道

【概况】 苍霞街道位于台江区西南部，东与后洲接壤，南临闽江，西临宁化，北与义洲接壤，面积1.07平方千米。2013年，将原苍霞新城、三保、万侯、河下、中平、长寿、同德、田垱8个社区整合为苍霞新城、三保、万侯、河下、中平5个社区。常住人口1.0018万户，3.3081万人。

【经济建设】 规模以上工业总产值4571.5万元，占年计划128.13%。固定资产投资23.2716亿元，占年计划101.18%，同比增长42.02%。项目投资23.2716亿元，占年计划105.78%，同比增长42.02%。工业固定资产投资1.1823亿元，占年计划418.51%，同比增长372.92%。建筑业产值6.32527亿元，占年计划105.95%，同比增长29.28%。限额以上商品销售额24.46361亿元，占年计划89.37%，同比增长16.18%。限额以上社会消费品零售额15.72009亿元，占年计划126.88%，同比增长40.15%。协税护税收入2416.3万元，占年计划108.79%，同比增长26.17%。参与分成收入1816.3万元，占年计划111.29%，同比增长29.11%。私人出租房产税334.9万元，占年计划135.59%，同比增长62.4%。内资实际到资6.8834亿元，占年计划102.58%。合同外资及港澳台资2500万美元，占年计划108.7%，同比增长1.67%。实际利用外资及港澳台资1400万美元，占年计划100%。

【城区建设与管理】 上下杭历史文化街区改造（南片） 至12月28日，苍霞街道涉迁居民615户，签订征收协议600户，签约率超97%。175户领取货币补偿款，货币征收补偿金约2.08亿元。

市委书记杨岳调研指导社会管理创新 8月1日，市委书记杨岳一行到苍霞街道调研指导社会管理创新，察看万侯社区同德新村无物业小区，与社区干部及居民代表座谈，了解居民生活与小区管理情况，肯定街道家园事务服务管理创新，推动无物业小区管理。区委书记张忠陪同调研。

【社会事业】 教育 辖内3—5岁754人，户籍人口接受学前教育692人，入园率100%。户籍人口6—11岁1290人，12—14岁723人，接受义务教育1982人。15—18岁1036人，其中本地户籍1011人接受高中教育。

文化体育 至年底，街道文化站1处，社区文化室5个，音乐、健身、书法等业余队伍97人，省、市、区级文物保护单位10处。

闽江北港驳岸整治一期工程先行先试段戏曲文化交流景观区（闽俗阁）建设，项目概算投资1亿元，规划设计以“两江四岸”景观为主，以“绿色、人文、休闲”江滨为主题，集外滩生活、健身观光、休闲旅游、都市景观廊道、水上游览航道与城市夜景景观带一体滨江景观带。闽俗阁底层架空，整合21座零散庙宇，民间信仰礼俗设施迁入闽俗阁。闽俗阁也可为旱船、高跷、舞龙舞狮表演提供场地。

至年底，体育场地7处。90%以上小区安装健身器材，经常参加体育活动人员占常住人口的35%。

计划生育 常住育龄妇女6344人，已婚育妇4364人。出生250人，出生率8.69‰，出生政策符合率92.4%，出生人口性别比102。流动育妇2557人，已婚育妇852人。流动人口出生15人，其中政策内出生14人。投入计生经费65万元，人均22.41元。172对夫妇接受优生检测服务。发放伤残死亡独生子女家庭扶助金26户、37人，24万元。兑现双方无业独生子女奖励82户，6.95万元。发放基层计生工作者慰问金、慰问品1.32万元。

社会保障 最低生活保障户234户、407人，月支出保障费13.03万元，人均320元。城镇新增就业人员999人，下岗失业人员再就业503人，城镇就业困难对象再就业308人，安置进城务工农民465人。

（郑崇云）

## 茶亭街道

【概况】 茶亭街道位于台江区北部，北邻东西河与鼓楼区安泰街道对望，南邻工业路、国货西路，与洋中街道对接，西隔茶亭河，与上海街道相邻，东与新港街道为邻，面积约0.88平方千米。2013年，将原金洋、广安、阳光、仁德、洋头口、福德6个社区整合为广安、阳光、洋头口、福德4个社区。常住人口9810户，2.387万人。

【经济建设】 规模以上工业总产值1.305亿元，占年计划102.07%，同比增长22.49%。固定资产投资30.1427亿元，占年计划111.66%，同比增长25.61%。工业固定投资7.2076亿元，占年计划1159.71%，同比增长1210.47%。建筑业产值24.423亿元。限上商品销售额46.15168亿元，占年计划120.9%，同比增长65.87%。限上社会消费品零售额9.90775亿元，占年计划120.47%，同比增长56.6%。协税护税收入1.07403亿元，占年计划124.12%，同比增长43.98%。参与分成收入6084.9万元，占年计划100.56%，同比增长16.66%。私人出租房产税468.6万元，占年计划123.32%，同比增长48.1%。合同外资及港澳台资2400万美元，占年计划104.35%，同比增长4.35%。实际利用外资及港澳台资1400万美元，占年计划100%，同比增长66.67%。按照区委、区政府“拆出来、建起来、招进来”经济发展三部曲，建成茶亭国际、世茂国际中心、金源广场等多个写字楼，通过招商引资，入驻率90%。

【城区建设与管理】 市政建设与管理 “拆违”面积约200平方米。市容整治清理乱张贴3.5万余处。城市管理建设罚款2万多元。加强流动摊点管理，重点巡查福州汽车南站等地段，控制摊点乱摆放。推行网格化管理服务机制，初步形成全面覆盖、高效率民情民意收集、群众协调处理体系。

基层建设管理 健全与完善社区自治组织体系，依法建立健全工作规则、目标责任、管理办法、财务审计等各项规章制度，开展自治活动。“一站式”便民服务中心集管理、服务、教育、活动一体，规范党员远程教育室、图书阅览室与心理咨询室，依托老年活动室与社区居民健身广场等，建立社区居民文化活动站。

【社会事业】 教育与文化 以市民学校、道德讲堂为依托，组织社区教育和培训。开办“四点半”学校、绿色网吧等，完善未成年人校外教育活动场所与思想道德建设“三位一体”机制。重组茶亭公园民居票友队，建设完善茶亭公园2个纳凉点。与福州电视台等媒体单位、辖区单位联合开展节庆文艺演出活动以及“免费书写赠送春联”活动。

卫生与计划生育 辖内有市疾控中心、市结核病防治所、市职业病防治所、茶亭街道社区卫生服务中心等，街道卫生服务点全覆盖。社区全科医师签约服务，实施基本药物零差价销售制度。建立育龄妇女信息系统，已婚育妇全程孕情跟踪管理。至12月31日，全街已婚育妇3011人，人口出生161人，自然增长率3.2‰，性别比106.41。计划生育率93.79%，随访服务率100%。

社会保障 发放低保边缘户物价上涨补贴及生活困难补助9990元，低保户困难学生助学款6000元。建立残疾人康复服务档案，提供康复信息服

重组茶亭公园民居票友队，茶亭公园两个纳凉点建设不断完善

（茶亭街道 供）

务和转介服务，协调组织社区内有关机构、人员为残疾人提供康复服务与支持。受理保障房申请18份，其中廉租房6份，公租房12份。

生态环境保护　综合整治茶亭河水环境。配合区园林局绿化治理、管理，新增绿化面积800多平方米，修剪灌木300多株，草坪600多平方米。

平安建设　排查化解纠纷57起，调解成功率96.6%。落实安全生产责任制，与4个社区签订《茶亭街道2013年安全生产工作责任书》《茶亭街道道路交通安全综合整治“三年行动”责任状》《信访工作责任状》《社会管理综合治理工作责任书》。各社区与沿街1400多家商店与物业公司签订《茶亭地区2013年度防火安全责任书》。与居民签订《茶亭地区居民防火安全公约》约6000份。开展安全生产宣传教育与“安全生产月活动”，安全生产领域“打非治违”专项行动，安全生产重点整治百日行动等。出动检查人员2300人次，发现隐患162处，发放整改指令书136份，当场整改21处，关闭查封2处，停业整顿4处，取缔2家，整改率100%。街道投入平安建设43.24万元。

（陈　林）

## 洋中街道

【概况】　洋中街道地处台江区中部，东以五一南路中心线为界，西至洋中路中心线，南以学军路、八一七中路至小桥、达道河中心线为界，北至洋头口立交桥的东、西引桥、国货路西段中心线，面积0.88平方千米。2013年，将原金斗、达道、铺前、玉树、福明、横街6个社区整合为金斗、达道、玉树、铺前4个社区。常住人口0.95万户，2.5万人。

【经济建设】　规模以上工业总产值6.3611亿元，占年计划106.59%，同比增长27.91%。固定资产投资24.4089亿元，占年计划110.95%，同比增长52.52%。项目投资23.6589亿元，占年计划107.54%，同比增长79.49%。工业固定资产投资4.0303亿元，占年计划706.95%，同比增长698.71%。建筑业产值5.41084亿元，占年计划127.31%，同比增长55.33%。限上商品销售额42.95314亿元，占年计划108.99%，同比增长41.69%。限上社会消费品零售额16.1584亿元，占年计划117.69%，同比增长52.99%。协税护税收入5955.1万元，占年计划100.78%，同比增长16.9%。参与分成收入3351.1万元，占年计划107.65%，同比增长24.87%。私人房产税348.5万元，占年计划106.57%，同比增长27.8%。合同外资及港澳台资2999万美元，占年计划130.39%，同比增长0.64%。实际利用外资及港澳台资1400万美元，占年计划100%。

新增福州久顺五金装饰有限公司、福州恒大伟业进出口有限公司、福州连池贸易有限公司、福州凯乐贸易有限公司、福州佳的商贸有限公司、福州品阁贸易有限公司、福州开元陈设贸易有限公司7家企业。引进外资及港澳台资企业1家，合同外资及港澳台资2999万美元。受理知识产权专利申请121份，其中，专利发明15项，实用新型32项，外观设计74项。福建智恒电子新技术有限公司与福州宇森行装饰材料有限公司获省级著名商标。

【城区建设与管理】　改造提升广达路、达道路、八一七中路横街段沿线传统商业街区。投入200多万元，综合整治提升辉福小区、达文里新村、德胜花园、打铁垱新村。投入80多万元改造银湘弄，完善社区基础设施。与市安马环境服务有限公司签订合作协议，市容环境卫生保洁服务外包。处理市容违章368起，收缴、暂扣占道摊车110部、占道物品80余件，处罚1.2万元。清理布幅广告180面、乱张贴广告3万余张。拆除破旧店招店牌60余面；处罚两车乱停放320起，纠正两车乱停放1700余起。健全网格化社会管理体系，4个工作站，23个网格，街道网格化服务管理中心统一管理、社区网格化服务管理工作站组织实施、网格员具体实施，三级管理。

【社会事业】　计划生育　减免计生困难户各类税费5689元，慰问补助

区委书记张忠（左）围绕"四个万家"主题实践活动，为基层群众解决实际困难
（区委宣传部 供）

138户，11.63万元。妇科免费检查59人次。下达物业管理公司计划生育责任书20份。育龄妇女免费B超"双查"709人次。开展"阳光计生行动""诚信计生"与流动人口"一站式"计生管理服务。清理社会抚养费拖欠1例，征收7.5636万元。新生儿144人，出生政策符合率94.4%，出生人口性别比100。

社会保障　发放救助金1.25万元。26户、69人享受低保救助。发放低保边缘户物价补贴及困难补助款136人，3.0192万元。收集用人单位信息，采集率超100%，准确率超90%。网格化管理对象覆盖率100%。发布企业用工信息1017条，提供招聘岗位8758个，下岗失业人员再就业461人，援助"4050"人员就业292人，进城务工农民526人，安置城镇失业人员831人。申请发放无息贷款5人，2.5万元。签订出租户"四合一"合同2147份，用工单位合同58份。居家养老服务站全覆盖。开展流动学龄人口摸底、残疾儿童就学等。深化殡改和殡葬法规宣传，火化率100%。

平安建设　综治信访维稳中心，规范设置接访、办公、调解、联席会议、档案等功能区，开设"来访接待、综合受理、流口服务"3个服务窗口。维稳工作队队员30名，维稳信息员21名，网络舆情信息员6名，人民调解员62名，外来人口集中地、重点地段设立重要点信息员。结合"安全社区"创建，排查整改公共场所安全隐患，重点整治亚细亚商场、汇多利商场消防安全隐患。

（陈 雯）

## 新港街道

【概况】　新港街道地处台江区东部，东临晋安河，与晋安区王庄、象园街道相望，南接台江榕城古街与瀛洲街道为邻，北以琼东河为界，与鼓楼区水部街道相望，西至五一路，与茶亭、洋中、后洲相邻，面积1.35平方千米。2013年，将原利嘉城、南公、元一、新港、中选、十三桥、雁塔7个社区整合为利嘉城、南公、新港、十三桥、雁塔5个社区。常住人口1.0815万户，3.1746万人。

【经济建设】　规模以上工业总产值122.1176亿元，占年计划101.59%，同比增长21.9%。固定资产投资18.4929亿元，占年计划64.64%。项目投资15.9339亿元，占年计划56.91%。建筑业产值7.73603亿元，占年计划136.44%，同比增长66.57%。限上商品销售额99.83001亿元，占年计划84.35%，同比增长19.1%。限额以上社会消费品零售额37.45856亿元，占年计划121.15%，同比增长51.43%。协税护税收入1.50796亿元，占年计划106.44%，同比增长23.47%。参与分成收入7616.7万元，占年计划100.22%，同比增长16.25%。私人出租房产税151.4万元，占年计划101.61%，同比增长21.6%。内资实际到资16.5058亿元，占年计划101.57%，同比增长11.7%。合同外资及港澳台资2800万美元，占年计划121.74%，同比增长21.74%。实际利用外资及港澳台资1400万美元，占年计划100%。

注册福建数创信息技术有限公司、福建岩确贸易有限公司、福建百胜财富投资有限公司、福建中腾合筑建筑设计工程有限公司等170多家各类型企业。福建网言文创信息科技有限公司与福建鑫建侨珠宝首饰有限公司企业注册资金各1000万元。

"5•18"海交会，签约引进中防联博投资有限公司投资兴建宝龙万象广场平战结合地下人防工程项目，总投资约15亿元。"6•18"项交会，征集福建三师电子有限公司及福州恒拓工业自动化有限公司技术需求、项目对接信息。提升限上商贸企业4家，新增限上商贸企业2家。梳理企业纳税关系，区外移入3家企业。开展楼宇经济摸底，挖掘跟踪意向企业。收集个人及公司专利申请奖励金材料50多项，报台江区科技局。推荐一丁集团、冠华金属制品、福州顺凌贸易等5家企业申报驰名、著名与知名商标。

【城区建设与管理】 发放宣传材料与宣传品3万多份，设置小型宣传牌2000多面，出专刊16期，提高市民文明创建城市知晓率、支持率与参与率。清理各类违规户外广告、店牌店招80余面，收缴广告印刷品1500多张。整治违章建筑14起，拆除违章面积300平方米。处理各类流动摊点280起，处罚市容违章罚金1.3万多元。办理群众投诉140多件，收缴非法出版物300多本，非法音像制品400多片。加强“两车”停放管理，志愿者开展纠正、劝导两车乱停放700多辆次。处罚“两车”乱停放320辆次。推进网格化服务管理。

【社会事业】 计划生育 育妇7812人，其中已婚育妇5084人，初婚36人。年内出生329人，性别比105.23，人口自然增长率5.21‰。流入人口1.0366万人，流入育妇3567人，其中已婚育妇1606人，流入出生18人。流出人口92人，流出育妇41人，其中已婚育妇36人。585名社区育龄妇女接受免费妇科检查。奖励独生子女家庭60户，每户1000元。

9月29日，区计生局组织街道计生办、计生协及区法院、社区卫生服务中心、福建医科大学志愿者协会在雁塔社区鞋城开展“我们的节日·重阳节”计生宣传服务活动。发放计划生育奖励扶助宣传折页、《老年春秋》、健康知识手册等，提供法律法规咨询，有奖竞猜计生谜语。100多名老人接受免费健康检查。

社会保障 办理企业贴息贷款300万元。办理就业失业登记证500本，认定灵活就业人员593人。接收退休人员5861人，低保户187户320人。发放义务兵优待金11人，15.334万元；低保救济金318人，120.06万元。

加强文体辅导站队伍建设。建立街道文化站，添置文体设施。7支群众文艺表演队伍，丰富群众文化生活。推进未成年人思想道德建设。整合社会教育资源，推动社区图书馆、文化室与辖区单位文体设施、计算机室向未成年人开放。各社区开展未成年人心理健康辅导，建设学校、家庭、社会“三位一体”教育网络，扩大未成年人教育工作覆盖面。依托街居市民学校与道德讲堂，以《公民道德建设纲要》为核心，开展文明礼仪、科普宣传教育等实践活动。春节、拗九节、清明节、端午节等传统节日与福州特色民俗节，开展“我们的节日”系列活动。

国庆、中秋，新港街道慰问计生基层困难工作者 (新港街道 供)

开展“三合一”场所与出租房摸底排查，木屋毗连区住户“一户一机”，无偿更换破损电线，价值6万多元，其中，区政府拨款4万多元，街道投入2万多元。

平安建设 投入综治经费10多万元。调整充实“11211”工程建设，推进物业和无物业小区治安防范。组建综治服务点与保安巡逻队。坚持“四禁并举”，登记造册吸毒人员111人。转化邪教“法轮功”练习者9人，转化率90%。从民兵队伍结构、男女比例、整体素质、建章立制等7个方面整编民兵队伍，通过市警备区点验。

(新港街道)

## 后洲街道

【概况】 后洲街道位于台江区南部，东至五一南路瀛洲河中心线，南至闽江主航道中心线，西由通太桥向南沿白马南路至下杭路，北由八一七中路向西沿学军路转向北接洋中路至鸟弄，面积0.91平方千米。2013年，将原中亭街东区、中亭街西区、天华、迎晖、大同、安平、上杭、下杭、水巷、汀州、龙岭11个社区整合为中亭街、上下杭、同晖、天华、水巷、汀洲6个社区。街道户数1.0237万户，总人口2.7187万人。

【经济建设】 规模以上工业总产值1.3亿元，占年计划213.56%，同比增长156.27%。固定资产投资23亿元，占年计划100%，同比增长39.82%。项目投资22.58亿元，占年计划102.67%，同比增长37.31%。工业固定资产投资3537万元，占年计划151.48%，同比增长71.12%。建筑业产值2.1亿元，占年计划101.08%，同比增长23.46%。限额以上商品销售额33.68亿元，占年计划81.17%，同比增长27.68%。限额以上社会消费品零售额15.01亿元，占年计划89.45%，同比增长21.62%。协税护税收入1.13亿元，占年计划52.19%。参与分成收入3321.6万元，占年计划100.81%，同比增长16.93%。私人出租房产税420.1万元，占年计划85.21%，同比增长2.2%。出口总值7300万美元，占年计划100%。内资实际到资13.46亿元，占年计划100.06%。合同外资及港澳台资2400万美元，占年计划104.35%，同比增长4.35%。实际利用外资及港澳台资1400万美元，占年计划100%，同比增长66.67%。获区绩效考评优胜单位称号。

提升限上企业7家，新增限上企业4家。引进福建美益投资有限公司、福州明航众赢贸易有限公司、齐福（福建）船舶有限公司等13家企业，其中福建美益投资有限公司注册资金1亿元。

江滨外滩一号入驻福建石狮农村商业银行股份有限公司、厦门国际银行福州分行、正荣（福州）置业发展有限公司等企业。介入红星苑三期招商，对接中石油运输福建分公司和可可因信息技术有限公司。支持企业成立电子商务平台，推动商贸经济转型升级，培育新经济增长点，其中中亭美居入驻海峡电子商务产业基地。

【城区建设与管理】 城管中队多次开展专项集中整治行动，全面清查辖内所有门店和公共场所“六乱”现象。取缔占道摊点500余摊。劝导、疏散流动摊点600余摊。纠正“店外店”等占道违章行为1000余起。整治“乱挂晒”80余起。整治乱倒垃圾行为30起。暂扣违章物品30余件。取缔夜间大排档16家。

加大安庆横里占道市场整顿力度，专人整治占道摊点及店外店，督促和平市场管理处做好市场周边卫生及占道摊点整顿。整顿辖区“两车”乱停放，罚款30次、300元。落实城市长效管理，加强环卫空档时段及交接班管理，结合区环卫处日常督查、巡查发现问题，及时整改。

【社会事业】 人口与计划生育 育妇5867人，其中已婚育妇3967人，初婚146人。年内出生236人，性别比107.02，人口自然增长率-0.81‰。流入人口6435人，流入育妇2699人，其中已婚育妇1211人，流入出生28人。流出人口109人，流出育妇 36人，其中已婚育妇28 人。

执行上班前到实地巡检1小时制度。3月6日，街道计生办联合社区警务室对天华社区流动人口计生巡检，入户80余户，新摸底50余人，新来人员登记造册，利用流动人口信息交换平台，通报流动人口育龄妇女信息，做到不漏管、不漏记，全部纳入规范统筹管理。4月26日，联合南京军区福州总院476医院为群众计生服务和义诊。5月29日，街道计生办、计生协在中亭街举办“关怀计划生育群众”主题大型公益宣传活动，邀请福建医科大学学生志愿者为群众义诊，免费体格检查、生殖健康检查与健康咨询。投入3万多元制作宣传单3.3万份、小册子2000多本。年内，五年一周期滚动救助贫困母亲6人，免费提供新婚夫妇孕前优生检测，发放6个月小剂量叶酸增补剂。免费孕前优生健康检查160对，咨询指导164人次，发放优生优育宣传单3000余份，新建免费避孕药具发放网点4个。

社会保障 1月，发放“2012年城镇义务兵优待金”19人，23.3263万元；“2011年冬季退伍兵自谋职业生活费”4人，1.69万元。春节前，联合苏宁电器慰问辖内流动人口与困难群众180名，送慰问金15万元。宣传殡葬改革法规政策，清明节期间以殡改为内容出专刊并发放殡改宣传材料。4月29日，福建广播电视报社，街道党工委、办事处主办，《海西社区》专刊编辑部、美的电器、福州海峡职业技术学院协办“榕城敬老惠民公益大行动”，慰问街道社区计生失独、伤残家庭。7月，发放“2012年优秀军人奖励”8人，7726元。8月1日，发放重点优抚对象“八一”慰问费19人，5700元。中秋节、国庆节期间，发放参战人员“中秋食品购物券”21人，6300元。定向安置越战退役老兵再就业2人。至10月，受理保障房申请115份，其中廉租房72份，公租房43份。至12月，发放381户低保户居民最低生活保障金223.325万元。发放物价上涨补贴及生活困难补助137户275人，6.105万元；市属国有、集体企业解除劳动关系低保人员43名慰问金每人1000元；临时救助金37户87人，1.8万元。

整理、分类造册新办理二代残疾证人员信息。组织人员参加区残联及有关部门残疾人再就业培训。建立白内障防治长效工作机制，包括宣传、预防、申报、筛查、手术。元旦、春节、中秋节、国庆节期间慰问45位特困残疾人，送慰问品，发放慰问金1.95万元。公示7名符合“重度残疾人居家托养”条件残疾人信息并上报，每人居家托养补助金2000元。为1名残疾人申报安装闪光门铃。发放新考入大中专院校残疾人与贫困残疾人子女扶残助学金4人，1.25万元。11个社区全部成立居家养老服务站，提供午餐，老人活动室配备棋牌、麻将桌、电视、VCD、书籍、报刊等。9月，中亭街东社区居家养老服务站获“福州市AAAA级社区居家养老服务站”。防抗台风“苏力”及“潭美”，街道、社区防风宣传，转移、安置受灾人员，下拨防灾救灾款8080元。

（陈仕丹）

## 瀛洲街道

【概况】 瀛洲街道位于台江区东南部，东以光明港一支河为界与鳌峰街道相邻，西至五一路与后洲街道相邻，南临闽江，北至光明港与新港街道、晋安区相望，面积2.2平方千米。2013年，将原红星、滨江、光明、建海、瀛东、两街、瀛福7个社区整合为红星、滨江、光明、建海、瀛东5个社区。党委3个，党总支1个，党支部55个，党员994名；非公企业党组织31个，其中新组建23个，党员108名。常住人口1.0683万户，3.2171万人，流动人口1.5399万人。

【经济建设】 规模以上工业总产值1.23082亿元，占年计划63.98%。固定资产重点投资项目亿力江滨、文华广场、红星商务综合楼、建设银行综合业务楼、光明港一支河、二桥改建金额9.73亿元，其他中小型企业投资7.24亿元。工业固定资产投资3.7278亿元，占年计划115.03%，同比增长15.03%。建筑业产值4.3374亿元，占年计划67.88%。企业662家，个体工商户4752家。限上商贸企业20家，限额以上商品销售额14.3781亿元，占年计划95.24%，同比增长23.85%。限额以上社会消费品零售额8.2975亿元，占年计划88.34%，同比增长14.84%。限上餐饮企业2家，限额以上贸易餐饮业营业额3889.8万元。协税护税收入4773.5万元，占年计划53.22%。参与分成收入3001.2万元，占年计划70.71%。私人出租房产税433.5万元，占年计划100.12%，同比增长20.1%。合同外资及港澳台资2300万美元，占年计划100%。实际利用外资及港澳台资1400万美元，占年计划100%，同比增长100%。

红星商务大楼选址面积6975平方米，其中建筑用地面积4592平方米。建地下二层，地上十八层。总建筑面积2.374715万平方米，其中地下面积5364.1平方米；基底（占地）面积1173.55平方米；地上面积1.838305万平方米。

【城区建设与管理】 清理乱堆放35车、乱张贴1.008万张、乱涂写4960处，劝导店外店661家，取缔占道摊点215摊，暂扣摊车87部，取缔无证中小餐馆8家，“五小”行业4家。街道环卫清扫保洁完成市场化改革，7月1日，安马环境保洁公司接管。五一路、排尾路立面改造提升完成。光明港环境综合整治沿岸拆进50米建光明港公园。

对辖区中小餐馆、单位食堂摸底造册，督促中小餐馆、单位食堂与供气单位签订供气协议，建立一户一表。加大用气安全知识宣传，发放宣传单500多份，引导经营者安全用气。

11月16日，瀛洲立交桥正式开拆。该立交桥建于1986年，为三层环带型结构，是福州市最早的立交桥。随着台江步行街拆除，通往闽江大桥、排尾路方向车流量增大，瀛洲立交桥无法承担分流交通作用，桥上各方向车流转向时互相干扰，甚至阻碍交通。拆除后原址改造成平面交叉，并新建南北双向4车道高架桥。

11月16日，瀛洲立交桥正式开拆 （瀛洲街道 供）

【社会事业】 教育 辖内有省电力技校、福州二十五中、台二小、瀛滨小、省交通职业技校5所，幼托园（所）14所（其中1所为街道公立幼儿园）。党工委及党政联席会议研究教育督导工作4次。扫盲27名。辖内3—18岁6153人。其中，3—5岁953人，接受学前教育757人，入园率100%；6—11岁2535人，入学率100%；12—15岁1486人，入学率100%；16—18岁1179人，入学率90%。6—15周岁残疾人17名，户籍学龄人口区外就读625人，外地输入学龄人口1579人。投入教育经费74.16万元，递增率超20%。

计划生育 常住育龄妇女8606人，已婚育妇5757人。出生279人，出生率8.67‰，出生政策符合率92.47%，出生人口性别比92.4∶100。流动育妇4992人，已婚育妇3438人。流动人口出生40人，其中政策内出生38人。投入计生经费53.52万元，人均16.62元。189对夫妇接受优生检测服务。发放伤残死亡独生子女家庭扶助金20户、36人，17.28万元。兑现双方无业独生子女奖励165户，15.5万元。征收社会抚养费8.456万元。发放基层计生工作者慰问金、慰问品3.76万元。

社会保障 发放低保金149户、

273 人，96.75 万元，重度残疾人补助金 6.48 万元。为低保边缘户 107 人发放物价补贴及困难补助金 2.3606 万元；为临时困难户 18 户发放补助金 6100 元。参战退役人员 19 人每月享受 425 元生活补贴。发放重点优抚对象卫生院医疗补助证。发放 2011 年、2012 年优秀士兵奖励金 16 人，1.7279 万元；义务兵优待金 27 人，37.638 万元。保障房申请 98 户。6 户重度残疾人特困户享受居家托养补助每人 2000 元。3 名困难残疾人家庭无障碍改造家居。发放考入大中专院校残疾人及困难残疾人子女助学金 3 人，8500 元。帮助贫困重度残疾人 18 人申请辅助器具。城镇新增就业 727 人，下岗失业再就业 219 人，安置进城务工农民 304 人，城镇就业困难对象再就业 123 人。发放社保补贴 882 人，办理城镇居民社保 1302 人。

**社区建设** 11 月，原有 7 个社区整合为 5 个社区，社区工作服务站 5 个；11 日，经合社换届。投入 140 多万元购置红星社区办公场所，涵盖一站式服务、党员活动室、阅览室、心理咨询室、会议室等。

**平安建设** 投入经费 5 万元，印发宣传材料 2500 份、宣传礼品 5000 份，悬挂宣传画 30 张、横幅 15 幅，张贴宣传标语 2500 多张，举办宣传咨询点 22 场（次），制作综治司法宣传专刊 56 期。建成街道及各社区网格化系统。排查矛盾纠纷 109 起，调解成功 108 起，调解率 99%；处理“12345”便民服务平台投诉 716 起。接管刑释解教人员 18 名，帮教率 100%。社区矫正试点，在册社区服刑人员 26 人，无重新犯罪。做好社区戒毒（康复），吸毒人员基本情况建档成册，录入网络，建立完善吸毒人员动态管控机制。更换木屋区老电线与漏电保护器，配灭火器材、巡逻人员。

（陈 欣）

## 鳌峰街道

**【概况】** 鳌峰街道地处台江东部，东起九孔闸、西至光明一支河、南临闽江、北靠光明港，东接马尾新城、西接市中心、南望海峡国际会展中心和新市政中心、北靠鼓山，面积 5.1 平方千米，约占台江区面积的 1/3。辖亚峰、福人、鳌峰苑、曙光、鳌峰洲、武夷绿洲 6 个社区。2013 年，常住人口 3.08 万人，流动人口 1.67 万人。

**【经济建设】** 规模以上工业总产值 2.88719 亿元，占年计划 66.21%。固定资产投资 60.4331 亿元，占年计划 137.35%，同比增长 34.16%，其中，项目投资 10.2285 亿元，占年计划 85.24%。工业固定资产投资 1.2823 亿元，占年计划 143.84%，同比增长 43.84%。建筑业产值 16.33991 亿元，占年计划 113.71%，同比增长 38.71%。限额以上商品销售额 18.12775 亿元，占年计划 95.93%，同比增长 24.71%。限额以上社会消费品零售额 15.98251 亿元，占年计划 117.36%，同比增长 52.57%。协税护税收入 2.61832 亿元，占年计划 101.04%，同比增长 17.21%。参与分成收入 5851.9 万元，占年计划 104.22%，同比增长 20.89%。私人房产税 167.9 万元，占年计划 119.08%，同比增长 43.1%。内资实际到资 27.9569 亿元，占年计划 129.85%。合同外资及港澳台资 2300 万美元，占年计划 100%。实际利用外资及港澳台资 1400 万美元，占年计划 100%。

招商引进宝钢、郑和、神华、盈科等多家大型企业，提升限上企业 7 家。强化万达、海峡电子商务产业基地（一期）、榕都 318 等入驻企业后续服务，配合税务、财政等相关部门，巩固万达商圈税源，重点征收万达 5A 写字楼与 SOHO 办公房产税。

**【城区建设与管理】** 建成旧城改造北江滨上东二环东侧匝道。9 月 26 日，启动西侧匝道征迁，征迁 103 户。至年底，1 个省属单位未签订征迁补偿协议。海峡金融商务区申发大厦、百联大厦竣工交房。升龙大厦、金座大厦、华班大厦、恒丰大厦 4 个项目进入后

区长陈曾勇（左三）围绕“四个万家”主题实践活动，为基层群众解决实际困难 （区政府办供）

期装修。福建省交通运输集团物流信息大厦、水晶花园、天域城、农商银行大楼、海峡银行大楼等9个在建项目按序时进度施工。交通银行福建省分行营业大楼、富闽时代广场、富邦大厦等7个项目前期准备。

市政建设与管理 东二环两侧鳌峰大桥周边房屋，榕佳楼、宏洋大厦、干鲜果综合楼等外立面景观整治工程完成。光明港新村、台江环卫公寓等3幢楼外立面景观整治基本完成。

【社会事业】 计划生育 以稳定低生育水平为重点，计划生育率92.76%，性别比101.39。核对公安、卫生、民政、幼儿园、中小学校等人口信息数据，上门访视入户登记新建楼盘入住户。双查1905人次，双查率91%以上，优生检测248对，提前3个月完成优生检测任务。统一制作大型计生宣传栏7面，举办计生宣传活动30场，发放宣传单1.2万份，避孕药具5600多支，服务群众554人次，计生信息被省、市计生专刊采用30篇。依法征收社会抚养费23.03万元，征收率3.03%，征收面4.17%。核实、清理补报2007—2012年出生人口208人，其中政策外130人；2007年以前36人。

社会保障 实施动态管理，新增低保户11户，核减22户，发放低保金146户、285人，7.79万元。发放抚恤金、义务兵优待金、各类困难补助、学生助学款等21.3万元。低收入对象申请医疗补助6人。实施“安居、致富、成才、保障、亲情”五大工程，6户贫困母亲办理小额贴息贷款。1户独生子女困难家庭秋季入学大学生申请助学款。辖区群众免费健康体检4250人次。送132户计生户、空巢户慰问金6.26万元。鳌峰小区2号楼311室和411室受火灾家庭申请民政救助6000元。走访慰问困难残疾人30名，补办“二代”残疾证17本，参加残疾人职业技能培训46人，办理“残疾人居家养老服务”6人，扶持城镇“零就业”残疾人1人，无障碍改造需求5人，申请重度残疾人困难补助金2人，发放辅助器具等15人，为申请燃油补助费代步车残疾人30人办理银行卡，残疾人308人资料进入基础信息数据库。审核申请廉租房25户、经济适用房27户。腾岗、寻岗、建岗3社区安置下岗、失业职工379人，灵活就业认定62人，“4050”援助54人，转移农村富余劳动力129人，接收社会退休人员3958人，收集并发布企业用工信息190条，提供招聘岗位1068个。

平安建设 以“平安街道”建设为载体，与各社区、辖区单位签订消防、安全等目标责任状。规范、推进流动人口“一站式”服务工作站平台建设。完善辖区重点路段、重点单位、重点商场治安防控网络建设，聘请专职巡防队员6人，重点区域开展巡逻防控。添置电子喊话器、强光电筒等巡逻设备，督促物业公司维护小区路灯、监控系统等。

（黄惠容）

（编辑 涂江华）

# 区委调研课题（选编）

## 编者按

2013年年底，根据区委、区政府的部署，台江区各级各部门结合工作实际，深入开展调查研究，了解掌握大量第一手资料，撰写一批反映发展实际情况、深刻剖析存在问题，提出具有一定前瞻性和可操作性对策建议的调研报告，并形成《2014年台江区工作思路调研文集》。本栏目从中选编10篇，主要选录本书既设栏目未能全面涉及的行业或部门的发展课题内容。

## 加强社区建设，全力构建和谐社区

台江区原有社区73个，11月，按照市、区关于对社区进行科学整合的工作要求，全区社区进行重新划分整合，把73个社区整合为现在的52个社区，同时，在52个社区建立社区工作服务站，配备625名社区工作服务站专职工作人员，主要由社区“两委”（含整合前“两委”）、社区服务协管员、社会人员经统一考试后进入工作服务站，现有社区“两委”中首批由组织部招录的17名大学生社区工作者已转编至区社区服务中心，成为全民事业编制；另17名社区党组织书记进入街道事业编制。

### 一、近几年台江区社区建设工作做法及主要成效

近几年来，台江区社区建设工作在区委、区政府领导下，在省民政厅、市社区办指导下，认真贯彻中办、国办、省委、省政府、市委、市政府关于加强和改进城市社区居民委员会建设的工作意见，全面推广“135”社区党建工作模式，以机制、载体创新为先导，不断丰富社区建设内涵，不断提升社区建设水平，使社区建设成为构建美丽台江、文明台江、和谐台江、平安台江的重要平台，实现了台江区社区建设跨越发展。台江区先后荣获首次“全国和谐社区建设示范城区”“全国社区建设示范区”等荣誉称号。2013年，台江区、后洲街道、金斗社区拟作为第二次全国和谐社区建设示范城区、街道、社区，由省民政厅向国家民政部申报，上述单位及中亭街、上海新苑、浦东、洋头口、宁化等5个社区作为省级社区建设先进城区、街道、社区由市社区办向省民政厅申报。

一是着力经济社会协调发展，强化社区建设组织领导。台江区始终把社区建设作为经济社会发展的一个重要基础工程来抓，区、街、社区建设工作领导机构和工作机制不断健全，有力推动了社区建设工作进一步制度化、规范化。二是着力社区建设基础保障，强化社区工作者素质、社区服务设施提升。实施“311”（即三个全员培训、一个大学生社区工作者实训基地、一个社区工作者继续教育激励机制）社区工作者素质提升工程，有效地提高社区工作者的整体素质；通过提高工作者经济待遇，拓展社区工作者发展空间，稳定社区工作者队伍。在社区工作用房建设中，通过整合、配套、购买等方式改善社区工作用房，目前，台江区有22个社区工作用房面积超过200平方米，有3个社区工作用房面积超过500平方米。三是着力“一委一居一站”工作体系完善，强化社区组织职能拓展。强化社区党组织核心作用，提升社区党建服务发展、服务社会、服务群众、服务党员的能力；强化社区居委会自治职能，提升社区自我管理、自我服务、自我教育、自我监督水平；强化社区服务站民生意识，开展无物业管理小区整治，提升改善小区环境，开展社区公共医疗卫生服务，提高居民健康水平，开展“居家养老”服务，构筑社区夕阳产业。开展计划生育服务，稳定低生育水平，做到公共服务与保障优先。四是着力社区建设载体创新，强化社区建设形式多元、内涵丰富。创新社区建设活动载体，深化“星级社区”创建，开展“十佳社区工作者”“社区工作年度创新奖”评选，推进全国、省社区建设示范单位创建，营造社区建设创先争优氛围；构建学校、社会、家庭“三位一体”的未成年

人教育平台，全区所有社区设立未成年人心理健康咨询室，在部分社区设立了“四点半学校”。金斗社区“你动嘴，我跑腿”等社区服务品牌受到群众广泛好评；社区网格化管理和信息化建设初见成效。五是着力构筑大社区建设格局，强化社区建设助推和谐社会建设。以“平安”社区建设为载体，推进社会稳定和谐。以社区文明创建为平台，推进社会文明和谐。

## 二、目前台江区社区建设工作亟待解决的主要问题

台江区社区建设工作在近几年虽然取得了显著成效，但比较于社会管理不断创新的大背景还相对滞后，与居民群众对社区服务管理发展的期待还有一定的差距。经过广泛调研，社区建设亟待解决的问题主要有以下几个方面：

社区建设工作共同参与氛围有待进一步营造。社区建设是一项社会系统工程，它既要有党政层面的宏观领导决策，又要有相关职能部门的有力指导、配合，更需要社区工作者的实践和广大居民群众的广泛参与。但目前，很多组织和人员在意识中虽然已经认识到在自身工作中社区的基础作用，但在实际工作中往往还认为社区建设只是社区党组织、居委会的事，对于部门在社区开展的工作只求结果，不注重过程。同时，社区居民对于社区建设也只局限于前来办事，还缺乏互动的参与意识，自治理念淡薄。因此，虽然已经有了社区建设共同参与机制，但在具体运作中还缺乏必要的刚性考核。

社区建设创新意识有待进一步增强。创新是驱动社区建设理论和实践的不断发展源泉和动力，但目前，无论是在社区建设理论上，还是在社区建设实践中，台江都缺乏创新意识和创新精神。一方面体现在理论创新精神的匮乏，从而导致在实际工作中辛辛苦苦创造出来的好做法无法提升成成果，无法形成品牌，无法产生强大的影响力。另一方面体现在实践创新动力不足，广大社区工作者每天忙于繁杂的社区事务，忙于应付应接不暇的各种检查，忙于制作名目繁多的软件台账，在穷于完成工作任务的状态下，鲜有时间和精力思考和探索社区建设新的手段。第三方面，缺乏求同存异的工作形态。在现在社区建设实践中，当培植一项新的工作方法或机制后，往往就要求所有社区全面推广，其实每个社区地域不同，居民结构不同，文化积淀不同，可能工作推广效果也不同，这样的方式只能将社区的个性淹没在盲目的统一中，也在一定程度上制约了创新思想的萌芽。

社区基础设施建设有待进一步完善。社区工作用房和服务设施是推进社区建设发展的重要基础保障。省、市对社区设施建设都有刚性的达标考核要求，台江区整合后的52个社区中，社区工作用房面积在200平方米以上的有22个，在100—200平方米之间的有22个，在100平方米以下的有8个，距离省、市2015年社区工作用房平均要达到200平方米以上还有相当大的差距。造成社区办公用房达标缓慢的原因主要有：近年来房价不断上涨，市购房扶持政策所定的价位2009年下半年起已基本买不到办公用房，且台江老式小区适合用于社区工作用房的房源有限，缩小了购置社区工作用房的空间；老旧小区比较多，原有社区办公服务用房面积都普遍偏小；省、市虽然有规定对新建小区规划中必须配套社区工作用房，但由于缺乏可操作性强的落实措施，开发商拖欠现象比较普遍，造成新建小区的配套用房到位难度较大。同时，部分社区办公硬件还相对落后，无法满足社区工作现代化、信息化需要，社区提供给居民开展文化、体育活动的场所还相当有限，这些困境在一定程度上制约了社区建设更快发展。

社区建设工作队伍整体素质有待进一步提升。2013年年底社区整合及社区工作站专职工作人员招聘工作结束后，社区工作人员的年龄结构、文化程度都得到一定程度的改善。但是，随着政府工作重心下沉，社会管理向基层推进，社会公共服务事务向社区延伸，以及不断发展的社区自身管理，还存在不相适应的地方，在对政策法规理解力，对工作的执行力，对开展居民活动的组织力上都还有提升的空间。

## 三、加强社区建设、全力构建和谐社区工作思路

总体思路：以党的十八大和十八届三中的全会精神为统领，认真贯彻省、市社区建设工作意见，围绕区委、区政府中心工作，以社区工作服务站规范化建设为平台，全面提升社区服务管理水平；以全国、省和谐社区示范单位创建迎检工作为契机，着力打造引领全区社区建设的街、居先进典型；以社区工作用房达标建设为抓手，努力改善社区基础配套和硬件设施；以社区工作者培训为根本，着力打造有内涵、能干事、善宣传的社区工作者队伍。

一是全力推进社区工作服务站建设，打造规范化社区建设服务平台。2013年，市委办、市府办转发了市社区办《关于社区工作服务站规范化建设的实施办法》，台江区也出台了《台江区社区工作服务站规范化建设办法（试行）》，文件就社区工作服务站工作职能、建设规范、组建安排和人员配置、专职工作人员报酬待遇、专职工作人员管理、经费保障等作出了明确规定，这是今后一段时间全面推进区社区工作服务站规范化建设的重要指导文件。社区由原有73个整合为52个，诸多事项亟待统一规范，在序时推进社区工作服务站专职工作人员招聘、定级、签订劳动合同后，将把工作重心转移到各项制度的落实上，全力推进社区工作服务站工作职能、建设标准、工作流程、组织管理等规范化建设，从而，使社区工作服务站成为社会管理与创新的前沿阵地，成为服务居民的有效平台。

在社区工作服务站规范化建设中将重点推广“中国社

区”标识在社区内应用广泛，注重社区形象宣传，营造浓郁的社区建设社会共同关注、参与的氛围。

二是着力推进社区工作用房改善，打造功能化社区建设服务环境。针对社区工作用房基础薄弱，建议起步晚和省、市要求差距大等情况，在今后一段时间，首先，做好省级社区综合服务站、市级达标、精品社区建设项目落实，最大限度地争取到省、市补助资金，区相应安排专项资金为社区工作用房改善注入经费；其次，积极协调、支持街道通过配套、购买、置换、租赁等多种形式切实改善社区工作用房，力求多措并举，责任到位；第三，在综合服务站建设中，强化“办公场所最小化、服务场所最大化、服务功能最优化”的原则，逐步配备监控设备、电子屏幕、电子触摸屏等设施，发挥网络优势，实现信息共享，构筑数字化综合服务和网格化管理。

三是深化和谐社区建设创建活动，打造示范化社区建设服务典型。按照民政部、省民政厅、市社区办关于开展全国、省和谐社区建设示范单位创建工作的总体要求，台江区申报全国、省社区建设示范单位，2014年上半年将接受上级部门验收，因此，台江区将按照验收工作的时间、内容等具体要求，将全国和谐社区建设示范城区指标任务分解到区直各相关部门，形成合力，积极指导各街道、社区做好迎检准备，确保迎检工作高质量完成。同时把创建迎检作为和谐社区建设的支点，开展新一轮社区建设创先争优活动，夯实“精品社区”基础，大力培植走在省、市社区建设前列的社区示范单位，产生具有广泛影响力的社区工作品牌、优秀社区工作者。

四是强化社区工作者素质全面提升，打造专业化社区建设服务团队。社区整合工作和社区工作服务站组建完成后，将有623名社区专职工作人员从事社区服务和管理。台江区将在社区工作者培训方面多管齐下，进一步完善业务培训、学历教育、职业资格考试等多层次广覆盖素质提升体系。继续做好社区工作人员参加省民政厅、省委组织部、省电大岗位培训，积极举办多种形式、针对性强的业务培训，打造内涵丰富、会干能说的社区工作者队伍。

五是着力社区建设载体创新，打造品牌化社区建设服务载体。社会管理创新是实现国家创新的基础，社区工作的创新又是社会管理创新的一个重要环节。台江区虽然在街道、社区点上涌现出了金斗社区、后洲街道等社区建设示范单位，但从整体而言，创新意识还不是很强，创新能力还较欠缺，社区服务管理品牌还不响。2014年，台江将积极致力于社区管理、服务创新，在具备条件的社区积极试点，开拓思路，力争创出具有台江特色的社区服务品牌、社区优秀工作人员，并积极做好宣传推广，实现台江区社区建设在省、市的影响不断扩大。

牵头领导：林培清

相关领导：郑则传

牵头单位：区委社区办

## 挖掘提升传统文化，打造“上下杭历史文化街区”品牌

在党十八届三中全会精神的引领下，为了更好地贯彻实施群众路线教育实践活动，满足最广大人民群众的文化需求，展现新时期台江区良好的精神风貌，基于上下杭拆迁这一重大的历史决策，秉承“文化先行”的原则，本文着重从文化资源概况、文化品牌培育、开发中应关注的问题三个方面来论述培育“上下杭历史文化街区品牌”的构想。

### 一、上下杭文化街区历史文化资源基本情况

上下杭街区以依山临水为主要特色，街巷以“二横一纵”为主干，并间以小巷窄弄为支脉，布局合理，规划科学；历史建筑呈线型流畅展开，墙高弄窄，曲巷幽深，别具风味。

（一）闽越王祖地大庙山，寻根溯源

大庙山，位于台江区上杭路、大庙路和延平路之间，面积约6公顷，山高31米。汉高祖五年（公元前202年），因无诸助刘邦击楚有功，被汉王朝册封为闽越王，无诸在此筑台受封，后此台称为汉闽越王台；其子余善亦登大庙山，筑台谢天，还“从井中钓得白龙”，现存有钓龙台、钓龙井，井深水清，民间传系“龙泉”，可祛病；大庙山另有一块碑石“全闽第一江山”，相传为北宋大书法家米芾所写，强调“闽越王祖地”的重要性；清道光年间，乡人集资修闽越王庙，并在其旁建“台江第一亭”，惜庙于民国期间毁；清光绪年间，林则徐嫡孙林炳章在山上建“去毒社”，鼓励烟民戒除毒瘾，迈向新生；清光绪至民国年间，陆续建成“志社”诗楼，现遗迹犹存。

（二）古风犹存商铺会馆，各展奇姿

上下杭商铺“前店后宅”与“前店后库”的平面布局具有独特之处，既可作为营业场所，也可为住家所使用，有的甚至是小型生产车间。典型的院落一般是前门设在上杭街，后门设在下杭街；由于建筑的沿街面宽度有限，因而均向纵深发展，一般都拥有四进院落；建筑四周设有风火山墙，每进之间用墙隔开，中开大门相通，这种独具特色的建筑格局迄今依然保存在古建筑之中。上下杭沿街商业建筑也有西式的，多是店宅左右分列。商铺的沿街立面形式丰富，各式门窗作法迥异，这也成为当时商家表达格局个性的符号代表。

上下杭会馆建筑群是保存较完好、面貌较丰富，具有

较高人文价值的老建筑，被誉为“传统商业的博物馆”，上杭街最为集中，有12个，堪称“会馆一条街”。这些会馆与“馆庙”结合，许多会馆的厅堂就是神坛，供奉神祇，烧香设供，较为普遍的是供奉妈祖；建筑宏伟，富丽堂皇，既有祖籍地的传统特色，又有福州地区建筑艺术风格，个别也采用欧美式风格；多数会馆面积较大，如建宁、寿宁、南郡等馆均达到1500平方米以上。许多会馆为了满足商人联谊、交流的需要，建有厅堂、戏台、酒楼，雕梁画栋，漆金涂丹，而且牌匾纷呈、楹联荟萃，不乏佳作，有的会馆还兼有书斋、花园、亭台楼阁，花木疏离，宽敞阴凉，环境清幽。

（三）古韵深厚民居祠庙，异彩纷呈

上下杭的商人们由商而富，买房置产，出手阔绰大方，所以双杭的民居建筑不仅门面装饰精美，如邓炎辉故居，其大门上祥云空心图做工精细、图案精美，其建筑内部也是精致细微，雕艺非凡：如已列为省级文物保护单位的采峰别墅（杨鸿斌故居），室内设有古典式的壁橱角柱，窗门上部采用中国古典花格式样，凡此种种，不一而足。步入清后期后，西式建筑技术的传入，使得双杭历史建筑内部构 造发生质的变化，扶手楼梯、平台、雨棚、吊顶也在装修中得到大量的运用。

在上下杭，宗庙祠堂风韵犹存，如曾氏祠堂，是北宋文学家曾巩后裔祠堂，许多祠庙的屋檐上、窗棂上仍保持着一些古朴而华丽的雕花图案。“财神”张真君祖殿面阔三间，进深七柱，穿斗式木石结构，雕饰精美，殿内石柱、戏台是民间文化遗迹。如上杭路的高氏文昌阁于清嘉庆年间建，阁双层，重檐歇山顶，主体建筑依然屹立，结构完好；而在中平路，曾密集分布着烟花柳巷，有着新潮的西式餐厅。上下杭的馆阁祠庙，与人们日常生活息息相关，却异彩纷呈，展现着多种风格。

## 二、积极培育上下杭历史文化街区的品牌内核

上下杭本身具有丰富的文化资源，基础条件得天独厚，但是如何把文化资源转变成为文化资本，这需要引起各有关部门的重视，积极打造上下杭品牌，才能形成文化核心竞争力，展现上下杭独特魅力，具体说来，应侧重挖掘培育以下文化品牌：

（一）整合代表性资源，打造精品文化旅游线路

对于上下杭地区原有的资源一要做好分类、组织、整理工作，充分了解区域内历史文化资源。如现有不可移动文物129处，其中，省级文物保护单位4处（张真君祖殿、福州商务总会旧址、采峰别墅、古田会馆），市级文物保护单位6处（黄培松故居、星安桥、三通桥、彬德桥、白马桥、福建轮船公司旧址），区级文物保护单位若干。二要深入挖掘现有资源深厚的历史文化底蕴。即以商魂为核心，彰显闽商文化、会馆文化、神缘文化、民俗文化，突出品牌宣传，积极策划主体口号、形象标识、媒体推介规划，采用灵活宣传方式，努力使深厚的文化资源变成优质的文化资本。三要做好归并、选择工作。按照商铺、会馆、民居、祠庙等类别，将资源进行归类，并组织专家进行比较、甄别，选取最具代表性的几个景点，以此作为品牌宣传的侧重点和着力点。

在旅游线路设计方面，应树立正确意识，明确设计的整体思路，即精品旅游线路应包括寻根文化、商贸文化、民间文化在内，并有选择性串联旅游景点、体验多种风格、能完整展示上下杭魅力的经典线路；其次应科学规划，对于区域内能够表现商贸文化、民间文化的古老建筑，应选择最具代表性的个体，按照区域布局，合理地组合，形成多条旅游线路，以缓减旅游压力，保护古建筑；最后每个具体旅游景点，应明确自身定位，了解文化表现点，如说起倪文彬故居，则是精美雕刻，应借助科技，运用多种表现手法展现其特别之处。

同时做好大庙山旅游开发工作，大庙山作为“闽越王祖地”，亦是上下杭商贸发源地，大庙山是上下杭商人及其后裔寻亲访祖、追根溯源的精神象征；大庙山本身自然景观、人文景观相辅相成，具备打造文化品牌的基础资源。因而应打造以“登大庙追根溯源”为主题的旅游线路，依托大庙山“全闽第一江山”的历史地位，保护修复摩崖石刻、钓龙台、钓龙井、志新诗楼等文物古迹；重建闽越王庙，恢复开展大庙山中秋节进香赏月、九月九大庙山登高、大庙山元宵灯节等民俗特色活动；应同步开发龙岭顶景区，与大庙山形成一体化，完善饮食、购物等配套设施，形成完整的旅游点。

（二）凸显闽商形象，打造闽商博物馆

上下杭的富商巨贾都奉行“诚信经商、生财有道”的宗旨，造就了上下杭的辉煌，而心态又开放包容、兼收并蓄，这里诞生福州第一家银行；在抗日战争、解放战争时期，又表现出爱国忧民的思想与民族气节，曾在大庙山发起成立去毒社，开展禁烟斗争，抵制日货，捐款救灾，支持中共的地下党活动；“三大改造”时，积极配合，实行全行业的社会主义改造，果断地把祖业并入了社会主义建设中。在他们身上，充分地体现出了“敢冒风险、爱拼会赢、合群团结、豪爽义气、恋祖爱乡、回馈桑梓”的闽商精神。如金融业的张秋舫、进出口业的罗金城、国药业的徐建禧、茶商欧阳康、土特产业的蔡友兰等，无不在商业领域做出卓越的贡献。

为了纪念那些在历史上做出过杰出贡献的闽商们，建议应做好以下工作：首先，组织人员以召开座谈会、了解民间故事、多方查阅资料等形式去尽可能搜集关于闽商的

逸闻趣事；动员闽商亲属及关系人等捐献具有纪念意义的物品、信笺等；收集分布在全国乃至全世界具有一定影响力的闽籍商贸人物画像或照片。其次，对于所搜集来的资料、照片、物件，进行整理、分类；对于民间故事则进行深加工，通过编打油诗、适当夸大细节、与名人攀关系等方式来进行形象化、具体化宣传，提高知名度。最后，修复福州工商联商会旧址，集中打造闽商博物馆、闽商大观园等弘扬闽商精神的基地，将之前搜集物件、资料充实其中，进一步彰显上下杭作为闽商重要发祥地之一的重大历史地位；在适当地点建造“当代世界闽商杰出人物铜像群”，以更好地宣传闽商精神。

（三）突出雅俗体验特色，打造上下杭商贸文化街

上下杭街区内小吃、特产、民俗、曲艺等交错分布，井然有序。为此要整合街区内特色文化、商业、饮食资源，科学规划，合理布局，打造商贸文化街，从而更全面展示特色。一是挖掘历史上具有名气的小吃，打造美食一条街。如龙岭顶蔡五的炒粉、依幼鱼丸店、唯我锅边店、信义葱饼店等应在旅游街区中合理分布；而“美且有”糕饼店、邱德康烟丝店、咸康药铺等这些老字号，应在新商贸街中展现特产。二是挖掘民间民俗活动，打造文化一条街。可将安南伬、十番、高脚戏、落地行舟、腰鼓、尚书公“出海”等民间民俗活动，赋予时代的特色，展示其独特表演性质，吸引游客。三是挖掘整理上下杭的民间故事，打造民间传奇故事讲演馆。上下杭历史街区内民间流传着丰富的民间故事，应组织专人对其进行整理加工，同时培训故事巡讲员，以讲述民间轶事来吸引游客；对于街区中衍生出的工商习俗，如“师兄”学艺、议行充行、行业哨语、生意俗谚、小吃市声等，也进行积极整理，有效利用，彰显个性地展现给世人。四是提升文化品质，打造互动体验区。如划出江滨区域，给予低房租等政策，鼓励、扶植年轻人经营有特色的，诸如音乐人酒吧、民俗摄影咖啡屋、诗歌茶室等文化主题小店；对于传统民俗，可开设根雕创作室、十番音乐室、闽剧交流室等创意文化实体，分享情境体验和自主参与的“乐活”体验。

（四）精耕传统文化，打造非遗博览苑

非物质文化遗产是人类数千年生产生活和社会发展的历史轨迹，是智慧结晶和创造力体现。上下杭街区内拥有陈文龙信仰、福州疍民渔歌、福州老天华乐器等三项省级非遗项目，印锦脱胎工艺品制作技艺等90多项非遗项目，非物质文化遗产源远流长。因而在培育上下杭历史文化品牌过程中一要组织专业人员对区域内丰富的非遗资源进行整理、记录；对具有申报价值的项目、传承人应及时申报区、市、省、国家级非遗项目，扩大影响力；二要在上下杭历史文化街区中建设非遗博览苑，博览苑可运用展览、展演、销售的形式，多方位、多角度把非物质文化遗产保护与旅游文化相结合，使之成为台江对外文化交流的重要场所，成为台江独特的风土地域人情展示地，也成为弘扬非物质文化遗产的常设机构；三要通过博览苑这一平台，加大海峡两岸民间文化交流力度，开展常态化的文化交流活动。

## 三、培育上下杭历史文化街区过程中应关注的几个问题

（一）在挖掘人文景观过程中应凸显古、文、商三个方面特点。一要体现“古”，要对古建筑坚持修旧如旧原则，注重传承与保护历史文化特色。二要突出“文”，要善于展示历史建筑、民俗的文化内涵，重视文化遗产的研究与保护。三要注重“商”，要坚持保护、改造、修缮与旅游、商贸相结合，推动文化产业繁荣发展。

（二）在培育品牌过程中应加大宣传力度。在上下杭品牌打造之初应重视宣传工作，如采用“上下杭小吃征集令”等方式来引起人们关注；加大对台对外推介宣传力度，注重与网络、信息等新技术以及手机、微信等新兴媒体相结合，更新宣传方式；应有超前意识，邀请专家名人来参与活动，以提升文化品位；最后可以采用在上下杭取景拍摄微电影、纪录片等方式来扩大宣传，提高知名度。

（三）在对街道改建过程中应重视科学规划、合理布局。现上下杭内街区人口密度过高；环境质量较差，缺乏基础设施；街区多元化功能逐渐老化，缺乏发展活力；滨江景观环境亟须整治提升。因而应科学规划，逐步向外疏解人口，在异地捆绑土地以解决居民安置问题；此外应完善相关配套设施，建设地下停车场等设施；同时要下大力气整治环境，尤其是三捷河等滨江地带，打造新的滨水活力区，以提升景观环境。

上下杭地区是福州民族资本主义发源地，其历史上商业地位不言自明，对于如何培育上下杭历史文化街区品牌，本篇调研文章只是抛砖引玉，提出看法，不足之处，请相关部门、领导批评指正。

牵头领导：林品光
相关领导：陈　锦、黄劭蓉
牵头单位：区文体局

## 落实“八项规定”，改进工作作风

习近平同志在第十八届中央纪委第二次全会上的讲话中强调，要抓好“八项规定”落实，下大气力改进作风。这是新形势下党中央对加强党员干部作风建设的新要求、

新部署，对全区广大党员领导干部以全新的精神状态和优良的工作作风投入到推动各项事业当中，具有重要意义。

一、台江区落实“八项规定”的主要做法及成效

中央“八项规定”出台后，区委、区政府高度重视，采取有力措施，强化监督检查，确保了“八项规定”和习近平总书记关于厉行勤俭节约、反对铺张浪费的重要批示精神落实到位。一是加强教育，统一思想。结合台江实际，将“八项规定”精神纳入区委理论中心组以及干部培训、理论学习的重要内容中，并通过网络宣传、板报宣传栏等形式，及时公布全区各级各部门贯彻落实“八项规定”精神的措施及成效。二是细化措施，明确要求。下发《贯彻落实中央、省、市改进工作作风、密切联系群众若干文件的实施办法》《关于认真贯彻落实习近平总书记重要批示精神切实做好厉行勤俭节约反对铺张浪费的通知》等文件，并将“八项规定”落实情况纳入全区各级各部门年度党风廉政建设责任制重要考核内容。认真落实“无会周”制度，从简安排各项会务。厉行勤俭节约，规范公务接待，试点开展“三公”经费网上公开。深入开展公务用车、“小金库”等专项治理，严格控制各项会议、活动经费，把区级财政更多向教育、文化、医疗、就业等关乎发展稳定的民生社会事业领域倾斜。三是强力督查，推动落实。出台《关于开展中央“八项规定”贯彻落实情况督查的通知》，由区纪委牵头对街道和区直部门贯彻落实“八项规定”和厉行节约、反对浪费情况开展了3轮督查，严肃查处了区市容局执法大队直属一中队长公车私用案件，3名责任人（其中2名科级干部）被党纪处理，并向全区通报。

全区各级各部门能够较好地按照中央、省、市的统一部署和区委的具体要求，在落实“八项规定”精神方面取得了积极成效：一是作风得以改进。据不完全统计，自“八项规定”出台后，全区共精简会议79场，节约开支6万元，精简文件简报126份，同比减少25%；公共财政预算安排的公务接待、因公出国（境）、公务用车等同比减少81.59万元、1.39万元和59.19万元。二是制度得以完善。全区各级各部门能够结合自身实际，深入分析本单位在作风建设、厉行勤俭节约等方面存在的问题，制定出台贯彻落实“八项规定”和改进工作作风、厉行勤俭节约等规章制度，不断增强制度机制的针对性和可操作性。如：区纪委、区委组织部、区审计局联合制定了《台江区经济责任审计结果执行及整改情况联合督查暂行办法》，推动经济责任审计整改工作规范化、制度化，有效促进经济责任审计成果运用；又如区纪委出台《建立健全区管干部廉政谈话提醒机制的意见》，加强对区管干部的日常教育和监督管理，对出现的苗头性和倾向性问题，及时打招呼提醒，促进领导干部廉洁自律。三是问题得以整改。针对今年省委巡视组提出的整改要求，区委常委会进行专题研究，明确整改责任领导、责任单位、整改措施和整改时限，要求举一反三、巩固成果，确保整改要求落实到位。同时，召开台江区基层党风廉政建设和省巡视整改工作落实会，认真部署针对省委巡视组提出的区经济合作社“三资”管理方面存在问题的整改工作；由区纪委常委带队，抽调有关人员成立2个检查小组，对8个经合社的“三资”管理情况进行专项检查，抓好整改落实，促进全区街道、经合社党风廉政建设工作水平的整体提升。

二、存在的问题及原因

调研中发现，“八项规定”精神在台江区总体落实情况是好的，但个别单位、个别党员领导干部还存在一些问题，需要引起重视。一是工作状态不到位问题。有的干部讲享受，不讲责任；有的干部讲应付，不讲实效，满足于形式主义，工作得不到落实；有的干部讲和气，不讲原则，在工作中充当老好人，遇到问题不敢说、不敢管、不敢担当。这些干部对落实“八项规定”、改进工作作风的要求消极应付，被动执行，而不是从内心深处认同并自觉执行。二是贯彻落实不到位问题。“八项规定”对公款接待、公款消费作了具体约束，但仍有个别单位和干部心存侥幸心理，认为中央抓好“八项规定”落实，下大力气改进作风的决心只是“一阵风”，只要避过风头，又会回到老路上去，因此在执行“八项规定”时重形式、轻实质、搞变通、打折扣，甚至搞“上有政策、下有对策”。三是配套措施不到位问题。目前有的规定比较笼统、标准不细，措施不够有力，如，对接待标准如何确定、公车私用的内涵和外延如何界定、“三公”经费使用如何监督等等，仍有不少问题亟须明确。

三、进一步落实“八项规定”、改进工作作风的几点建议

当前，要以贯彻落实“八项规定”为切入口和动员令，既抓当前，又抓长远；既抓教育，又抓制度；既抓治标，又抓治本，不断积小胜为大胜，扎实推进作风建设常态化。

（一）抓好宣传引导，推进作风教育常态化

加强作风建设，强化思想教育是基础。必须从教育入手，发挥好作风教育的基础性作用。一要抓住领导干部这个“风向标”开展法纪教育。各单位能否把落实“八项规定”，改进工作作风的要求执行到位，关键取决于领导干部这个“风向标”。因此，要认真组织领导干部深入学习党章、“八项规定”精神、习近平同志的一系列重要讲话精神以及《党政机关厉行节约反对浪费条例》《党政机关国内公务接待管理规定》等规章制度，引导领导干部进一步强化法纪观念，提高自律意识。二要抓住反面典型这个“警示钟”开展警示教育。充分运用反面案件开展警示教育，以案明纪，形成震慑。对查处的作风问题典型案件，要深入剖析发案原因、特点规律，每年纪委全会对全年查办案件情况进行通报，

典型案件适时通报，促使党员干部特别是领导干部从中汲取教训、保持警惕、筑牢防线。三要抓住群众路线这条“生命线”开展宗旨教育。紧密结合台江区正在开展的“‘四个万家’聚民心、‘六全推动’求实效”活动和明年即将开展的党的群众路线实践教育活动，着力提高教育实效，决不能只热衷于谈学习、谈体会、谈感受，决不能只满足于纸上谈兵。要坚持在实践中引导全区党员领导干部深入基层、了解情况、体察民情、磨炼作风，教育党员领导干部牢固树立群众观点。

（二）抓好制度创新，推进作风建设常态化

围绕反对形式主义、官僚主义、享乐主义和奢靡之风，加快制度改革和建设，是推进作风建设的治本之策。一要改革会议公文制度。进一步细化改进公务活动、精简文件简报等制度规定，切实解决“以文件落实文件、以会议贯彻会议”等问题，大力弘扬务实作风。二要深化联系群众制度。围绕“群众路线”这一核心，健全领导干部带头改进作风，深入基层调查研究机制，完善直接联系和服务群众制度，促使领导干部定期听取群众意见、解决群众困难。三要改革财政管理制度。建立健全严格公开的财务预算、核准和审计制度，着力从源头上控制“三公”经费支出，确保“八项规定”落到实处。四要建立考核评价制度。建立科学合理的作风考核评价制度，综合运用个别访谈、组织座谈、问卷调查、满意度测评等方式，真正把作风情况作为党员干部选拔任用的重要依据，促使党员领导干部自觉养成良好工作作风。

（三）抓好制约监督，推进作风监管常态化

着力改进作风建设监督检查方式方法，前移监督关口，延伸监督触角，做到事前、事中和事后全过程动态监督。一要坚持阳光示权。进一步创新提升台江区电子政务平台建设，实现行政权力网上公开透明运行和网上电子监察，梳理压缩行政职权项目、缩短行政审批和公共服务时限、减少行政审批环节，对权力运行过程进行有效管理和控制。二要深化效能监察。着力健全投诉机制，拓宽投诉渠道，深入开展明察暗访，对发现的庸懒散拖问题，严格责任追究，并适时曝光，促进行政机关提高办事效率和工作质量。三要加强审计监督。继续加强领导干部任期和离任经济责任审计，根据《台江区经济责任审计结果执行及整改情况联合督查暂行办法》有效促进经济责任审计成果运用，深入推进“三公”经费网上公开试点，并在预算执行审计、经济责任审计中加大对“三公”经费、会议庆典等各项公务活动经费使用情况的监督力度，及时通报超标准、超范围使用公务经费等铺张浪费行为。四要强化群众监督。完善台江区民主评议员信息库，扎实推进民主评议政风行风工作，继续将考评情况纳入绩效考核范围并向有关单位及其上级主管部门通报，切实纠正损害群众利益的不正之风。

（四）抓好案件查处，推进作风整治常态化

急则治标、缓则治本，加大惩治力度在作风建设中可以起到立竿见影的效果。一要立足抓早抓小。进一步严明作风纪律，对作风问题坚持“零容忍”原则，对党员干部作风中存在的苗头性、倾向性问题，要及时按照《关于建立健全区管干部廉政谈话提醒机制的意见》等规定进行诫勉谈话，切实做到早提醒、早处理、早纠正，防止小错误酿成大问题。二要坚持从严惩处。继续加大查处力度，对违反“八项规定”精神的行为，发现一起、查处一起，综合运用纪律处分和组织处理等手段，不仅要严肃追究直接人员的责任，而且要依据规定对有关领导进行问责，同时经济上予以退赔。同时，要针对存在的突出问题，查找漏洞和薄弱环节，强化建章立制，推进长效机制建设。

牵头领导：邓万铣
相关领导：吴晓云
牵头单位：区纪委、监察局

## 深入开展党的群众路线教育实践活动，健全完善服务群众常态化机制

根据区委安排，由区委常委、组织部长陈高英同志任组长，区委组织部牵头，会同区委宣传部、区委统战部、区党史研究室、区直机关工委、区教育工委、区委编办、区委党校、区委老干部局、区公务员局、区工商联组成专题调研组，通过召开座谈会、进行问卷调查等方式就开展党的群众路线教育实践活动、健全完善服务群众常态化机制这一专题进行调研。专题调研组精心设计了调研方案，明确成员单位各自职责，制定了调研进度安排表，确保调研活动按照区委要求按时完成、取得实效。在调研中，设计制作了“台江区第二批实践活动调查问卷”，在全区内开展问卷调查，共下发问卷600份，收回480份，调查对象中党员代表298人，民主党派代表35人，共青团员代表44人，群众代表103人。下发意见征求表、设立意见箱、开展网络调查，广泛征求全区干部群众对深入开展党的群众路线教育实践活动、健全完善服务群众常态化机制的意见建议，并进行认真的梳理和汇总，调研期间共收集到意见建议123条。召开“深入开展党的群众路线教育实践活动，健全完善服务群众常态化机制”专题座谈会，邀请党代表、人大代表、政协委员、区直有关部门领导、街道社区代表等各类型人员进行座谈，认真听取他们的意见建议。在对

调研问卷进行统计分析和对意见建议进行梳理归纳的基础上，调研组组成了调研报告写作小组，多次召开小组会议对调研报告的框架、内容进行讨论，形成调研报告初稿，并经过反复修改，最终形成如下调研报告：

## 一、台江区贯彻执行党的群众路线的实践探索

区委认真贯彻落实中央、省、市决策部署，坚持把贯彻执行群众路线作为加强党的建设的重要内容来抓，深入开展“三服务”“四下基层”和“四个万家”等主题实践活动，立足惠民利民，创新活动载体，着力先行先试，重点加强与八个类别对象的挂钩联系，提出“六全”推动措施，确保各项工作取得实实在在的成效。活动开展以来，各级领导干部下基层调研时间达 4435 天，下基层调研人次 6745 人次，召开调研座谈会 637 场，建立民生档案 1179 条，收集意见建议 987 个，出台惠民利民政策 38 条，结对帮扶困难群众 1652 人次。

1. 全员包点，深入一线连民心。建立完善“处级干部包点、科级干部驻点、机关干部挂点”的挂钩联系制度，形成“点对点、面贴面、心连心”良好党群干群关系。每位处级领导干部挂钩联系八个类别对象（困难群众、老旧小区、学校、中小企业、社区、“五大战役”项目、信访积案、基层单位），每年深入基层单位联系服务群众的时间不少于 3 个月；从区直部门、街道选派 100 名科级干部，以兼职形式分批次挂钩联系基层单位、驻点服务群众，兼任驻点单位党组织副书记或挂职社区居委会副主任；区直机关干部到单位所结对共建的社区报到，并作为挂钩联系点，经常性地开展登门走访、志愿服务等活动。

2. 全面走访，多措并举集民情。一是建立调查研究制度。各级领导干部明确 1—2 个课题，深入基层走访调研，与居民拉“家常”，与企业谈“发展”，与基层话“服务”，与党员干部晒“责任”，充分了解基层群众所思所想所感，撰写有情况、有分析、有建议、能解决问题的调研报告。二是建立民情日记制度。深入群众生产生活一线，认真做好“民情日记”，着重记录五项内容，即：困难群体的生产生活情况；方针政策和上级决策部署在基层的贯彻落实情况；基层发展存在的实际困难和群众反映强烈的诉求问题；解决困难的新经验、新做法、新成效；走访群众的心得体会。三是建立民生档案库制度。定期深入辖区困难群体开展走访调查，全面掌握孤寡（高龄）老人、特困家庭、贫困学生的基本情况，分类汇总建立信息库，并保持实时动态更新，确保帮扶对象信息真实有效，让真正需要帮扶的群众得以有效救助。

3. 全线助推，提速发展惠民生。一是强化项目党建引领。对全区 63 个重点建设项目逐一摸底登记，掌握项目建设及党员职工情况，根据项目实际情况，建立“项目方+承建方+驻地方”三方组成的临时党支部，派驻党建工作指导员，鼓励引导党员充分发挥先锋模范作用，带头攻坚克难，推动项目建设提速增效。二是强化企业帮扶落实。区领导带头深入企业走访问需，积极推行“一家重点企业一名挂点帮扶领导、一个挂钩共建单位、一张帮扶承诺卡、一个帮扶问题解决进度表”的“四个一”共建帮扶工作法，详细了解企业生产经营情况，加强服务对接，做好服务保障，帮助企业解决生产、经营中的实际困难。三是强化督查考评推动。加强对“旧城改造、项目建设、招商引企”三大重点板块工作的督查力度，定期通报，细化奖惩，以严格的跟踪督办和严肃的绩效考评、行政问责，助推经济建设取得新突破、新进展。

4. 全情投入，真心关怀达民意。一是深化接访下访。区委、区政府主要领导每 2 个月至少安排 1 次接访，其他处级领导干部每月至少安排 1 次接访，街道、区直部门领导干部随时接待群众来访，通过“七访”工作法（开门接访、联合接访、预约接访、主动下访、专题约访、带案下访、上门回访），推动信访积案“案结事了、息诉息访”。二是畅通民意渠道。落实现场办公制度，针对群众关注的热点、难点问题，及时提出工作举措，现场帮助协调解决问题。区级领导干部每月至少 1 次安排到基层现场办公，把为民办实事项目作为现场办公的重要内容，抓紧协调落实，确保如期兑现，让百姓得到更多实惠。三是注重民意分析。建立民意办理台账，每月召集一次社情民意分析，对本地区、本部门的重要社会动态、基层工作、群众集中反映的热点问题等实行销号管理，落实限时办结制度，做到“预警在先、教育在先、控制在先、化解在先”，实施民意办理回访制度，对群众提交解决的问题落实办理情况跟踪督查，确保问题得以有效解决。

5. 全心服务，狠抓落实解民忧。一是全面落实结对帮扶。区处级领导干部每人至少帮扶 3 户以上贫困户，区直部门、各街道班子成员至少结对帮扶一个社区、企业或社团组织，持续开展科级干部“三个一”活动，每名科级干部联系 1—3 名普通群众，定期与群众谈一次心、安排一次走访、帮助解决一个困难。二是优化行政服务环境。建立全市首个集网上政务公开、政务服务、行政审批于一体的县（区）级电子政务平台，实现对网上政务公开和政务服务工作的电子监察全覆盖，服务办事窗口开展全面智能化建设，完善“一站式”服务模式，实现群众办理事项“零障碍”。三是完善网格化服务。推行街道大党工委制度，将职能部门和社会力量整合到网格，按照“就近、灵活、小型”的原则划分网格，在每个网格设立党支部，下设楼栋党小组、党员楼栋长，并将职能部门和社会力量整合到网格，逐步形成“设立一套网格、强化两级指挥、完善四级服务管理、整合各

类社会力量”的工作格局。

6. 全力作为，求真务实转作风。一是全力推行“一线工作法”。严格执行精简会议有关规定，坚持落实每月“无会周”制度，保证领导干部有更多时间下到基层一线，做到工作在一线进行、问题在一线解决、矛盾在一线化解。二是全力推进简政放权。全面对接市里下放的简政放权、扩权强区的68项管理权限，清理职能交叉、权力重叠、权责不清、事权不一的行政审批事项，同时对保留事项建立规范高效的审批运行机制，优化审批流程、削减审批环节、简化前置材料，实行授权窗口即收即办，提高行政效能。三是全力推动科学民主决策。区委、区政府在研究决定和实施事关群众切身利益的重大决策、政策和重大项目时，广泛征求、充分听取群众意见，切实做到体民意察实情、出实招解民忧、求实效惠民生。占地31.8公顷的上下杭历史文化街区地块房屋征收项目中，始终认真倾听吸纳群众意见和建议，不断完善征收方案，积极解决群众诉求，群众对征收工作的民意支持率达95%。截至12月17日，该项目涉迁居民户总数3260户，已签订征收协议3080户，签约率94.48%。

## 二、当前贯彻落实党的群众路线中存在的主要问题

经过一段时间的探索和实践，台江区在开展党员干部服务基层、服务群众工作方面取得了一定成效，但也必须清醒地意识到，党员干部服务基层、服务群众还存在一些薄弱环节，主要表现在以下三个方面。

在“为民”方面，一些党员干部存在官僚主义、宗旨意识淡薄、责任心不强、履职不到位，缺乏下基层的主动性和积极性，或者停留于表面工作等问题。

在“务实”方面，部分党员干部思想上脱离群众，工作上脱离实际，缺乏做群众工作的有效手段，服务基层和群众的本领还不够，不重视调查研究，不深入基层了解实情，到基层调研也只是蜻蜓点水、走马观花；有的还存在精神懈怠和“庸、懒、散”现象，缺乏攻坚克难的精神勇气，遇到问题绕道而行，文风会风问题也有存在。

在“清廉”方面，少数党员干部纪律松懈，法律意识淡薄，自律意识不强，不能坚持原则，个别出现了违纪违规现象。

## 三、开展党的群众路线教育实践活动的意见和建议

在调研中，各级党组织和党员干部群众普遍认为，中央部署开展这次活动，社会反响热烈，基层干部群众期望值高，要想使教育实践活动真正取得实效，必须在转变干部作风、服务基层群众上下功夫。下一阶段，将根据调研中发现的不足之处，从“加强学习教育、注重整改提高、突出建章立制”三个方面出发，有所创新、有所突破，切实组织好、开展好群众路线教育实践活动，建立健全党员干部服务基层长效机制，着力解决人民群众反映强烈的突出问题，真正达到纯党性、树新风、增才干、促发展的目的，使群众受益，让群众满意。

1. 加强学习教育，统一思想认识。贯彻落实党的群众路线教育实践活动，认识是关键，只有加强理论政策教育、思想认识引导，让党员干部真正坚定全心全意为人民服务的理想信念，掌握党的群众路线的基本内涵，打牢全体党员干部特别是领导干部为民、务实、清廉的思想基础。一要打牢思想基础，树立群众观点。在调查中，不少党员和群众认为，信仰缺失是党员干部在党性党风党纪方面存在的最突出的一个问题。因此，要把信仰教育和宗旨教育作为这次活动的重点。要充分发挥各级党组织在理论学习方面的核心作用，依托区委党校、各街道党员轮训站和各社区党员远程教育终端站点三级党员教育培训网络，组织全区党员干部深入学习党章、党的十八大和十八届三中全会精神，学习中央、省、市各阶段精神材料，学习中国特色社会主义理论体系，学习党的光辉历史和优良传统，认真研读关于党的群众路线的重要论述，研读习近平总书记关于加强党的建设、加强作风建设等一系列重要讲话，用最先进的理论武装党员干部的头脑，使党员干部始终保持坚定的共产主义理想信念，始终牢记立党为公、执政为民的责任意识，真正做到权为民所用、情为民所系、利为民所谋。二要注重学用结合，提升服务能力。党的十八届三中全会做出了全面深化改革的决定，这对领导干部提出了更高的素质要求，如何贯彻好中央的决策部署、进一步落实各项惠民利民便民政策，开展好党的群众路线教育实践活动需要党员特别是领导干部注重学用结合、提升服务能力。各级领导干部要立足自身岗位实际，通过自学、集中学习等方式提高自身业务素质，强化做基层群众工作的能力，切实把做好本职工作和服务基层群众有效地结合起来。要坚持实践好与群众“同吃、同住、同劳动”，与群众交心、交朋友，把群众满意与否作为工作的出发点和落脚点，切实改进工作作风。党委部门可以定期选派机关党员干部进社区、到企业和重点工程建设一线挂职，在实践中培养与群众的鱼水之情，在与群众的交往中锤炼党性、增长才干。三要加大宣传教育，营造良好氛围。在尊重群众创造、密切联系群众、自觉增强群众观念的工作实践中涌现出来的典型人物和事例，是宝贵的精神财富和学习榜样。在培训、引导党员增强群众观念的工作中，要加强宣传引导，充分利用电视、报纸、网站等媒体渠道，采取报告会、表彰会、图书、展览等多种形式，大力宣传报道服务群众的先进典型，用典型激励广大党员领导干部保持清醒头脑，时刻摆正人民群众位置，牢记为人民服务宗旨，警惕脱离群众倾向，鼓励党员以满腔热情去实现好、维护好、发展好群众利益，自觉争当服务群众的表率。要通过宣传，使群众真正感受

到党员干部作风的转变、教育实践活动带来的实惠，进一步拉近人民群众同党员干部之间的距离。

2. 坚持目标要求，注重实践成果。开展教育实践活动要按照习总书记提出的“照镜子、正衣冠、洗洗澡、治治病”总体要求，立足实际，认真对照实践活动的步骤方法，分阶段推进，并有所创新，不搞硬套硬搬，将学习教育和完善制度机制贯穿活动始终。一要严格目标要求。紧紧围绕保持党的先进性和纯洁性，以为民务实清廉为主要内容，做到不打疲劳战，不搞形式主义，不走过场，不增加基层和群众负担，达到党员欢迎、群众受益、社会认同、组织满意的效果。总的目标要求是：增强群众意识、解决突出问题、促进作风转变、保持清正廉洁、推动科学发展。二要坚持基本原则。贯彻落实党的群众路线教育实践活动，就是要把“群众参与”作为检验实效的方法，把“群众满意”作为检验实效的标准，使教育实践活动既教育帮助干部党员，又使群众受教育得实惠。坚持的基本原则：坚持正面教育，从严要求；坚持分类指导，突出重点；坚持求真务实，解决问题；坚持群众参与，开门教育；坚持改革创新，健全机制。三要注重实践效果。党的群众路线作为一种观点和方法，其有效施行必须通过实践，注重实践特色，真正达到在实践中教育，在教育中实践，以实际行动反映活动成效。要注重用好批评和自我批评这一武器，特别是领导班子和个人要认真做好党性分析，查摆问题，找准思想、宗旨、作风、纪律等方面的突出问题，深入剖析根源，坚持边学边整边改，立说立行，转变作风，达到解决问题、治病救人的目的，但不搞人人过关。在领导班子上，着重在把握、运用和落实、执行政策上贯彻群众路线。对于个人，领导干部要树立公仆意识，着力解决好权力运行规范监督的问题；一般干部要强化服务意识，重点解决好窗口和服务行业的效能和“庸懒散奢”的问题；普通党员要增强党员意识，着力解决好立足岗位发挥先锋模范作用的问题。对离退休、外出流动、失业待业以及非公组织中的党员，在保障其参与权和知情权的前提下，尽量简化对他们参与活动的要求。要把解决群众实际问题作为开展活动的重要目标，从群众最不满意的地方改起，从群众最需要的地方做起。一要“利民”，针对看病、养老、就业、上学、住房等群众最关心的民生问题，出台落实全民医保、社区养老等更多的利民政策和措施，更好地服务广大群众。二要“惠民”，加大社会公共投入，建立健全均衡发展、广泛覆盖、惠民高效的公共服务体系，让政府公共服务向基层倾斜，让群众更好地享受各种公共服务资源。三要“便民”，全面启动“一站式”办公服务，简化工商执照申请、准生证明等行政审批办理手续，实行一次性告知提醒，提高行政服务效率，必要时提供免费上门服务，将为民服务落到实处。

3. 健全完善机制，落实长效服务。贯彻落实党的群众路线是长期的过程，务必建立健全相关机制，确保党的群众路线长效、持久地贯彻到党的工作方方面面。一要强化制度约束。贯彻落实党的群众路线，除了广大党员干部自觉践行，还必须通过完善制度来规范、来约束。要加大干部自觉贯彻党的群众路线制度建设，多出台类似中央关于改进工作作风、密切联系群众“八项规定”这样务实的规范要求，引导每个党员干部把贯彻落实党的群众路线作为自觉习惯，成为行为准则，引导党员干部深入基层、深入群众，在实际行动中反映、落实群众的利益和意愿。二要强化行政问责。要通过完善领导干部行政问责制度，尤其是抓紧完善干部考评方法，将群众的满意度作为干部考核的重要依据，在落实群众“四权”上有新突破，真正让群众在考核中得以知情、得以参与、得以表达、得以监督，达到遏制和消除官僚主义和形式主义等不良风气，扭转一些部门机关“门难进、事难办、脸难看”等官僚作风；严厉抨击“形式主义、好人主义、奢侈浪费”等不良习气；严肃整顿“欺上瞒下、有令不行、有禁不止”等自由散漫现象，更好更全面地实现党与人民群众的零距离贴近，真正使教育实践活动取得扎扎实实的成效。三要建立健全长效机制。在开展教育实践中，要注重总结提升，把教育实践活动的成功经验特别是坚持正面教育的经验和解决存在突出问题的成功做法，认真加以总结，从中概括和提炼出具有长期性、稳定性、普遍性的内容，加以系统化、规范化，用机制的形式确定下来、坚持下去，并在长期工作中不断加以完善。要强化机制的执行力，用严明的制度、严格的执行、严密的监督，维护机制的严肃性和权威性，真正形成用机制管人、管事、管权的良好局面。通过建立健全长效机制，持续发挥激励、约束作用，真正做到踏石留印、抓铁有痕，把党的群众路线教育实践活动提高到一个新水平。

牵头领导：陈高英

牵头单位：区委组织部

## 推进精神文明城市建设，提高城市文明程度

文明城市建设工作是优化发展环境，提高城市竞争力的有效途径，是一个城市内在灵魂的塑造，是落实“以人为本”的有效载体。2013年，台江区作为福州市中心城区顺利通过了全国、全省城市文明程度指数测评，近年来的文明城市建设和精神文明建设的成效得到了全面的展示。但是，创建工作只有起点，没有终点，来年还将迎来全国

文明城市和全省文明城区的总评，如何全面总结经验，持续推进新一轮文明城市建设工作，是摆在面前的重大课题。近期，按照区委的工作部署，以党的十八大、十八届三中全会精神为指导，以坚持以人为本，健全完善文明创建工作的长效机制为主线，以中央和省、市文明办关于新一轮文明创建工作思路为基本要求，认真组织进行了调查、分析、思考，试图通过调研，理清工作思路，总结成功经验，找出存在问题，提出解决对策，以期对持续推进文明城市建设工作有所裨益。

## 一、关于近年来创建文明城市和精神文明建设的成效和经验

台江区作为省会城市中心城区，先后荣获福建省第一、二、三届文明城区称号，并荣获福州市未成年人思想道德建设先进城区称号。台江区具有深厚的群众性精神文明建设的基础和文明城市创建工作的传统，也积累了许多经验，主要有：

（一）始终坚持围绕全国文明城市、全省文明城区这个目标，推动台江的文明、进步和发展

2011年福州市荣获全国文明城市称号后，台江区按照市委、市政府提出的“文明福州持续文明”的口号，紧紧围绕加快建设科学发展、文明幸福的新台江的奋斗目标，制定了新一轮的文明城市建设三年目标和规划。几年来，围绕着这个目标，依照《全国文明城市测评体系》和《福建省文明城区测评体系》的要求，不断推进和落实政务环境、法治环境、市场环境、人文环境、未成年人健康成长的社会文化环境、生活环境、社会环境、生态环境的完善和提升；围绕这个目标，不断完善城市规划、有效推进城市建设、全面实施景观改造、扩展了城市发展的空间、完善了城市基础建设、展示了城市良好形象；围绕这个目标，每年都推出一批重点项目和为民利民、为民办实事项目，把改善民生生活作为创建工作的落脚点。两年多来，台江区的生态指标和生活水准得到提升，市民百姓的幸福指数不断上升。

（二）始终坚持创建为民、民生优先，推动市民满意度不断提升

始终坚持新增财力、公共资源、工作力量向民生问题倾斜，通过不断提高人民群众的幸福指数，让群众切实感受到创建工作带来的实惠。通过加快旧屋区改造，推进保障性住房建设，全面开展城区环境综合整治、景观改造、内河整治、园林绿化、小街巷维修改造、无物业小区整治等工程，有效提升了城区宜居品质。通过健全完善常态化、长效化城市管理机制，推进环卫保洁市场化改革、落实“文明交通三年行动计划”等各项工作，努力营造整洁优美、文明有序的城区环境。通过新建、扩建学校，加强校园人防、技防、物防建设，强化校园安保等措施，进一步改善办学条件。通过打造以政府购买服务为形式的居家养老服务的经验和特色，不断健全完善社会保障、社会救助体系，做好助残助学、扶贫帮困工作，切实保障弱势群体和困难群众生活。通过加大对城镇居民基本医疗保险的投入，健全完善社区卫生服务运行机制和医疗卫生服务网络，提高社区卫生服务整体水平。通过不断深化“平安台江”建设，深入推进社会矛盾化解、社会管理创新、公正廉洁执法等重点工作，群众对社会治安的满意率逐年提高。

（三）始终坚持健全机制、落实长效，推动文明创建工作实现制度化、科学化、规范化

坚持一手抓专项整治、一手抓长效管理。针对市民反映强烈的市容环境卫生、交通秩序、消防安全等突出问题进行专项整治，取得了良好的成效。同时，在抓好专项整治的基础上，建立完善管理有序、运转高效的工作机制，推动城市管理工作经常化、制度化、长效化。在组织领导机制上，制定实施了《台江区2012—2014年创建全国文明城市工作规划》，坚持创建工作例会、点评制度，定期听取创建工作汇报，及时协调解决创建工作中的困难和问题。在工作推进机制上，坚持集中开展市容市貌、交通秩序、市场秩序、占道经营、各类店铺和建筑工地等六大类专项整治工作，将各项目标任务进一步细化分解到各级各有关部门，做到目标明确、任务清晰、责任到人。在监督考核机制上，将文明创建工作纳入绩效考评和创新社会管理考核内容，落实《台江区创建全国文明城市工作奖惩暂行办法》，把各级各部门党政领导班子抓文明建设工作的能力和实绩作为干部选拔任用、评优评先的主要依据之一，对于创建工作不力、整改不到位的单位实行“红黄牌警告”制度，推动了一批重难点问题的整改。

（四）始终坚持以人为本、以德为先，推动市民文明素质不断提升

在文明创建工作中，台江区始终坚持开展扎实有效的创建活动，抓好城区人民群众素质的提升，充分调动群众参与创建活动的积极性，把党委政府的决策部署转化为人民群众参与创建工作的自觉行动，形成创建工作的强大合力。一是以社会主义核心价值体系为主线，根据中央文明办每年部署的重点工作，结合区情实际，围绕精神文明创建工作，利用道德讲堂、社区宣传栏、社区读报组等平台和载体广泛开展社会公德、职业道德、家庭美德教育，不断提升广大市民的文明素质。二是以群众性创建活动为载体，深入开展“讲文明树新风”系列活动，在市民群众中大力推广“公共文明好习惯”，每年均举办“邻里节”“读书月”，迄今已成功举办了八届活动。成立了“台江区文化传播志愿服务团”“台江区文明创建巡访团”，组织民间文艺爱好者自编自演“文明小戏进社区”。在春节、中

秋等传统节日期间开展的“我们的节日”系列活动丰富多彩，深受广大群众喜爱，连续五年承办全市“文明过年”系列活动。三是以志愿服务活动为抓手，在全市率先成立区级志愿者联合会，目前全区注册志愿者达6万人以上，各类志愿服务队伍158支。全区73个社区均成立由党支部、居委会、物业公司联合组建的志愿服务站。在公园、广场、商场等主要公共场所建立“公共场所学雷锋志愿服务岗”。在滨江旅游休闲广场建立全市首个志愿服务广场。茶亭公园、金斗社区等4个志愿服务站（岗）被评为福州市学雷锋志愿服务示范岗。

（五）始终坚持创新方法方式，推动台江品牌特色和形象不断提升和展示

在创建工作过程中，注重发挥“滨江”和“商贸”两大优势，立足台江悠久的历史文化根基，从提升文明创建的内涵入手，努力使创建工作充分体现台江的人文特点，形成了独具特色的精神文明创建品牌。一是打造“诚信台江”品牌，立足商贸区实际，始终坚持把“诚信立区”作为优化发展环境的重要内容，在全省率先成立了区、县级诚信促进会。编撰出版的《诚信三字经》教育读本成为教材，进入中小学课堂。深入推进“党员诚信店”“百城万店无假货示范街”“诚信教育示范学校”“诚信计生社区”等特色创建活动。二是打造“人文台江”品牌，加快开发文化创意产业，打造了榕都318文化创意街区；大力发展滨江旅游文化，“闽江黄金水道游”跻身“福州市十佳旅游线路”；传承发扬乡土文化，在全市率先把乡土文化教育列入中小学校课堂教学。组建了“台江少儿闽剧团”、民间民俗文化培训基地、十番音乐培训基地。三是打造未成年人思想道德建设品牌，建立了由区未成年人心理健康辅导站、中小学校心理健康咨询室、社区心理健康咨询室构成的未成年人心理健康教育三级工作网络。在全省率先开展社区心理健康咨询员培训活动，100名社区心理健康咨询员持证上岗，为未成年人心理健康教育提供了有力保障。区未成年人心理健康辅导站成立至今共开展个案帮扶600余个、社区工作近400场次。有效整合学校、社区资源，建立完善“城市学校少年宫”“绿色网吧”“四点半学校”等工作平台。

## 二、当前推进文明城市建设中存在的问题及原因分析

近年来，台江区紧紧围绕建设全国文明城市、全省文明城区目标，以全国、全省城市文明程度指数测评为抓手，大力实施文明城市建设专项整治和市民文明素质提升计划，总体来说，市民城市文明及素质有了明显提高。但是从市、区日常督查的情况来看，在市容环境、交通秩序、小区环境、市场环境等方面均不同程度存在一些问题。如在城市管理方面。占道经营现象屡禁难绝，环境卫生保洁不到位的情况还时常可见；机动车和“两车”乱停放现象仍较为常见，摩托车、三轮车非法营运载客又有抬头趋势，非机动车和行人不按道行进、不遵守交规，闯红灯、横穿马路等现象时有发生。在城区基础设施建设方面，公用设施、市政设施损坏或被盗现象时有发生。在社区管理方面，部分老旧小区的房屋及设施设备失修失养，配套设施不完善，不能满足广大居民的生活需求。部分有物业小区的物业管理服务不到位的现象也时常发生。部分居民在小区内部乱停车、随意倾倒垃圾、在楼道等公共空间堆放杂物、乱拉电线、乱挂晒、高空抛物等陋习还时常可见。之所以存在以上问题，分析其原因，主要有三点：一是基础设施还比较薄弱。台江的老旧小区仍占很大比例，基础设施建设仍有不少欠账。垃圾中转站、公厕、垃圾箱等公共设施的配备与城市快速发展速度不相适应。需要政府进一步加大这方面的投入。二是长效常态管理机制没有落实到位。条块之间、职能部门之间管理职权责任划分不明确，遇事互相推诿，责任追究机制难以形成。有关部门在开展专项整治时，往往将工作重点放在突击整治上，虽然能在短期内能收到成效，但整治活动一旦结束，各种城市顽症立刻报复性“反弹”，管理质量难以得到实质性提高，管理水平无法达到常态化。三是居民文明素质有待提升。市民文明素质还没有跟上城市发展的步伐，部分市民文明意识较差，缺乏社会责任感和主人翁意识，对文明城市建设的参与意识不强。这些问题需要在下一阶段的工作中逐步予以解决。

## 三、文明城市建设及长效机制建立的对策思考

党的十八大报告强调“把生态文明建设放在突出地位，努力建设美丽中国”。区委、区政府提出了加快建设科学发展、文明幸福新台江的奋斗目标，文明城市建设则是实现奋斗目标的重要抓手。文明城市建设长效机制的建立，必须以科学发展观为指导，构建高效有序的创建工作体制和机制。

（一）进一步完善创建机制体制，确保文明城市建设常抓不懈

以迎接2014年全国文明城市、全省文明城区总评工作为抓手，健全完善文明城市建设工作目标责任制和管理考核办法，把文明城市建设工作成效纳入各部门的年度目标考核之中。进一步发挥文明办的组织协调作用，明确各部门职责，加强协作配合，督促各相关单位建立相应的长效工作机制。进一步完善文明城市建设工作的点评机制、巡查督导机制、责任追究机制，在巩固既有工作成果的基础上，总结经验做法，促进文明城市建设工作的规范化、制度化和常态化。对照2013年全国、全省公共文明指数测评和未成年思想道德建设工作测评中存在的薄弱环节和群众普遍反映的问题，抓细抓实，抓深抓透，切实解决问题。

（二）进一步加强协调配合，切实提高城市管理服务水平

一要建章立制。城市管理是一项复杂性、综合性的工作，涉及市容、经贸、房管、公安、工商、环保等多个管理部门，仅靠某一部门单打独斗是难管也管不好的。因此需要建立一个协调机构来统筹协调不同的部门，使各部门在各司其职的基础上整体联动才能形成合力，达到规范有序的效果。建议区里建立市容环境综合管理工作联席会议制度，通过联席会议协调各条、块之间的重大市容环境综合建设和管理事项，解决城市管理中的难点、顽症和相关矛盾。二要理顺职责。进一步理顺职能管理部门的职责，做到明晰事权、权责一致、保障有力。对于需要多个部门协同的事务，都由牵头部门依据工作程序提出，通过联席会议审定，并经上级批准，用会议纪要、文件等形式规定下来，各负其责，互不推诿。三要创新手段。运用现代信息技术，推进区数字化市容管理平台建设，通过信息采集、核实立案、任务派遣、处理反馈、核查结案等运行程序，建立健全“网格管理、责任到人、发现及时、处置快速、解决有效、监督有力”的数字化城市管理模式，实现城市管理的信息化、精细化、时效化。要进一步健全环卫保洁市场化运作机制，完善环卫管理的绩效考评机制，切实提高环卫服务保障水平。四要加强保障。对于行政执法中最棘手的暴力抗法问题，行政执法机关并无权力对施暴者予以处理，如由公安机关现场处理，则能提高执法的威慑性、严肃性和规范性。鉴于此，建议借鉴深圳等地经验，建立城管、警察执法联动机制，执法队伍组织专项整治行动需要公安配合时，提前函告辖区派出所，派出所提前介入，及时调配警力予以配合。执法人员遭遇阻挠执法或暴力抗法时，在保护现场、保存证据的同时，立即联系辖区派出所出警，派出所警员及时赶往事发现场协助执法。

（三）进一步加强基础设施建设，增强文明城市建设工作实效

台江区域面积小，老旧小区仍占很大比例，基础设施建设仍有不少欠账。针对市民群众关心的小区管理、道路交通、市容环境、市场秩序等方面问题。在小区管理方面，建议以社区整合工作为契机，加强社区班子建设，进一步完善社区功能，配齐社区的文体活动场所和未成年人活动场所等，努力培育一批具有台江特色的社区服务品牌。对于有物业管理小区，进一步完善物业监管体系，一方面加强对物业企业的监管，另一方面引导业主的物业消费意识，对恶意拒交物管费的业主实施有效的处理办法。对于无物业小区，巩固2013年75个无物业小区整治成果，对于尚无条件建立物管的老旧小区，建议由街道牵头成立物业管理办公室，设立物业服务中心、物业管理矛盾投诉站、物业应急维修服务站等机构，各社区居委会设立相应的工作机构，负责老旧小区物业的具体工作，以解决老旧小区居民无物管的难题。在路网改造方面，进一步做好城区主次干道改扩建和背街小巷改造工作，努力打造精品小街巷。在交通整治方面，继续实施“道路交通安全综合整治三年行动”“文明交通行动计划”，全面完善道路交通基础设施，规范停车泊位画线。在市场整治方面，进一步做好农贸市场升级改造工作，加强对全区农贸市场、超市的监督检查，同时做好市场周边区域的整治，重点查处占道经营、“两车”乱停放等行为。在内河整治方面，加快白马河、光明港、闽江三大水系景观轴线建设，努力打造生态景观廊道。在园林绿化整治方面，重点做好城区重要路段的拆墙透绿、绿化美化工作。通过持续运作，巩固创建成果，提升城区文明程度。

（四）进一步推进核心价值体系建设，不断提升广大市民的文明素质

市民群众是文明城市建设的主体，市民素质是文明城市的灵魂。要牢固树立以人为本的理念，坚持党的群众路线，设计更多群众喜闻乐见、乐于参与的活动载体，团结和凝聚更多市民群众参与文明城市建设。一是要培育思想道德风尚。加强社会主义核心价值体系建设，进一步扩大“道德讲堂”在全区机关企事业单位、中小学校的覆盖面。广泛宣传道德模范、“身边好人”等群众身边的道德典型人物，组织道德宣讲和事迹巡演活动，在潜移默化中引导市民群众见贤思齐。二是要持续开展文明礼仪宣传教育活动，在全区广泛开展“公共文明好习惯”“做谦恭有礼中国人”等宣传教育活动，通过举办演讲比赛、公益动漫展示等，引导人们增长礼仪知识，增强文明言行意识。继续开展文明交通行动、文明上网行动、文明餐桌行动等文明引导大行动。进一步抓好全区面上公益广告宣传，营造浓厚宣传氛围。三是要弘扬传承优秀传统文化。围绕春节、元宵、清明、端午、七夕、中秋、重阳等七个民族传统节日，组织开展富有地域文化内涵、浓郁民俗特色，体现人文关怀、时代特色，群众乐于接受、便于参与的“我们的节日”系列文化活动。四要全面加强未成年人思想道德建设工作。完善“三结合”教育体系，净化社会文化环境，帮扶未成年人特殊群体等方面下功夫。继续深入开展“做一个有道德的人”等道德实践活动。继续加强区青少年活动中心、青少年校外活动场所等未成年人校外活动阵地建设。健全完善区未成年人心理健康辅导站及社区、学校的未成年人心理咨询室，进一步提升服务未成年人的能力。

（五）进一步推广志愿服务活动，发动全社会共同参与文明城市建设

着力健全完善志愿服务运行机制，做好各社区、公共场所志愿者服务站的管理和维护，常态化开展活动。建立

志愿者档案和服务数据库，实现志愿者、服务对象、活动项目的有效对接。规范志愿者的招募培训制度，发展壮大志愿者队伍，充分发挥“党员志愿者”“老年志愿者”“巾帼志愿者”等多支队伍的作用，定期开展活动。围绕雷锋月、国际志愿者日、传统节日节庆等时间节点，广泛开展以“关爱他人、关爱社会、关爱自然”和“学雷锋”为主题的文明交通劝导、环境卫生清理、关爱空巢老人、关爱留守儿童、关爱弱势群体等系列志愿服务活动，营造人人参与文明城市建设的社会氛围。

（六）进一步创新方法方式，打造文明城市建设的特色品牌项目

文明建设品牌项目是文明城市的特质的集中体现。全国文明城市、全省文明城区测评体系中很重要的一部分指标就是“特色指标”，反映城区文明建设工作的特色、城区整体形象等内容。历年来，台江区在创建文明城市过程中打造了“诚信台江”、滨江旅游文化、“我们的节日”等亮丽的名片。在今后的文明城市建设工作活动中，要进一步实施品牌创建工程，培育一系列的特色品牌并固化为城区特质，提升城区的美誉度。要进一步深化“诚信台江”建设活动，使之在内涵上有新的发展，持续抓好“党员诚信店”“百城万店无假货示范街”“诚信示范店”等创建活动；继续保持未成年人思想道德建设工作在省、市的领先地位；大力发展文化产业，开发创意文化产业，发展滨江旅游文化，打造“闽水文化之旅”和“上下杭国家历史文化街区”品牌，不断增强文化发展的后劲。同时，要进一步收集、整理、完善、推广各级各部门在创建工作实践中积累的经验和做法。适时召开精神文明创建工作理论研讨会，进一步创新工作思路、找准工作载体、深化工作内涵，为新一轮文明城市建设工作打好基础。

综上所述，推进文明城市建设、建立长效机制，必须要健全完善管理机制，加大基础设施建设力度，提高市民文明素质，发动群众广泛参与。这对于实现经济平稳较快发展，加快建设科学发展、文明幸福的新台江，具有十分重要的意义。

牵头领导：李　辉

牵头单位：区委文明办

## 立足连片开发、滚动实施、市场化运作，加快推进旧屋区改造

2013年以来，按照市委、市政府关于城区旧屋区改造的工作部署和要求，台江区加大工作力度，加强与市直有关部门的沟通和协调配合，切实研究解决旧改工作中存在的难点问题，现将有关旧屋区改造工作情况汇报如下：

年内台江区计划改造22个旧屋区项目，征收占地面积184.78公顷，总建筑面积294.26万平方米，居民户数约2.489万户。目前已有7个项目正式进入房屋征收阶段，其中上下杭历史文化街区地块是2013年启动的成片旧屋区改造项目，从10月初进场至今已完成约85%的征收任务。太平汀洲苍霞地块的挂牌前期准备工作基本完成，五一路沿线地块、排尾红星地块也做了相当的前期工作，通过这些项目的历练，积累了一些经验，探索出台江区今后旧改的一些新模式、新方法。

### 一、梳理地块、连片开发改造

目前，台江区正按照市委、市政府的工作部署，对全区旧屋区改造地块进行新一轮调查摸底，对2014年到2017年的台江区旧屋区改造计划做了重新整合安排，具体指导思想为：对于大片旧屋区地块整片开发改造，不留死角；对于历史原因遗留的小块旧屋区由点整合成面，按区域划分，综合开发改造；对于能结合内河、市政、道路、地铁、教育、招商等项目进行征收改造的小地块，借势改造，积极推进旧屋区旧貌换新颜。太平汀洲苍霞地块、五一路沿线地块、排尾红星地块三大集中式改造项目是今后重点推进的旧改项目。

### 二、滚动实施旧屋区改造计划

对编制的旧屋区改造计划中的每一地块按计划时间的先后顺序安排进行调查摸底，得出该地块的各项征收数据。对于地块内有集体土地的及时与市国土局沟通对接，尽早完成集体土地转征手续。对于地块的规划指标，及时与市规划局沟通对接，按该地块不同的功能用途合理规划，进行土地整合，解决地块内道路、学校、公建配套等相关问题，提出安置方案和资金平衡方案。对于困难问题及时上报市政府予以沟通协调，平衡一片改造一片，滚动实施，良性循环。

### 三、市场化运作

按照以往的做法，旧屋区改造大多采取政府先行投入资金进行征收，待地块征收结束成为净地后再行挂牌出让的方式进行。由于三大地块项目征收体量大，按旧做法将面临财政资金不足，严重影响项目推进的速度。为切实推进三大地块改造，引进社会力量参与旧改项目，在对项目地块实施征迁改造之前先行开展项目招商工作，积极与有实力的企业进行沟通商谈，利用社会资金加大旧屋区改造的步伐，以尽快改善旧屋区居民居住条件。同时，开发商的先行介入项目，以其对市场的精准把握，有利于项目规划功能定位的提前介入和提前对接，最短时间内发挥项目征收改造效益，避免产生征收改造之后项目地块土地闲置等问题。目前，融信集团意向参与太平汀洲和苍霞地块改造、

世贸集团意向参与五一路沿线地块改造、华班集团意向参与排尾红星地块改造，均已投入资金委托设计院对意向参与的地块开展概念性方案设计和详细测算。

## 四、重点推进的旧改项目

（一）太平汀洲苍霞地块

太平汀洲苍霞地块四至范围为：东至洋中路、三通路，西至白马南路、支前路，南至闽江，北至工业路。征收占地面积 38.4301 万平方米（合 38.43 公顷），总建筑面积 65.9329 万平方米，居民户数约 6345 户。该地块已基本完成挂牌前期准备工作，目前正在进行集体土地转征，并已公示挂牌条件，将于 12 月 4 日正式挂牌出让。

（二）排尾红星和五一路沿线地块

排尾红星地块四至范围为：东邻光明港苑、利嘉花园，西至六一中路，南至排尾路，北邻光明港公园。征收占地面积 51.6044 万平方米（合 51.604 公顷），总建筑面积 94.1548 万平方米，居民户数约 6289 户。五一路沿线地块四至范围为：东至六一中路，西至水松巷、规划路，南至台江路，北至群众路。征收占地面积 34.0442 万平方米（合 34.044 公顷），总建筑面积 54.6599 万平方米，居民户数约 5454 户。台江区已会同市规划局与意向参与企业对上述两地块的规划指标及路网、公园、绿地、中小学布局等问题进行了多轮沟通调整。现两家意向企业在确保安置量和资金平衡的前提下，已对总评方案进行了多次调整，并均已提出了较为符合旧屋区实际情况的总评方案。市政府也已多次召开专题会议听取这些地块旧改工作汇报，对初步选址规划方案进行了审查，并要求相关部门按照旧改项目运作流程正式办理选址和规划指标，进入用地调整、指标对接、条件设置等实质性运作。目前，正在按照会议精神与市规划局等相关部门积极对接推进，以尽快审定各项目的设计总评方案和规划技术指标，促进各改造项目的尽快实施。

## 五、存在的主要困难问题及解决方案

（一）土地成本高，加大了旧屋区改造工作的难度

台江区旧屋区改造项目地理位置优越，大部分用来开发建设城市中央商务、金融街区，发展现代商贸、金融服务业、高科技产业和总部经济，作为经济发展新增长点，对台江区乃至全市的长远发展有极大促进作用。但也正因为地理位置优越，改造地块的土地成本相对较高，并且由于改造地块房屋密度大、人口密集，改造后道路预留、房屋退距、市政设施、绿地占用比现状有明显改善，造成得地率低，引进企业参与市场运作，总体上吸引力较小，资金平衡困难，进行融资的难度较大。区级三旧改造资金拼盘压力巨大，迫切需要市国土局、土地发展中心、规划局等单位，在土地规划、征迁、招商等方面予以大力支持，由市里从台江区三旧改造整体方案上予以考量资金平衡，并优先将道路、教育、社会事业建设等用地三旧改造的成本从财政已安排的相关渠道列支。要解决这些问题，必须牢固树立“规划是生产力，规划是指南针”的理念，用高水平规划指导旧屋区改造工作，先规划、后实施，对现有旧屋区改造地块规划及实施情况进行全面梳理，分析问题，总结经验，并根据新情况、新要求，完善提升已有地块规划方案，以科学指导旧屋区改造工作，既要在规划指引下打造整体统一的城市形象，又要注重塑造地块独有特色，突出地域特色、传统特色和项目特色，达到旧屋区改造项目的经济平衡。

（二）手续办理时间长，影响了旧屋区改造工作的效率

旧屋区改造涉及前期办理的准备工作有电子地形图、规划红线图、控制性规划指标、规划方案、集体土地转征、房屋征收和土地出让等手续，所需的工作磨合时间较长，影响了旧改工作的推进。要解决这些问题，必须对每个旧改项目细化工作计划表，与市直相关部门一环扣一环地紧密配合，建立完善沟通协调机制，积极跟进，对于旧改项目推进过程中遇到的困难与问题努力寻找解决方案，不能自行解决的重大复杂问题及时上报市委市政府协调会研究解决，全力推动已列入计划的旧屋区改造项目的尽快实施。

（三）征收安置难，制约了旧屋区改造工作的实施

房屋征收安置涉及群众的切身利益，必然会遇到诸多矛盾和问题，特别在目前的政治经济舆论环境下，群众对征地、征房的补偿安置提出了更高要求，具体实施的难度更为加大。由于台江区位于中心城区的地理优势，在征收安置工作中，大部分群众要求就地、就近安置，并且征收条例也规定旧屋区改造项目需要提供就地或就近的安置房源。然而，中心城区的规划和发展的要求，又需要达到疏解老城、更新城区、多拆少建的目的，由此产生了旧屋区改造征收安置的矛盾和困难。同时，全市保障安置房源的建设与需求相比还存在较大的缺口，也制约着旧屋区改造工作的开展，迫切需要加大保障安置房源的建设力度，以形成旧屋区改造和安置房建设互相保障、互相促进的良性循环。

牵头领导：何长嘉
相关领导：朱　腾
牵头单位：区旧改办

# 打造社会管理创新特色品牌

为深入贯彻党的十八大和十八届三中全会精神，全面落实省委九届九次全会、市委十届六次全会和区委十一届

九次全会的各项部署，区政法委组织开展了“社会管理创新”专题调研活动，为保证调研质量，区政法委围绕主题细化方案、分解课题，要求各成员单位采取实地调查、工作座谈、经验交流等方式，深入基层一线摸情况、解难题，做到发现问题准确深入，分析问题客观翔实，并结合职能制订2014年工作思路。经过为期一个月的调研，各成员单位形成报告，现将情况汇总如下：

### 一、推广综治进商圈活动，扎实推进社会管理创新工作

台江区商业街区众多、商圈繁荣，商圈经济、商圈治安、商圈交通的区域特色明显。据不完全统计，全区三分之一的流动人口分布在各商业街区及周边，全区近四成的警情，三成半左右的刑事、治安发案率，近三成的民事纠纷案件以及有影响的群体性事件发生在商圈中。2013年初，在充分调研、反复论证的基础上，在万象商圈开展了试点工作。成立万象商圈社会管理服务中心，整合公、检、法、司、工商、消防部门力量，以完善治安防控体系、排查安全隐患、化解矛盾纠纷、强化自治管理和加强流动人口管理为重点，在商圈建立起治安联防、隐患联排、矛盾联调、整体联动机制，提高商圈自我服务、自我管理能力。为保障有人办事、有章理事，中心结合“135”党建模式，将“一个中心、三支队伍”的触角向商圈拓展和延伸，构建“1+6+3”的组织架构（即“一个中心、六大支点、三支力量”），完善运作机制，理顺办公流程，确保中心运转正常。中心运作一年来，共接待来访群众375人次，万象商圈地区盗窃警情同比下降了近20%，矛盾纠纷同比下降18.2%，实现销售额3.4亿元，较上年同期相比增长了25.2%，商圈总体繁荣稳定。2014年将按照省、市部署，拟整合万象、宝龙、苏宁资源，建立一个综合商圈社会管理服务中心，并将该经验逐步在全区各商圈推广。

### 二、提升网格化服务管理水平，进一步改进社会治理方式

按照市里统一部署，结合社区整合工作，于2012年底开始有重点、分阶段、有步骤地推进网格化服务管理工作。年内台江区将网格化服务管理列为2014年“为民办实事”项目，纳入区政府2014年财政预算。结合社区整合工作，将73个社区整合成53个，并以“信息化支撑、精细化管理、人性化服务”为目标，构建“所有服务管理事项入网、所有服务管理人员进格”的服务管理模式。目前，网格平台已基本建成，共划分网格数400个，区（依托交巡警指挥中心）、街（日常工作依托街道信访维稳中心、指挥平台依托于街道会议终端）、社区（依托于社区工作站）三级管理平台已实现联网办公，各网格配齐电脑、照相机、移动手机终端等硬件。为提高网格运行效能，在鼓楼网格化信息系统的基础上，结合本区实际，升级改造系统，将信息综合、便民服务、党建工作、综治维稳、宣传教育“五项管理”逐步落实到网格，实现“信息化支撑、精细化管理、人性化服务”目标。目前该系统已在进一步升级改造中，预计2014年全面投入使用。为突出台江特色，结合综治进商圈活动，设立“商圈网格”，将商圈社会服务管理网格管理信息系统，形成协同联动、统一管理机制。着力打造具有台江特色的“消防网格”，以“台江木屋毗连区信息管理系统”电子地图为蓝本，积极探索基于物联网的消防安全监管模式。改造升级2010年木屋毗连区信息管理系统，计划将物联网技术应用消防安全监管，对消防水源、道路状况、火险源等进行统一动态管理，总体提升社会服务管理水平。

### 三、做实做深公调、诉调、检调对接工作

1—11月，全区共排查矛盾纠纷1058件，为提高纠纷调解率和群众满意率，积极构建了大调解工作格局，进一步完善公调对接、检调对接、诉调对接工作机制。推进物业纠纷法律服务，设立物业纠纷调处工作室和法官工作室，制定《台江法院与台江房管局诉调对接工作实施细则》和《物业纠纷法律服务中心工作范围》，确立“1234”工作模式，即“一个宗旨”（拓宽视角服务民生，保障群众安居乐业）、“两个对接”（与区房管局等行政管理部门对接，与街道、社区等基层组织对接）、“三项职能”（构建多元化调处机制，加强物业法律宣传，前移司法介入关口）、“四个平台”（结合“无讼社区”创建活动，搭建诉前调解、行政调解、人民调解、源头化解平台），采取定时值班、随时预约等方式，在各“法官工作点”和“法官工作室”轮流值班，接待来访群众，进行现场法律疏导。中心成立以来，接待来访群众731人，诉前调解物业纠纷194件，诉至区法院的870起物业纠纷案件中636起调撤结案，调撤率达74%。进一步强化人民调解在诉调对接中的前置性作用，实现诉调对接的有机融合。积极参与各行业行政调解体系建设，充分发挥人民调解组织作用。1—11月，全区1058件矛盾纠纷中，已调处1058件，成功调处1040件，调解成功率达98.2%。2014年，按照“宜调尽调”原则，积极吸纳社会力量共同参与第三方调解。依托区网格化社会管理服务平台，研发诉调对接、公调对接、检调对接软件系统，探索建立以信息化为支撑的调解对接平台，逐步实现调解过程规范化、结果可确定化，进一步提高纠纷调解率、调解成功率和群众满意率。

### 四、以制度建设为重点，进一步加强特殊群体管控

2014年将继续高度关注未成年人、监外服刑人员这两类特殊群体，发挥职能作用，为政府管理“减负”。在加强未成年刑事检察专业化建设方面，针对近年来未成年人犯罪多发状况，整合内部资源，探索成立未成年人专门办

案机构，着力搭建“一个对接”和“两个基地”平台，积极构建全方位的未成年人法律援助帮教及服务体系。“一个对接”即将合适成年人援助帮教与新刑诉法有关规定对接，进一步强化与区司法局联系，聘请律师或社工担任义工，为每个未成年人提供全程法律服务，进一步保障未成年犯罪嫌疑人合法权益。成立社区管护基地，与区帮教条件较好的社区加强联系，通过组织涉案未成年人到社区参加公益劳动，由社区人员参加评定考察等加强跟踪帮教，将他们在社区的表现作为适用附条件不起诉的考量标准之一。同时，将做出不捕、不诉的未成年犯纳入社区矫正范畴重点帮教，促其尽快恢复心理健康，融入社会。一是成立社会管护基地，与区鲲鹏青少年事务服务中心及爱心企业联合，通过为涉案未成年人提供工作岗位，进行跟踪考察，视其现实表现做出是否起诉决定。同时，动员社会力量设立爱心基金，对生活困难的涉罪未成年人和参与法律援助的律师给予一定补助、补贴，促进实现帮教措施的有效衔接。二是在加强社会矫正检察监督方面，着力构建无缝对接、运转协调的社区矫正工作模式，实行政法委、公、检、法、司五部门联动管理，搭建信息互通平台，成立联合工作小组，对存在隐患的矫正对象，及时介入帮教，化解不稳定因素，着力完善结构严密、实用配套的社区矫正制度体系，根据新形势、新要求，健全完善相关工作机制，实现监督工作的制度化、常态化，有效防止监外服刑人员脱、漏管和重新犯罪的发生。

### 五、进一步强化社区管理工作

2014 年社区管理将做好以下几个方面工作：一是全力推进社区工作服务站建设。认真按照市、区关于社区工作服务站规范化建设工作的总体部署，序时推进社区工作服务站专职工作人员招聘、定级、签订劳动合同等牵头、指导、协调工作。进一步落实社区工作服务站工作职能、人员配置、经费保障，推进社区工作站规范化建设，以建章立制为重点，积极推广“中国社区”标识在社区的应用，做好社区形象宣传，营造浓郁的社区建设社会共同参与氛围，使社区工作服务站成为社会管理与创新的坚实基础，成为服务居民的有效载体。二是着力推进社区工作用房的改善。整合后的 52 个社区工作用房达到 200 平方米以上的社区有 20 个，100—199 平方米的有 24 个，100 平方米以下的有 8 个，距离 2015 年社区工作服务用房平均面积达 200 平方米以上尚有较大差距，目标实现难度较大。2014 年将继续做好省级社区综合服务站、市级达标、精品社区建设项目的报送工作，最大限度地争取到省、市补助资金，区相应安排专项资金为社区工作用房改善注入经费。同时积极协调、支持街道通过配套、购买、置换、租赁等多种形式切实改善社区工作用房，力求多措并举，责任到位。三是强化社区工作者素质的全面提升。社区整合工作和社区工作服务站组建完成后，将有 625 名社区专职工作人员从事社区服务和管理。2014 年将重点加强社区工作者业务培训，在继续做好社区工作人员参加省民政厅、省委组织部、省电大岗位培训的同时，积极举办多种形式、多层次、针对性强的业务培训，逐步形成业务培训、学历教育、职业资格考试等多层次素质提升体系，提高社区工作者文化程度、专业资格、工作能力。

此外，将结合改进社会治理方式，在落实人口计生政策方面及时调整新的生育政策、建立完善人口计生工作长效服务机制、加强流动人口均等化服务水平；在加强人社工作社会管理创新方面，全面落实好就业、再就业政策、扎实推进职业技能培训的质量，努力构建和谐稳定的劳动关系；在加强群团组织建设方面，积极推动工会、团委、妇联、各街道党工委在“两新组织”中党的建设和群团组织建设，综合运用财政扶持、税收减免、信贷优惠、开通绿色通道等政策措施，为“两新”组织发展提供有效支持。

牵头领导：叶仁佑

牵头单位：区委政法委、区综治办

## 打造“海西现代金融中心”品牌

2009 年，国务院出台专项规划支持“海峡西岸经济区”建设，标志着海西战略从地方决策上升为中央决策，从区域战略上升为国家战略。与此同时，定位为“海峡两岸金融商务汇集交流中心”的海峡金融商务区也正式落户台江东部，拉开了开发建设的大幕。四年来，始终紧紧围绕省、市决策部署，注重发挥优势，形成特色，着力提升服务发展能力、科技创新能力、产业升级能力、资源集聚能力，努力把海峡金融商务区打造成驱动省会现代金融业提速发展的新引擎，加快建设海西未来的现代金融中心和总部经济高地。

### 一、海峡金融商务区开发建设的有利条件

1. 得天独厚的商贸区位优势

金融是现代经济的核心，金融中心作为一个地区金融活动的集中地，是集聚金融资源和参与经济竞争的重要依托。台江区打造“海西现代金融中心”品牌具有以下优势：(1) 浓厚的商贸氛围。近年来，围绕构建现代服务业强区的目标，以打造“五大品牌”为抓手，全力推动现代商贸、金融商务、总部经济、滨江旅游、文化创意等产业发展。全区限上商贸企业达 233 家，限上、限下商贸比例为 45 ∶ 55；2013 年，

全区商品销售额完成750.96亿元，社会消费品零售额完成325.99亿元。特别是东西两翼商务区成为现代商贸发展的新增长极，2013年入库地方税收7.16亿元，其中地产销售税收6.3亿元。（2）优越的地理区位。海峡金融商务区位于辖区东部，西起长乐路，东至九孔闸，南临江滨大道，北至鳌峰路，占据福州现代化主城区滨江廊道的黄金地段，距闽江北岸中央商务区6公里，距正在规划建设中的马尾新城仅15分钟的车程，是连接福州商务功能核心区与功能拓展区的重要桥梁。（3）健全的基础配套。近年来，通过加快推进环境综合整治和旧城改造，海峡金融商务区内的道路景观、园林绿化、高尚住宅、商场超市等基础配套不断完善，发展空间大大拓展，城市品位不断提升，与福州市传统的金融街区"五四路—湖东路"交通拥堵、停车紧张、商务写字楼使用日趋饱和的现状相比，海峡金融商务区的优势特色更加突显，为吸引金融机构、总部企业入驻打造了良好的平台。（4）集聚的科技资源。近年来，台江区大力实施"科教兴区""人才强区"战略，海峡电子商务产业基地成为福建省唯一入选的首批国家电子商务示范基地，已入驻两岸电商企业56家，年销售额突破30亿元，二期工程即将启动建设。制定出台《台江区优秀人才选拔管理办法》《台江区引进高层次优秀人才奖励暂行办法》，以高层次人才引进为重点，打造台江人才建设高地，上报"百人计划"遴选后备人选43名，其中有科技创新领军人才、科技创业领军人才、企业高级经营管理人才后备人选14名。

2. 日益密切的榕台金融合作

福州作为海峡两岸合作交流的先行城市，积极发展涉台金融合作，为海峡金融商务区提供了广阔的发展平台和丰富的客户储备。一批台湾金融机构入驻福州，台湾富邦金控投资厦门商业银行，在福州设立分支机构，君龙人寿、国泰人寿、国泰产险等台资保险业相继登陆福州。金融业务交流合作全面展开，新台币现钞与人民币兑换业务试点率先上线，两地多家银行机构在消费金融、台资企业金融服务、中小企业管理、财务管理、风险管理及人才咨询培训等金融业务方面加强交流合作，形成了优势互补，共创双赢的良好局面。

3. 支持金融业发展的优惠政策

《两岸金融监管合作备忘录》（MOU）、《海峡两岸经济合作框架协议》（ECFA）、《海峡两岸服务贸易协议》的相继签署，将两岸金融交流推向制度化合作的新阶段。《省政府关于支持金融业发展九条措施的通知》提出"要积极推进厦门、福州两岸区域性金融中心建设，高标准开展两岸区域性金融服务中心发展规划"。《省委关于贯彻党的十八届三中全会精神全面深化改革的决定》更从完善金融市场体系的层面，对扶持壮大金融业发展提出明确要求。福州市也出台了《福州市构建海峡两岸区域性金融服务中心专项规划》《福州市促进金融业发展若干意见》等一系列利好金融业发展的政策文件，进一步优化金融业发展环境，特别是对设在福州的金融机构和金融从业人员给予了前所未有的优惠政策，为海峡金融商务区提供了强有力的制度支撑。

## 二、海峡金融商务区开发建设展现如虹气势

1. 项目建设整体加速，区域形象逐渐呈现

海峡金融商务区于2009年立项启动，2012年实施扩区，总用地面积达150.73公顷，已陆续出让约66.53公顷土地，有28个项目入驻，总投资约322亿元，分别引进了12家金融机构〔建设银行福建省分行、进出口银行福建省分行、福建海峡银行、招商银行福州分行、福州农村商业银行、兴业银行、交通银行福建省分行、福建省富闽基金会、富邦实业（福建）有限公司、郑和国际基金、民生银行区域总部大楼、瑞特商务总部大楼〕和宝钢集团、神华集团、福建省交通运输集团等央企、国企以及万达集团、升龙地产、百联地产等11家知名民企入驻开发。这些项目体量大、带动力强、多维的资源交融将共同携手打造属于福州的世界级资本磁场，海峡西岸区域性金融服务中心新"金融地标"雏形显现。

2. 基础设施建设顺利，载体功能不断提升

海峡金融商务区自规划之初，便按照"高起点规划，高标准建设"的要求进行开发，商务区以构建便捷的立体交通体系为先导，四座过江大桥分列两侧，两分钟可上三环高速，13分钟直抵福州火车南站，30分钟可轻松到达长乐国际机场，正在规划中的地铁4号线也"自西向东"贯穿全境，打通了生产要素自由流通的快速通道。商务区内已建成的金融街万达广场，大型娱乐中心、时尚步行街、国际影城、购物百货、威斯汀六星级酒店等高端配套齐聚，同时配套有福州首家专业游艇码头——王梓"游艇派"，金座大厦还是福州首座拥有直升机停机坪的写字楼，全方位满足不同级别的商务接待与生活需求。商务区前临闽江，背傍鼓山，自然景观优美；商务区内高档写字楼和住宅小区林立，公园绿地遍布其间，人文景观丰富。近年来台江区大力实施环境综合整治，商务区南侧的闽江北港驳岸整治一期工程先行先试段已基本完成，成为闽江"黄金水道"一道最亮丽的风景线。

3. 开发模式锐意创新，招大引强借力腾飞

海峡金融商务区已全面进入大开发、大建设阶段，入驻项目开工率达75%，成为福州高端写字楼和金融机构最密集的区域。金融街万达广场于2010年12月建成并开业运营，申发大厦、百联大厦2个项目已竣工，升龙大厦、华班大厦、恒丰大厦、金座大厦、福建省交通物流信息大厦等5个项

目实现主体结构封顶，正在内外装修；建行大楼、进出口银行办公大楼、海峡银行大楼、福建省交通物流信息大厦、福州农村商业银行大楼、水晶花园、天御城、中捷大厦、福建招银大厦、兴业银行总部大楼等9个项目正加快建设，其余10个项目正抓紧开展前期工作。目前建成、封顶项目可供招商商务办公总面积近65万平方米，已出售面积约40万平方米。其中，万达广场、升龙大厦、金座大厦、申发大厦、华班大厦、百联大厦、恒丰大厦等7个商务写字楼项目已开始对外出售，一批优质企业将陆续入驻。

三、当前存在的问题和不足

尽管近两年来海峡金融商务区开发建设进展较快、势头较好，但与国内一些先进地区的金融商务区相比尚有一定差距，存在一些亟待解决的问题和不足。

1. 商务区面积规模不大

海峡金融商务区经2012年扩区后总用地面积达150.73公顷，总建筑面积约275万平方米，这一体量相较于全国各大金融商务区仍然规模较小。北京丽泽金融商务区占地面积4.36平方公里，总建筑面积将达到650万平方米，是海峡金融商务区的近2.5倍；厦门两岸金融中心涉及思明区和湖里区两个行政区，规划范围总占地面积约为22 平方公里，园区规划“一带一核多节点”的空间布局，总建筑面积多达约1210万平方米。较小的园区面积，势必难以满足产业集聚做大的需要。目前海峡金融商务区几乎所有地块都在出让，但有些项目由于种种原因未完全收储，造成不能及时交付入驻项目企业的建设开发，如富闽基金（花鸟市场地块）、郑和基金（V地块）、神华海西总部大数（Y、Z地块）和宝钢大厦（D地块）等。

2. 项目建设进度不均

从2013年全区“五大战役”投资完成情况看，商务区内部分项目建设进展滞后。除申发大厦、百联大厦、升龙大厦、华班大厦、恒丰大厦、金座大厦等商业地产项目进展较快外，中国进出口银行办公大楼、福建招银大厦、交通银行福建省分行大楼、福州农商银行大楼等金融机构项目与年度目标差距较大，项目形象进度与投资量均偏慢。特别是交通银行福建省分行大楼至今仍在办理前期手续，未能完成年初预定的目标任务。究其原因，一是由于项目企业自身资金短缺，中央、省属金融企业内部申批手续较慢等因素造成；二是规划、建设等部分政府职能部门审批进度迟滞也影响了项目的建设施工；三是水、电、气、通讯、市政工程、道路等配套工程的规划、设计、施工进展较慢在一定程度上也影响了商务区整体功能的完善。

3. 服务环境不够完善

纵观北京、上海、厦门、西安等地，各金融商务区所在地政府都有出台加快金融商务区建设和发展的实施细则，内容涉及领导机构设置、新设或新入驻金融企业的一次性财政补助、置地盖楼或租赁办公场所的优惠政策、入驻商务区金融企业高级管理人员子女入学、迁户的便利条件等，各种政策举措都极大鼓舞了金融企业的进驻热情，也大大提升了金融商务产业的发展速度。近些年来，省、市出台了一系列推动金融业发展的文件，既有指导性意见，如《福建省人民政府关于支持金融业发展九条措施》《福州市构建海峡两岸区域性金融服务中心专项规划》；也有具体的财税措施，如福建省以支持做大海西金融产业发展为主线出台了八项财政政策以及《福州市促进金融业发展若干意见》。但是，专门针对海峡金融商务区开发建设，市、区都未出台相关的配套实施意见，急需在现有的“两区”管委会的层面上，进一步提升商务区管理机构的层次，对商务区规划、建设、市政配套工程、招商实施统一的管理、服务、协调和政策完善等工作。目前，商务区内的基础配套仍有待进一步完善，特别是学校、医院等重要民生设施建设薄弱，应抓紧在今后的开发建设统筹考虑。

4. 在借鉴对接自贸区、实验区政策辐射方面步伐不快

2013年初，福建省申请平潭实施自由港政策的报告得到国务院相关部门的支持。平潭将争取成为继上海自贸区之后，进入自贸区的新的试点地区。目前，自贸区有些政策特别是金融政策、船舶免税登记政策平潭暂时还没有。这对于台江来说，是利好的机遇。但目前，海峡金融商务区作为福州构建海峡两岸区域性金融服务中心、打造省会总部经济聚集区的重要平台，特色优势、辐射带动作用并未充分显现，自身对外宣传、向上呼吁、争取政策支持也不够，省委、省政府的关注、重视程度有限。如何有效学习借鉴上海自贸区领先的运作模式、着力在金融业发展方面先行先试，积极弥补对接平潭综合实验区推动两岸金融产业发展暂时的空白或短板，在推动福州新区开放开发中更加突显优势作用，打造省、市扶持金融业发展的“政策洼地”，要做的工作很多、很迫切，如果错过新一轮省、市改革发展大潮，未能在政策辐射中抢占先机、赢得主动，将是十分遗憾的。

5. 实体经济体量不足

金融业作为现代服务业，发展的载体是实体经济，每个金融中心也都必然以强大的实体经济作为后盾。福州相较于北京、上海、杭州、深圳、武汉等其他区域性金融中心，无论在实体经济的规模总量、实体经济企业数量上都存在不小差距，较小的实体经济体量将会成为制约金融业发展的一大瓶颈。实体经济体量不足也影响了在榕金融机构的数量，也会间接减少到金融商务区潜在的客户资源。

6. 金融业统计指标体系不健全

金融业包括了银行业、保险业、信托业、证券业和租

赁业，税收包括营业税及附加、个人所得税和房产、土地使用税等，是一个庞大而复杂的产业体系。随着海峡金融商务区开发建设的加速推进，高档商务写字楼相继竣工、对外招商，银行、保险、证券、基金等银行业金融机构，以及小额贷款、创业投资、融资租赁、担保公司、会计师事务所、审计师事务所等非银行业金融机构、金融衍生机构不断入驻，对金融业体系的产业结构、经济指标、财税分成等情况数据的调查统计都已滞后或偏差，存在漏统漏报、情况不明、底数不清、税收流失等问题。

## 四、加快推动海峡金融商务区开发建设的对策建议

必须以全面深化改革为契机和动力，牢牢把握海西建设的战略机遇，调动各方力量，强化城市管理职能、公共服务职能以及招商引资职能，汇聚国内外资源，高标准加快开发建设，努力将海峡金融商务区打造成为“立足海西、面向世界、服务全国”的现代金融服务业中心。

1. 准确把握定位，拓展枢纽载体功能

建议依托“两区”管委会成立加快建设“海西现代金融中心”领导小组，重点研究海峡金融商务区的功能定位：一是管理功能。通过聚集一批国内外金融企业的区域总部，发挥企业战略策略和生产经营决策的中枢作用，发布投资、经营和生产组织的各项指令，实现对辐射区域范围的经济运行控制，使商务区成为区域经济循环网络中的一个重要支点。二是集散功能。通过吸引国内的银行保险证券机构和各类企业服务机构，建立便捷的资本市场，加速信息的中转和使用，汇集众多国际国内高素质人才，使商务区成为集散各种经济资源和生产要素的重要地区。三是服务功能。通过完善各类市场服务体系，探索建立一批集评估、咨询、法律、财务、融资、培训等多种功能为一体的金融服务中心，有效降低企业市场运营成本，实现人流、物流、资金流的良性循环。全力完善商务区内的学校、医院、休闲、购物等功能配套，为入驻企业提供舒心便捷的服务。四是交流功能。通过建设会展中心、高星级酒店等国际化配套设施，举办大型国内外展览、金融高峰论坛，使商务区成为不同国家、地区经贸文化交流的重要区域。

2. 突出培育特色，形成品牌集聚效应

台西科技园管委会（“两区”管委会办公室）要更好地发挥职能，谋划来年的工作思路，在整体推进项目建设、完善基础配套的前提下，抓好招商引企、“筑巢引凤”，更加突出培育海峡金融商务区的产业、文化、科技特色。一是培育项目产业特色。要及早介入和充分依托商务区已封顶的高档写字楼红星苑商务写字楼等优质资源，坚持积极引导、有效运作、选优择强，形成良好的项目集聚优势和“虹吸”效应，努力推动体量大、技术高、带动辐射强、发展后劲足的新项目、大企业尤其是知名公司、总部企业落户商务区，积极鼓励设立国内外大企业区域总部、银行、研发中心、采购与分销中心、各种事务所、国内外商务代表处等。特别是充分利用2013年两岸签署《海峡两岸服务贸易协议》的契机，加强与台湾在金融、电子商务等产业方面的交流合作，积极吸引台湾及港澳地区银行、保险、证券等金融分支机构落户。同时，立足台江非公经济活跃的特点，积极推动银行业金融机构与非银行金融机构深入合作，鼓励民间资本进入金融领域，推动形成小额贷款公司、创业投资机构、融资租赁公司、担保公司、银行专营机构等资源集成、优势互补的创新机制。二是培育商贸文化特色。要积极呼吁，对上协调，在商务区开发建设中，更加突出傍山近水等优势，通过区域规划、公共环境建设等，把建筑与彰显弘扬闽商精神、榕树精神有机地结合起来，将城市文脉的承传与现代风格有机结合起来，实现艺术性与实用性、功能性相统一。区域整体和每栋建筑都应具有鲜明的特色和风格，商务区内各功能区应科学合理分工，在实施过程中，对项目的选择要严格，不能随意更改，保持区域分工的整体性。三是培育科技金融特色。着力加强科技金融中介服务体系建设，开展科技部门、科技型企业与银行之间的科技金融合作模式创新试点。继续培育壮大海峡电子商务产业基地（一期），加快建设二期工程，充分发挥电子科技在推进互联网金融发展方面的重要作用；在福建海峡银行福州怡丰支行试点成立全省首家科技支行基础上，继续推动建设一批主要为科技型中小企业提供信贷等金融服务的科技支行。

3. 强化服务保障，筑优招商引企平台

建议区委、区政府研究出台《加快海峡金融商务区开发建设的意见》及其管理办法，充分发挥“两区”管委会的统筹协调作用，进一步建立健全促进商务区开发建设的组织保障体系和工作机制。一是摸清“家底”。建议区政府以即将开展的第三次全国经济普查为契机，由区经普办（统计局）牵头，国税局、地税局、财政局、发改局（金融办）、外经贸局（投资促进局）共同配合，建立完善金融业指标统计系统，摸清全区金融业发展的总体情况和发展趋势，为今后有针对性地加强经济指标统计、税收征管、金融服务打下坚定基础。二是完善政策。由区财政局牵头，区外经贸局等部门配合，对接落实《福州市促进金融业发展若干意见》等政策，积极完善银行、保险、证券、信息、咨询等产业布局，在税收、招商引资奖励、行政事业性收费等方面制定优惠政策。如在招商引企方面，对在商务区内新设立或者新迁入的金融机构及其配套服务机构，按不同档次给予一定比例的开办补助、税收贡献奖励、企业办公用房补助等财政扶持资金。三是形成合力。由台西科技园管委会牵头，积极协调市投资促进局（市金融办）、建

委、国土局、规划局等相关部门，加快商务区内项目建设开发进度，全方位构建政企互动、银企合作、校企交流的桥梁和平台；更加突出十个街道的主力军作用，与区直部门捆绑力量、加强联动，本着“谁招商、谁服务、谁受益”的原则，由引进企业（项目）的街道负责具体跟踪、落实、服务，同时也享受其产生的相关指标和街道税收分成，充分调动街道招商引企的积极性。四是精细服务。由台西科技园管委会牵头，进一步完善商务区公共服务体系，对入驻企业提供一站式的“精细化”服务及代办服务，采取“一企一策”机制，进一步完善扶持，促进企业发展，实现产业集聚。五是招才引智。由区委组织部、区公务员局牵头，建立吸引人才的倾斜政策，积极培育和引进大批金融业人才入户商务区。如对商务区内金融企业高级商务管理人才的子女入学、医疗保健、户籍迁移、出入境管理等服务给予优先安排。

4. 加强宣传引导，全面提升形象品位

建议由区委宣传部、区外经贸局牵头，加大商务区开发建设的宣传推介力度，不断提升形象，增加无形资产，真正成为海峡西岸极具活力、朝气和发展潜力的新增经济增长极。一要充分抓住“5•18”“6•18”“9•8”等招商平台，持续面向国际、国内进行商务区品牌的专项推介，扩大商务区的知名度、影响力，全力争取省里直至国家部委的认可、支持，通过实施“回归工程”，吸引异地榕商到商务区投资兴业。二要切实加强“三维”项目对接，与省内及有意进入福建市场的金融机构开展联系和沟通，吸引各类金融机构以及金融衍生市场服务机构入驻商务区落地生根，做大做强。三要将海峡金融商务区重点建设项目纳入政府投资备选项目库，择优选强积极做好第一批带动性项目的表彰奖励，发挥重大项目的指导和辐射带动作用。四要实施对海峡金融商务区统一、规范、高效的营销与服务，加快推进商务区整体形象和区域内视觉标示系统的设计布局，充分利用各种媒体资源，全方位宣传商务区项目建设、招商引企、产业发展等工作。

牵头领导：黄建雄
相关领导：黄怀英
牵头单位：台西科技园管委会

## 发挥工商联作用，服务非公经济人士健康发展

为了应对国际金融错综复杂的新挑战，更好地引领和推动民营经济持续健康发展，区委统战部、区工商联根据区委、区政府《关于开展2014年工作思路调研活动的通知》（台委办发〔2013〕57号）精神和10月31日区委常委会的部署，紧密联系部门实际，积极发挥工商联作为党和政府联系非公经济人士的桥梁纽带助手作用，通过深入民营企业开展“‘四个万家’聚民心，‘六全推进’求实效”等服务活动，有力促进非公“两个健康”发展，收到了良好成效。

一、民营企业现状与区工商联工作情况

（一）企业现状（2006—2013）

2006—2013年台江区私营企业和个体工商户基本情况（详见表5、表6）：

（二）区工商联组织发展情况

第八届工商联（台江区总商会）于2011年12月换届，现有正副主席17人、副会长10人、常委47人（含正副主席、副会长）、执委130人。根据区编委台委编〔2005〕28号、台委编〔2006〕22号文件规定，区工商联机关核定行政编制1名、机关事业编制2名，现在位行政干部1名。目前，区工商联（总商会）已成立服装、五金机电、鞋业、装饰建材、水产、果业等6个同业公会，各同业公会共有正副会长90名、名誉会长10名、常委50名、理事115名，会员企业上千家。近年来，区工商联（总商会）广泛团结联系区非公有制经济人士，充分发挥党和政府赋予的各项职能，做好以下几方面的工作：

1. 机制健全，措施得力，为促进民营经济发展提供支持

区工商联坚持把科学发展、深化“四个万家”活动摆在开展学习实践活动中的重要位置，在学习教育实践活动中，区委、区政府相关部门领导高度重视、全力支持，积极采取“三项措施”：一是加强协调。通过深入民营企业和走访非公经济人士开展调研考察，区委每季度组织召开了区各民主党派、工商联及六个行业商会代表人士季谈会，有效帮助企业协调解决在发展中遇到的实际困难问题。二是加强跟踪。2013年，通过召开实施“回归工程”推进会、非公企业党建工作联席会、市场环境综合整治协调会、政企税企银企座谈会、基层组织建设管理现场会等10多场次，关注非公“两个健康”持续发展。三是加大扶持。通过各种渠道形式，关心了解和剖析民营企业的经营状况和市场发展情况，完善和落实了相关扶持配套措施，力所能及地帮助企业协调解决个体工商营业执照、优化发展环境、区域内市场的交通秩序、增设停车位、商铺租金调节、稳定市场和谐搬迁与改善经商环境建设等企业在发展中遇到的实际困难问题，有力地促进区民营经济持续健康发展、科学发展、跨越发展。

2. 加大宣传，引导教育，为促进民营经济发展提供

表 5　2006—2013 年台江区私营企业基本情况一览表

| 时 间 | 户数（户） | 雇佣人数（人） | 注册资金（万元） | 户均资金（万元） |
|---|---|---|---|---|
| 2006.01 | 314 | 1394 | 4129 | 13.15 |
| 2006.12 | 423 | 1952 | 5003 | 11.83 |
| 2013.01 | 8363 | 87196 | 1211373 | 144.85 |
| 2013.06 | 9069 | 92502 | 1285666 | 141.76 |

表 6　2006—2013 年台江区个体工商户基本情况一览表

| 时 间 | 户数（户） | 从业人员（人） | 注册资金（万元） | 户均资金（万元） |
|---|---|---|---|---|
| 2006.01 | 5640 | 12402 | 106092 | 18.81 |
| 2006.12 | 11175 | 23538 | 130066 | 11.64 |
| 2013.01 | 16327 | 37079 | 61889 | 3.79 |
| 2013.06 | 17966 | 40835 | 69841 | 3.89 |

服务

区总商会积极开展“三上门”服务活动，不断增强非公经济人士对企业发展的信心。一是上门“送学”。多次邀请省委党校、福建师范大学等院校经济专家教授上门授课，组织民营企业代表参加学习“经济形势与措施对策”，不断提高各级各类人员对企业管理能力和服务水平。二是上门“辅导”。通过上门举办“学习实践科学发展观，应对危机保发展”“积极应对金融危机，促进科学发展”“民营经济论坛”等专题辅导讲座，汇编《应对金融危机文件汇编》书籍，免费印发给民营企业家。三是上门“宣传”。通过上门合作、请进来和深化开展培训、学习、调研、考察、会议、会刊、联谊等方式，适时大力宣传方针政策和省市区出台优惠措施等有关法规，帮助民营企业家树立增强应对危机、科学发展的信心和决心，较好地发挥工商联桥梁、纽带和助手作用，不断增强提高服务民营经济科学发展的能力。

3. 强化责任，有效作为，为促进民营经济发展发挥作用

在日常工作中，针对市场和会员企业在发展中出现的一些新情况新问题，工商联（总商会）坚持面向基层，加强引导、搭建平台、广泛联谊、强化责任、有效作为，发挥作用，有效采取“五项措施”：一是开展“台江梦•非公经济人士理想信念教育实践活动”。通过开展“五个一”活动：召开一次学习动员部署会、交流会；举办一期培训班、邀请区委党校教授授课；组织一批企业家赴毛泽东故居、贺龙纪念馆参观学习；培养一些学习先进典型；举行一堂联席会等开展形式多样的学习实践活动，参会会员企业达近千人次。区工商联副主席、福州盛宇贸易有限公司总经理林本沈被市评为理想信念教育实践活动先进典型，并在全市先进典型大会上做了题为《争当理想信念合格者，甘为无私奉献孺子牛》书面交流发言。二是举办企业管理暨经济论坛。联合福建金联置业有限公司在台江万达威斯汀举行“把脉 2014 年经济大趋势：闽商如何突围”专题经济论坛。邀请中国著名财经评论专家、央视特约评论专家叶檀，联合新华都商学院在福州大饭店举办“突破成长瓶颈”企业管理高端论坛等，组织会员企业参加达 600 多人，帮助企业了解国内外当前和来年经济形势，把握动态，拓宽思路、开阔眼界、明确方向，增长知识，加快转型，提升管理。三是开展“百企联百村、共建新农村”结对帮扶活动。积极响应上级的号召，引领和倡导区总商会和六个行业商会企业家先后向结对帮扶的罗源县“五老”“失依儿童”、罗源县西兰乡蒋山村、连江县小沧畲族乡和区内社会弱势群体扶贫济困助学捐款达 147 万余元。罗源县蒋山村向服装商会赠送“情系贫困山村，共建美好家园”牌匾。10 月

19日，《福州日报》以题为《罗源蒋山："空壳村"迎来了及时雨》给予了报道。四是开展"'四个万家'聚民心，'六全推进'求实效"活动。市、区领导深入街道、社区、金山、科技园区民营会员企业和6个同业公会，走访调研企业达百余家，帮助企业解忧事办实事做好事，引导和鼓励他们树信心、战危机、谋发展；多次举行"化危为机，应对挑战"座谈会、现场会，认真做好政策宣传、信息沟通、抱团取暖、共渡难关；各行业商会搭好服务平台，面向社会，面向基层，主动服务，帮助企业招聘用工岗位百余个；帮助协调各行业商会组织会员企业，前往广西、长沙、宁德等地与有关部门、友好商会和企业家开展交流联谊和调研考察市场发展商机，获取市场和商机可参考信息近百条，受到了民营企业和非公经济人士的好评。

4. 创新驱动，培育典型，为促进民营经济发展提供保障

一是自主创新活动。深入同业公会和民营企业，开展"企业自主创新交流会""商会民间融资担保推介会""典型企业媒体会"等活动，大力宣扬企业在应对金融危机中的好做法、好经验。二是服务"回归工程"。拓宽回归办职能任务，大力协助配合市回归办、区回归领导小组认真做好回归工程的信息传递、走访调研、承上启下、服务协调、请示报告、按时上报等工作，得到了市回归办好评。目前，已竣工"中央第五街电子产业基地"项目1项；因企业原因已中止"两岸金融中心及东亚银行大厦"项目1项；已获取土地权来年即将开工"郑和国际金融中心"项目1项。三是培育先进典型。为促进民营经济发展，帮助企业解决融资难、信贷难等之际，着力引导行业商会积极开展银企合作和3家民间担保公司帮助行业和非公经济人士拓宽信贷融资渠道。福建省中兴有限责任公司自2008年4月成立至今，为中小企业办理贷款担保业务在保达6亿元；福建省闽泽担保有限公司、福建省金联担保有限公司自2008年11月成立至今，为中小企业办理贷款担保业务在保达2亿多元。

## 二、区工商联在发挥自身职能中亟待解决的几个问题

（一）作为商会（协会）的主管部门职能定位尚不明确。《中共中央、国务院关于加强和改进新形势下工商联工作的意见》（中发〔2010〕16号）明确规定："工商联是中国共产党领导的以非公有制企业和非公有制经济人士为主体的人民团体和商会组织，是党和政府联系非公有制经济人士的桥梁纽带。""工商联要认真履行社会团体业务主管单位职责。""统战性、经济性、民间性有机统一，是工商联的基本特征。""民间性主要体现在工商联具有商会性质和职能，其组织方式和工作机制不同于政府机构。"但在实际运作中，一方面，政府职能转变尚未到位，工商联仍承担着许多管不了、管不好、不该管而本应由民间社团或非政府组织承担的事务性工作；另一方面，工商联的一些服务职能被政府部门分割、弱化，在一定程度上使工商联的工作空间受到"挤压"，如有关部门牵头成立的各种"企业家协会"不断蚕食工商联作为行业协会主管部门的空间。

（二）人手不足，工作影响力有限。作为以统战性为主的人民团体，区工商联核定编制3名，现在位仅1名行政干部，办公场所不足10平方米，影响了工商联工作的正常开展。

（三）行业商会发展受土地局限。台江区土地匮乏，有效利用空间少，企业回归对接受限，加上用地审批受限，难以满足招商需要。近年，区服装商会拟引导异地榕籍企业家在台江区内投资筹建"台江行业商会总部大楼"，计划用地3.33—6.67公顷，投资人民币达10亿元以上；五金机电商会拟在闽侯南通筹建"海峡五金机电物流批发中心"，用地20公顷，总投资20亿元。均因土地审批受限而搁置。

## 三、新时期发挥区工商联职能作用的若干思考

（一）加强工商联的组织建设和自身建设

区工商联（总商会）只有不断提高自身的服务能力和工作水平，才能更好地为会员提供服务，增强商会凝聚力、向心力和战斗力。当前，应切实改进总商会和基层各行业商会的工作作风，把工商联建设成为学习型组织，努力建设一支作风正派、廉洁奉献、爱岗敬业、会员信任、求真务实的工商联班子队伍。首先是在进口上，要通过公务员招考、干部交流、干部轮岗等形式，把懂经济、热心商会工作的干部充实到工商联队伍中去。其次是在出口上，要建立能进能出的机制，组织部门在安排干部培训、挂职锻炼、轮岗交流时，把工商联干部纳入计划，统筹安排，形成畅通的干部交流渠道，并加大培养、选拔、交流力度，充分调动工商联干部的工作积极性，保持工商联组织的旺盛活力。再次是每月安排企业家副主席、副会长参加工商联机关会务工作，使企业家副主席、副会长每年做到"四个一"：参加一次工商联驻会领导班子会议，参加一次同级党委、政府召开的需要工商联领导参加的有关会议，参加一次需要工商联领导参加的有关重要活动和走访一次会员企业，使企业家副会长可以进一步加深对于工商联工作的理解和认同，同时也使工商联的工作更加贴近会员企业的需要，工作更具针对性和实效性。

（二）进一步提高会员企业自我发展能力

1. 要注重提高企业自身建设保障能力。在加快转型升级组织上，积极引导会员企业坚持"自我完善、自我管理、自我提高"的原则，努力提高自我发展自我保障能力。鼓

励引导企业积极投身“回归工程”、海西“春风·春雨·光彩”行动、公益慈善事业，树立企业良好形象。努力改进部分企业自身存在的满足于老观念、老思路、老格局、老办法等问题，提高自我发展的工作能力和服务水平，为推动民营经济健康发展，提供强有力组织保障和奠定良好基础。

2. 要注重增强企业管理机制运作活力。在加快转型升级机制上，积极引导会员企业要推行“科学运作、规范管理”，努力增强自我发展运作活力。鼓励倡导企业适应转型升级，建立和完善现代企业的信用体系建设、信息网络建设，减少管理运行成本，不断增强企业运作能力和整体活力。充分发挥行业自律的作用，积极探索和拓宽更新适合企业自身发展新思维、新产业、新项目、新内涵、新举措、新领域，不断优化产业经济结构。

3. 要注重增强企业团队合作内在动力。在加快转型升级措施上，积极引导会员企业大力弘扬“榕商精神”和“台江精神”，努力增强自我发展内在动力。鼓励倡导企业转型升级，提高企业自我发展能力，把握和处理好“企业与社会、企业与政府、企业与员工、短期与长远、行规与法纪”之间的协调关系、权益关系、民生关系与和谐关系，不断扩大企业知名度、公信度和提升团队合作的影响力、向心力、凝心力，努力使企业自身真正成为扩大增加吸纳社会下岗工人、大学毕业生、困难弱势群体就业的帮扶桥梁。

（三）狠抓调研，提高参政议政水平

进一步强化参政议政职能，把调查研究工作贯穿于工商联（总商会）各项工作的全过程，不断提高参政议政水平。紧紧围绕如何加快民营经济转变发展方式以及社会热点、难点问题，每年确定系列调研课题，深入基层企业开展“百家会员企业大走访”调研活动，力求形成几份有一定分量的调研材料，及时向区委和区政府反映，提出意见和建议。同时，工商联要认真贯彻“团结、引导、教育、帮助”的方针，引导非公经济人士成为合格的社会主义事业建设者，推荐优秀的非公经济人士参加政协、人大及其他组织，并引导非公经济人士多向人大、政协提交高质量的提案、议案，充分发挥民营企业的参政议政职能。

（四）加强工商联对行业商会的管理和建设

区工商联按照“自我管理、自我服务、自我协调、自我约束、自我教育”组建的6个行业商会，与市场经济有着极强的相容性，已经成为工商联团结、帮助、引导、教育会员的重要载体和组织建设的主要方式。随着市场经济的不断完善，政府职能也将由过去的“管理型”逐步转为“服务型”，这就为行业商会发展提供了广阔的发展空间。在今后的工作中，工商联应做到“工作制度创新、工作内容创新、工作程序创新”。按照“按市场化原则规范和发展各类同业商会、行业协会等的自律性组织”的要求，积极促进各专业市场中民营企业相对集中、会员需求明显、领头人和积极分子活跃的行业商会的组建，加大街道基层商会的建设力度。主动加强与行业协会的信息交流和业务联系，创造条件，将其作为团体会员吸收到工商联中来，促进工商联工作的开展。

（五）加强区工商联组织建设，逐步改善总商会工作条件

建立健全区工商联及街道基层商会工作机构，按照编制、职数配齐工商联机关工作人员，保证工商联基层正常工作的开展。逐步解决工商联（总商会）开展工作所必需的经费、办公、交通等问题，壮大基层商会的实力，以利于更好地为工作对象提供有效服务。

总之，区工商联（总商会）要努力加强自身建设，把引导非公有制经济人士健康成长，促进非公有制经济健康发展，作为工商联今后工作的重点，把行业商会、基层商会真正建成非公有制经济人士的“和谐之家、纳谏之家、举贤之家、服务之家”，为促进台江区经济社会又好又快发展做出应有的更大的贡献！

牵头领导：吴　勤
相关领导：李　强
牵头单位：区委统战部

## 推进项目建设，<br>打造“省会总部经济集聚区”品牌

为深入学习贯彻党的十八大和十八届三中全会精神，全面落实市委、市政府一系列决策部署，更好地推动台江科学发展新跨越，根据区委部署要求，本专题调研组通过座谈交流、实地走访、调查研究等方式，充分了解区总部经济发展现状，积极探索今后进一步推进项目建设，打造“省会总部经济集聚区”品牌的思路和措施。

### 一、台江区发展总部经济的意义

总部经济作为区域经济合作与竞争的一种新模式，不仅有助于促进地区结构调整和产业升级，更重要的意义在于有助于破解发展空间，进一步提升城区形象和综合竞争力。台江区作为中心城区，区域面积狭小，目前越来越受到发展空间和要素资源的制约，迫切需要寻求经济发展的突破口，而大力发展总部经济，打造总部经济集聚区是有效的突破途径。理论与实践都证明，总部经济能为总部所在地带来诸多外溢经济效应，如税收贡献效应、产业乘数

效应、消费带动效应、劳动就业效应、社会资本效应等，能够明显带动总部所在地各相关行业产量以及GDP总量的增长，进而带动税收收入增长，同时还能够大幅度提升总部所在地的知晓率和美誉度。

## 二、总部经济发展现状

由于福州城市规划调整，区工业、农副产品等批发市场陆续外迁，原本独具优势的传统服务业受到了现代化城市发展的严峻挑战。台江区顺应城市产业调整，积极推动产业结构调整，加快发展总部经济、楼宇经济等现代商务服务业。但原有的商务楼宇总量不大，纯商务写字楼较少，单体租赁面积偏小，而且硬件配置低、配套功能较差，缺乏高端写字楼，难以吸引上规模、实力强的企业入驻。

为克服城区面积小、高端商务楼宇资源缺乏等问题，通过大力实施“中心突破、两翼齐飞”发展战略，加快海峡金融商务区、闽江北岸中央商务区建设，积极引进一批国内外大型企业、金融机构、地区总部入驻，培育发展总部经济、楼宇经济，着力打造“省会总部经济集聚区”。目前，海峡金融商务区、闽江北岸中央商务区已进入大开发、大建设阶段，先后出让土地约96.67公顷，引进苏宁广场、宝钢德盛、神华集团等38个优质项目，总投资约531亿元，其中，万达广场、苏宁广场B14地块项目商业卖场已开业运营，申发大厦、百联大厦项目已竣工，升龙大厦、华班大厦等7个项目实现主体结构封顶，承载总部企业集聚发展的平台已初步形成。

同时，进一步加大现有商贸资源的整合提升力度，限上商贸企业数达244家，限上商贸零售额比重由“十一五”末的33.2%上升至“十二五”中期的42.9%，商贸经济发展层次持续提升。从企业质量来看，虽然台江区经福州市认定的第一批总部经济企业有4家，还有几家接近总部经济认定条件，但从总体上来看仍然存在不少困难和不足。如大个体仍然较多，规模以上企业少且质量不高；企业自由发展的多，走现代企业制度发展模式的少；现代商贸服务业、商务服务业、金融服务业等现代服务业还处于建设、培育阶段，发展规模还不够大，缺乏一批产业关联度高、带动力强、财源贡献大的龙头企业和项目；企业基础数据比较缺乏，底子不清。

## 三、当前存在困难和问题

目前经济社会发展的空间布局和产业发展重点已经明晰。通过实施项目带动战略，开展“三维”对接等活动，有效促进一批优质项目落户两大商务区，总部经济发展平台正在加快构筑。但是，两大商务区的效益还未充分显现，项目建设成果还未转化为区经济总量和财税增长。究其原因，主要有以下几方面：

1. 商务楼宇招商力度仍需提高

一是两大商务区街道招商分成机制尚未深化，使得街道招商积极性不高。二是总部不经济现象明显，引进的总部企业主要是用地项目，依托商务楼宇引进的总部企业仍旧缺乏。三是2013年已建成可投入使用的写字楼面积约35万平方米，商业面积约1.5万平方米，但新增和提升企业数与之不相对称，高端商务楼宇资源未得到有效利用。四是当前依托现有商务楼宇资源引进的企业，实际注册地落户台江的还不多，产生的可用财源有限，对区财力贡献不足。五是商务楼宇由于受到产权限制，主要还是业主自主招商为主，提前介入、主动引导的力度不足。

2. 项目推进体制机制仍需完善

一是由于受到区级权限限制，在项目建设方面，很多项目需协调市里相关职能部门解决，时间较长，难度较大。二是项目前期工作程序复杂、涉及环节多、规范性要求高，增加了前期报批的时间成本。特别是部分项目在交地问题上牵扯太多时间和精力，打乱了项目的正常进度。三是项目属地跟踪机制还不健全，服务力度还有待进一步提升。

3. 发展软硬环境仍比较薄弱

发展总部经济需要具备便捷的交通、良好的商务配套设施等基础条件。目前两大商务区正处在开发建设中，基础配套设施和相关服务设施还比较欠缺，会计、税务、律师等相关商务服务机构还未引进，总部经济发展软硬环境还比较薄弱。

4. 政策兑现工作仍需加强

省、市、区出台的企业各项优惠政策还未得到充分整合利用，宣传力度有待进一步加强，企业申报、认定及兑现工作相对被动和滞后，优惠政策在促进企业转型提升、发展壮大方面的作用未得到充分体现。

## 四、加快推进总部经济发展的思路和措施建议

近年来，省、市陆续出台了加快总部经济发展及扶持服务业发展的一系列政策措施，各地间的优惠政策也渐趋一致。因此下一步城区间的竞争比的就是环境建设，看谁的环境优良、服务周到、效率高效。这就要求必须以更大的决心、下更大的气力，继续改善硬环境，着力治理软环境，努力营造更为公平规范、更加宽松和谐、更具比较优势的投资环境。不但要引得进企业，还要留得住企业，通过优质的服务和环境增强企业的根植性和归属感。

1. 完善体制机制，加快总部经济集聚区建设

完善重大项目推进机制。建立完善挂钩项目、实地走访、定期例会、综合协调、重点督查等重大项目工作推进机制，切实加强对企业的协调服务，强化项目跟踪落实，确保重大项目建设顺利推进。进一步加强项目属地管理，指定专人跟踪服务好属地内的重大项目，努力协调解决项目中遇到的困难问题，确保项目提速增效。

不断加快载体设施建设。海峡金融商务区和闽江北岸中央商务区是承载总部经济发展、集聚总部企业的主要空间载体。要全力推进两大商务区开发建设，着力抓好土地收储工作，加快商务楼宇开发，推动海西金融大厦等一批商务楼宇尽快交付使用，为实现总部经济集聚提供发展空间。同时，着力完善商务区基础设施和公共服务配套，为总部经济发展提供优质的硬件环境。

2. 突出重点，加快总部企业引进和培育

加强招商引资工作。着力建立健全招商引资工作机制，建立“大招商”工作格局，明晰街道招商分成及奖惩体制，完善配套服务措施，增强区直部门、街道招商引资的积极性和主动性，留住护好“旧商”、引进发展“新商”。坚持招大引强，创新招商方式，突出企业招商、强化专业招商、深化产业招商，积极走出去招商，做好现有企业的“以商招商”，推进中介招商，积极探索市场化招商运作机制。加强央企、外企、民企的“三维”对接，深入实施回归工程，充分利用“5•18”海交会、“9•8”投洽会等招商平台，积极引进一批品质高、带动辐射强、税收贡献大的国内外企业在台江设立企业总部、地区总部以及结算中心、营销中心、采购中心、展示中心、研发中心等营运机构，加快实现总部经济集聚。

扶持企业做大做强。以增强现有重点企业的根植性和归属感为主要目标，以优惠的政策、优质的服务来鼓励现有企业做大做强。鼓励与支持本土民营企业通过采取联合、重组、兼并、品牌经营和电子商务等方式，进一步拓展市场空间和资源空间，延伸产业链和价值链，形成具有较强实力和较大影响力的大型企业集团，提高企业综合竞争力。着力做好区重点企业的服务工作，争取其将企业总部和研发、营销等高端环节设在台江。实施“走出去”战略，鼓励企业到区外设立分支机构。加大对总部企业的金融服务，支持总部企业利用资本市场融资，协调解决其在境内外上市融资过程中遇到的问题。

3. 完善支撑体系，营造总部经济发展的良好运营环境

完善政策扶持体系。落实已出台的总部经济发展鼓励政策，对符合认定条件的总部企业实行经营贡献奖励等扶持措施，在税收、土地、住房、融资以及人员流动、子女入学等方面为总部企业提供方便。对具有行业领军优势地位或新兴产业、对区财政或经济增长贡献大的企业，按照“一事一议”“一企一策”原则，给予资金补助和奖励。

提高行政服务能力。围绕总部企业落户、办手续等，相关部门要优先受理、优先立项，属于部门职权范围内的优先审批，涉及上级主管部门审批的，优先上报，主动协调，限期办结。建立总部企业办事“绿色通道”，通过提供代理服务、现场办公等措施，着力协调和帮助企业解决实际问题，降低企业经营成本，为总部企业提供专业务实优质高效的政府服务。

提高政企联动频率。建立区级领导、相关部门领导干部联系总部企业和重点企业制度，通过走访企业、召开座谈会等方式，深入了解企业的发展需求，及时帮助其解决发展中遇到的困难，并做好加快发展总部经济的意见建议收集，确保决策的科学合理。

构建商务服务体系。大力发展总部经济配套产业，积极引入国内外知名的会计、税务、律师等商务服务机构，强化中介配套服务，给公司总部落户有力支撑，营造良好发展的软环境。

建立统计监测机制。建立和完善总部企业名录信息库，为动态掌握总部企业的变动情况提供基础性资料。建立全区总部经济统计测算和预测分析制度，动态监测分析总部经济发展状况和发展环境。

引进和培养总部企业人才。总部经济作为一种高端的经济形态，大量高素质人才是其发展的重要基础之一。根据总部企业对各类人才需求的实际情况，做好人才的培养和引进工作，实现人才与产业的有序衔接。加快推进人才培养、引进、选拔、使用和管理等环节的市场化运作，提高人才资源的配置效率。

加大舆论宣传力度。充分运用报纸、网络等媒体资源，通过开展主题宣传活动等方式，加大对两大商务区的宣传、推介力度，不断扩大知名度和影响力，增强对国内外大企业的吸引力。

牵头领导：严立武
相关领导：李　晋
牵头单位：区发改局

（编辑 何嘉芳）

# 集体 人物

## 先进集体

表 7　　　　国家级、省级、市级先进集体名表

| 获奖名称 | 获奖单位 |
| --- | --- |
| **国家级** | |
| 全国和谐社区建设示范街道 | 台江区后洲街道 |
| 全国和谐社区建设示范社区 | 台江区洋中街道金斗社区 |
| 2013 年度全国人口计生基层群众自治示范村（居） | 台江区义洲街道浦东社区 |
| **省　级** | |
| 福建省社区建设先进县（市、区） | 台江区 |
| 福建省示范社区 | 台江区后洲街道中亭东社区 |
| | 台江区洋中街道金斗社区 |
| | 台江区茶亭街道洋头口社区 |
| | 台江区义洲街道浦东社区 |
| | 台江区上海街道交通三社区 |
| | 台江区宁化街道宁化社区 |
| 福建省社区建设示范街道 | 台江区后洲街道 |
| 福建省“平安家庭”示范户 | 台江区瀛洲街道张茂光家庭 |
| | 台江区新港街道杨春生家庭 |
| | 台江区义洲街道林秀凤家庭 |
| 福建省“平安家庭”创建活动先进集体 | 台江区妇女联合会 |
| 福建省“平安家庭”创建活动先进社区 | 台江区后洲街道中亭东社区 |
| | 台江区洋中街道金斗社区 |
| 2012 年度“福建省五四红旗团支部” | 福州市公安局台江刑侦大队严重犯罪侦查队团支部 |
| 全省关心下一代工作第六次表彰先进集体 | 台江区关心下一代工作委员会 |
| **市　级** | |
| 福州市平安先进街道 | 台江区上海街道 |
| 福州市“巾帼文明岗” | 台江区物价局 |
| | 台江区瀛洲街道计生办 |
| | 台江区上海派出所办证窗口 |
| | 福州中瑞国际影城 |
| | 福州金逸电影城 |

续表 7

| 获奖名称 | 获奖单位 |
| --- | --- |
| 福州市巾帼志愿服务先进单位 | 台江区行政服务中心 |
| 2012 年度福州市先进基层团组织 | 台江区人民检察院团支部 |
| | 福州市公安局台江分局刑事侦查大队团支部 |
| | 共青团台江区教育局委员会 |
| 福州市妇女维权“三制”示范社区 | 台江区后洲街道中亭东社区 |
| 第四届“福州市优质家长学校”称号 | 福州市台江第三中心小学 |
| | 福州市台江第五中心小学 |
| | 台江区鳌峰街道中心幼儿园 |
| 福州市妇女维权“三制”先进示范社区 | 台江区洋中街道金斗社区 |
| 2012—2013 年度福州市“三八”红旗集体 | 台江区人力资源和社会保障局 |
| | 福州市台江实验小学 |

表 8　　2012 年度台江区实施“五大战役”工作先进集体名表

| 获奖名称 | 获奖单位 |
| --- | --- |
| 综合三等奖 | 台江区宁化街道 |
| 鼓励奖 | 台江区鳌峰街道 |
| | 台江区上海街道 |
| | 台江区房管局 |
| 服务奖 | 台江区委办 |
| | 台江区政府办 |
| | 台江区委纪委（监察局、效能办） |
| | 台江区发改局 |

表 9　　2012—2013 学年度台江区教育工作先进单位名表

| 获奖名称 | 获奖单位 |
| --- | --- |
| 2012—2013 学年度台江区教育工作先进单位 | 福州第三十四中学 |
| | 福州市洲边小学 |
| | 福州市南公幼儿园 |
| | 台江区教育局学校安全工作办公室 |

表 10　　2012 年度台江区纳税贡献奖企业名表

| 获奖名称 | 获奖单位 |
| --- | --- |
| 2012 年度台江区纳税贡献特等奖 | 福州万达广场投资有限公司 |
| | 福建群升置业有限公司 |
| | 福建省电力有限公司 |
| | 福建省电力有限公司福州电业局 |
| | 福州世茂新城房地产开发有限公司 |
| | 福州亿力房地产有限责任公司 |
| | 正荣（福州）置业发展有限公司 |

续表 10

| 获奖名称 | 获奖单位 |
|---|---|
| 2012年度台江区纳税贡献一等奖 | 福州江滨建设开发公司 |
| | 福州世茂置业有限公司 |
| | 兴业银行股份有限公司 |
| | 福建华辰房地产有限公司 |
| | 利莱森玛电机科技（福州）有限公司 |
| | 福建申发置业有限公司 |
| | 福州市台江区房地产开发经营公司 |
| | 福州亿力电力工程有限公司 |
| | 福建博美诗邦地产有限公司 |
| | 福州宝龙房地产发展有限公司 |
| 2012年度台江区纳税贡献二等奖 | 福建升龙房地产开发有限公司 |
| | 福建腾新食品股份有限公司 |
| | 福建世茂投资发展有限公司福州分公司 |
| | 福州市万榕房地产开发有限公司 |
| | 明一世代（福建）贸易有限公司 |
| | 福建省交通规划设计院 |
| | 福建汇泰房地产开发有限公司 |
| | 福州市万华房地产有限公司 |
| | 福建先科实业有限公司 |
| | 福州海晨建设发展有限公司 |
| | 福建运通星财富管理顾问有限公司 |
| | 万象（福建）置业发展有限公司 |
| 2012年度台江区纳税贡献三等奖 | 福建滨江房地产开发有限公司 |
| | 福建东百元洪购物广场有限公司 |
| | 福建同春药业股份有限公司 |
| | 福州新榕城市建设发展有限公司 |
| | 福州茶色服饰有限公司 |
| | 福建省福抗药业股份有限公司 |
| | 福州百联房地产开发有限公司 |
| | 福建苏宁电器有限公司 |
| | 福州民天集团有限公司资产管理分公司 |
| | 福州国泰混凝土有限公司 |
| | 福州武夷绿洲房地产有限公司 |
| | 福州万达广场投资有限公司万达威斯汀酒店 |
| | 北京红牛饮料销售有限公司福建分公司 |

续表 10

| 获奖名称 | 获奖单位 |
|---|---|
| 2012年度台江区纳税贡献优秀奖 | 福州市台江区城市建设综合开发公司 |
| | 中建三局建设工程股份有限公司 |
| | 福州新世纪建筑劳务有限公司 |
| | 广州旺旺食品有限公司福州分公司 |
| | 福州日报社 |
| | 福州星诚建筑工程劳务有限公司 |
| | 中国石油天然气股份有限公司福建销售分公司 |
| | 福建省交通科学技术研究所 |
| | 福建福人木业有限公司 |
| | 一丁集团股份有限公司 |
| | 福建宏盛建设集团有限公司 |
| | 福建顶点软件股份有限公司 |
| | 福州永灿建筑劳务有限公司 |
| | 尚锦（福州）实业有限公司 |
| | 福州市天虹百货有限公司 |
| | 福建国海燃料有限公司 |
| | 福建省船舶工业集团公司 |
| | 北京昆仑琨投资有限公司福州分公司 |
| | 沃尔玛深国投百货有限公司福州大利嘉分店 |
| | 福州民天集团有限公司 |
| | 河南国基建设集团有限公司 |
| | 福州振源科技开发有限公司 |
| | 福建省交通建设工程监理咨询公司 |
| | 福建宏图三胞科技发展有限公司 |
| | 福州好又多百货有限公司 |
| | 福建汇福建设工程公司 |
| | 福建名成集团有限公司 |
| | 福建省盐业公司 |
| | 福建省福州鳌峰洲外贸食品仓库 |
| | 福清市第二建筑工程公司 |
| | 阳光城集团福建有限公司 |
| | 福建省科学技术咨询服务中心 |
| | 台福（福州）有限公司 |
| | 国药控股福州有限公司 |
| | 福建万嘉贸易有限公司 |
| | 福州鹭燕医药有限公司 |
| | 中国建筑第四工程局有限公司 |
| | 福州金逸电影城有限公司 |
| | 福州百仕韦医用高分子有限公司 |
| | 福建省电力有限公司培训中心 |
| | 福州市台江区茶亭街道高桥经济合作社 |
| | 福建东南医药有限公司 |
| | 福州联信房地产有限公司 |
| | 福建省永太建设发展有限公司 |
| | 福州康驰新巴士有限责任公司 |
| | 阿波罗（福州）大酒店有限公司 |
| | 福州市台江区新港街道南公经济合作社 |

续表 10

| 获奖名称 | 获奖单位 |
| --- | --- |
| 2012 年度台江区纳税贡献优秀奖 | 福建省盐业公司福州分公司 |
| | 福建省华厦建筑设计院 |
| | 恒亿集团有限公司福州台江分公司 |
| | 福州万达国际电影城有限公司 |
| | 福州榕福糖酒副食品批发公司 |
| | 福州闽运公共交通有限责任公司 |
| | 福州市第三建筑工程公司 |
| | 福建宏盛建设集团有限公司生产部 |
| | 福州日用杂品公司 |
| | 福建省华莱士食品有限公司 |
| | 福建真维斯服饰有限公司 |
| | 雅致集成房屋股份有限公司福州分公司 |
| | 福州万千百货有限公司 |

# 先进个人

表 11　国家级、省级、市级先进个人名表

| 获奖名称 | 获奖人 |
| --- | --- |
| 国家级 | |
| 2012 年度中国最美社工 | 台江区鲲鹏青少年事务服务中心主任刘安娟 |
| 省　级 | |
| 福建省十佳社区工作者 | 台江区洋中金斗社区书记、主任陈艳 |
| 福建省爱国拥军模范个人 | 台江区民政局保障事务科副科长陶华华 |
| 2012 年度“福建省优秀共青团干部” | 台江区教育局团委书记、德育科负责人陈芳 |
| 全省关心下一代工作第六次表彰突出贡献奖 | 台江区关心下一代工作委员会主任高珠英 |
| 全省关心下一代工作第六次表彰先进工作者 | 台江区瀛洲街道瀛福社区关工委常务副主任马学校 |
| | 福州市教育关工委报告团成员、台江区教育局关工委报告团副团长吴乃新 |
| | 台江区上海街道丹桂社区关工委常务副主任周悯生 |
| 市　级 | |
| 感动福州十大最美女性 | 台江区鲲鹏青少年事务服务中心主任刘安娟 |
| 感动福州十大最美女性提名奖 | 福州市台江分局茶亭派出所警务中队民警吴炼 |
| 2012 年福州市优秀团干 | 台江区后洲街道团委书记陈明芳 |
| | 台江区直机关团委书记罗颂逸 |
| | 福州市第三十四中学团支部书记翁婷婷 |
| 2012 年福州市优秀团员 | 福州金逸电影城有限公司市场主管陈珊 |
| | 台江区茶亭街道计生科副科长吴慧婧 |
| | 台江区实验小学总辅导员郑荣 |
| | 福州宝龙商业经营管理有限公司人事专员林慧明 |
| | 台江区志愿者协会总干事程慧 |

续表 11

| 获奖名称 | 获奖人 |
| --- | --- |
| 福州市优秀巾帼志愿者 | 台江区苍霞街道妇联主席吴红 |
| | 台江区行政服务中心副主任陈艳玉 |
| | 台江区总工会主任科员陈晴 |
| | 台江区后洲街道中亭东社区副书记宋密 |
| 福州市“巾帼建功”标兵 | 台江区委组织部干部科科长兰善琴 |
| | 台江区苍霞街道办事处主任林琼 |
| | 台江区教育局局长黄玉琴 |
| 2012—2013 年度福州市“三八”红旗手 | 台江区苍霞街道社区卫生服务中心支部书记陈秀娴 |
| | 台江区洋中街道金斗社区书记、主任陈艳 |
| | 台江区委宣传部副部长、文明办主任林萍 |
| | 台江区瀛洲街道办事处妇联副主席潘平 |

表 12　　2013 年省、市劳动模范名表

| 姓名 | 工作单位及职务 |
| --- | --- |
| | **省劳动模范** |
| 刘大燕 | 台江区工商行政管理局办公室主任 |
| 郑剑熙 | 台江区房管局拆迁工程处副主任 |
| | **市劳动模范** |
| 王建铭 | 福州万山电力咨询有限公司高级工程师 |
| 刘传斌 | 福州奔客邦文化传播有限公司设计总监（正高） |
| 任茂炳 | 台江区总工会副主席 |
| 李世琪 | 台江区房地产开发公司总经理（初级工） |
| 吴　岩 | 福州吴熙妇科中医院主任医师 |
| 陈　艳 | 台江区洋中街道金斗社区书记、主任 |
| 李振华 | 台江区环境卫生管理处职工（初级技术人员） |
| 林　莉 | 台江区人民检察院检察员（初级技术人员） |

表 13　　2012—2013 学年度台江区先进教育工作者名表

| 姓名 | 工作单位及职务 |
| --- | --- |
| 陈　伟 | 福州市第十四中学 |
| 张　燕 | 福州市第十四中学 |
| 林　明 | 福州市第十四中学 |
| 林碧清 | 福州市第十四中学 |
| 周金萍 | 福州市第十五中学 |
| 曾　晖 | 福州市第十五中学 |
| 徐丽霞 | 福州市第十五中学 |
| 沈良辉 | 福州市第十五中学 |
| 赵燕榕 | 福州市第三十四中学 |
| 缪　睿 | 福州市第三十四中学 |
| 陈丹芳 | 福州市第三十六中学 |
| 郑东英 | 福州市第三十六中学 |
| 徐鉴明 | 福州市第三十六中学 |

续表 13

| 姓 名 | 工作单位及职务 |
|---|---|
| 郑晋红 | 福州市对外贸易职业中专学校 |
| 周国清 | 福州市对外贸易职业中专学校 |
| 范文剑 | 福州市第三十八中学 |
| 林善知 | 福州市第三十八中学 |
| 林丽萍 | 台江区教师进修学校 |
| 欧晓云 | 台江区实验小学 |
| 张小芳 | 台江区实验小学 |
| 周宇航 | 台江区第一中心小学 |
| 黄慧俐 | 福州市洲边小学 |
| 林晓燕 | 台江区第二中心小学 |
| 杨 霞 | 台江区第二中心小学 |
| 严 敏 | 福州市瀛滨小学 |
| 陈 倩 | 福州市中选小学 |
| 陈文静 | 福州市光明小学 |
| 王朝明 | 福州市光明小学 |
| 黄晓晖 | 台江区第三中心小学 |
| 刘丹晖 | 台江区第三中心小学 |
| 陈心舒 | 台江区第三中心小学 |
| 陈 晶 | 福州市工业路小学 |
| 汪凌云 | 福州市交通路小学 |
| 郑 泓 | 台江区第四中心小学 |
| 林伙金 | 福州市双虹小学 |
| 李增文 | 福州市育智学校 |
| 林 葳 | 台江区第五中心小学 |
| 林 艳 | 台江区第五中心小学 |
| 颜 宇 | 福州市国货路小学 |
| 李 颖 | 福州市龙津小学 |
| 刘 峥 | 台江区第六中心小学 |
| 林继文 | 福州市凤乐小学 |
| 洪丽玲 | 福州市宁化小学 |
| 陈郭伟 | 福州市宁化小学 |
| 林 锋 | 福州市祥坂小学 |
| 陈 凌 | 福州市亚峰中心小学 |
| 俞 炜 | 福州市亚峰中心小学 |
| 林 峰 | 台江区第三中心小学鳌峰分校 |
| 林静岚 | 台江区第三中心小学鳌峰分校 |
| 洪 捷 | 台江区第三中心小学鳌峰分校 |
| 方艳萍 | 台江区实验幼儿园 |
| 关豁然 | 福州市南公幼儿园 |
| 许丽榕 | 福州市上海新村幼儿园 |
| 陈哲玉 | 福州市宁化幼儿园 |
| 黄喜雁 | 福州市凤乐幼儿园 |
| 卢丽云 | 台江区义洲街道中心幼儿园 |
| 陈雪梅 | 台江区鳌峰街道中心幼儿园 |
| 郑 艳 | 台江区鳌峰街道中心幼儿园 |

续表 13

| 姓 名 | 工作单位及职务 |
| --- | --- |
| 许 莹 | 台江区后洲街道中心幼儿园 |
| 赵 莉 | 台江区苍霞街道中心幼儿园 |
| 吴丽娜 | 台江区洋中街道中心幼儿园 |
| 王 遗 | 台江区民办幼儿园 |
| 叶鸿桢 | 台江区民办幼儿园 |
| 林晨悠 | 台江区民办幼儿园 |
| 林 嵘 | 台江区民办幼儿园 |
| 潘月云 | 台江区民办幼儿园 |
| 陈秉玲 | 台江区教育局 |

表 14　　2012 年度台江区科级干部考核优秀等次人员名表

| 姓 名 | 工作单位及职位 |
| --- | --- |
| 王 文 | 台江区委办主任 |
| 王文辉 | 台江区鳌峰街道党工委组织委员、党政办主任 |
| 王东琼 | 台江区物价局副局长 |
| 王美珍 | 台江区社区办主任 |
| 卞谦丹 | 台江区上海街道党工委委员、人武部部长 |
| 兰善琴 | 台江区委副科级组织员、组织部干部科科长 |
| 任 卉 | 台江区检察院副科级检察员、侦监科副科长 |
| 刘妙香 | 台江区法院副科级审判员、民一庭副庭长 |
| 阮章英 | 台江区老干部局局长 |
| 牟秀娟 | 台江区机关事务管理中心副主任 |
| 李世琪 | 台江区房地产开发公司经理 |
| 李行丰 | 台江区法院副科级审判员、民二庭副庭长 |
| 李淑英 | 台江区义洲街道党工委副书记、纪工委书记 |
| 李曦瑜 | 台江区妇联主席 |
| 杨 强 | 台江区义洲街道党工委书记 |
| 吴木俤 | 台江区人大常委会法制工委主任 |
| 何永生 | 台江区检察院副科级检察员、反贪局副局长 |
| 何贞铨 | 台江区新港街道党工委书记 |
| 辛承翠 | 台江区洋中街道党工委书记 |
| 沈民远 | 台江区残联理事长 |
| 张 玲 | 台江区纪委党风室主任 |
| 张秀钦 | 台江区人大常委会财经工委副主任 |
| 张统廉 | 台江区上海街道党工委书记 |
| 陈 华 | 台江区文化馆馆长 |
| 陈 林 | 台江区发改局局长 |
| 陈 清 | 台江区城调队队长 |
| 陈云帆 | 共青团台江区委员会副书记 |
| 陈少聪 | 台江区委台办主任 |
| 陈光明 | 台江区委宣传部常务副部长 |
| 陈金平 | 台江区工商联常务副主席 |
| 陈祥榕 | 台江区园林局副局长 |

续表 14

| 姓 名 | 工作单位及职位 |
|---|---|
| 范 文 | 台江区安监局副局长 |
| 林 凡 | 台江区委党校副主任科员 |
| 林 茂 | 台江区卫生局党委副书记、局长 |
| 林 清 | 台江区人社局局长 |
| 林 琼 | 台江区苍霞街道党工委副书记、办事处主任 |
| 林 瑛 | 台江区检察院副科级检察员、公诉科副科长 |
| 林 颖 | 台江区纪委副书记、监察局局长 |
| 林文水 | 台江区民政局副局长 |
| 林立清 | 台江区鳌峰街道党工委书记 |
| 林秀云 | 台江区外经局主任科员、贸促会会长 |
| 林政春 | 台江区茶亭街道党工委副书记〈综治〉、兼司法所所长 |
| 林朝樑 | 台江区茶亭街道党工委书记 |
| 林榕生 | 台江区苍霞街道办事处副主任〈经济〉 |
| 卓 如 | 台江区瀛洲街道党工委宣传统战委员 |
| 卓已光 | 台江区“610”办公室副主任 |
| 金天基 | 台江区“两街”综合管理处党支部书记 |
| 郑 刚 | 台江区科技局主任科员、科协主席 |
| 郑 维 | 台江区后洲街道党工委宣传统战委员 |
| 郑启芳 | 台江区检察院副检察长 |
| 郑健康 | 台江区信访局副局长 |
| 郑燕娟 | 台江区后洲街道党工委副书记、办事处主任 |
| 官 铮 | 台江区法院正科级审判员、立案庭庭长 |
| 姚富民 | 台江区府办副主任科员 |
| 耿 雨 | 台江区建设局党委副书记、局长 |
| 原 光 | 台江区检察院纪检组组长 |
| 郭金光 | 台江区政协办公室主任 |
| 唐斌官 | 台江区新港街道党工委组织委员、党政办主任 |
| 唐新顺 | 台江区财政局局长 |
| 唐增斌 | 台江区洋中街道办事处副主任〈经济〉 |
| 涂忠铿 | 台江区市容局党委副书记、局长 |
| 黄 锋 | 台江区宁化街道党工委副书记、办事处主任 |
| 黄玉琴 | 台江区教育工委常务副书记、教育局局长 |
| 黄建康 | 台江区建工总公司党委书记、副经理 |
| 彭永新 | 台江区法院政治处主任 |
| 彭益团 | 台江区瀛洲街道党工委副书记、办事处主任 |
| 董建峰 | 台江区江滨开发公司常务副经理 |
| 傅友辉 | 台江区委机要局局长 |
| 游善纯 | 台江区府办主任 |
| 廖亦英 | 台江区宁化街道党工委组织委员、党政办主任 |
| 樊建华 | 台江区退管办主任 |
| 薛榕生 | 台江区住房保障和房产管理局党委副书记、局长 |

（编辑 涂江华）

# 台江区2013年规范性文件（选录）

## 台江区征兵工作奖惩规定

（2013年11月15日）

### 第一章　奖励

第一条　被区以上（含区）征兵办评为征兵工作先进单位的，奖励2000元；被区以上（含区）征兵办评为征兵工作先进个人的，区政府配套奖励1000元。奖励经费由区财政支付。

超额完成征兵任务的街道列为当年区征兵工作先进单位，其党委书记、街道主任、武装部长均列为区征兵工作先进个人进行表彰，特别优秀的单位和个人推荐市以上表彰。同时，每超额征兵1名，奖励所属街道征兵办6000元，所需经费由区财政支付。

第二条　在职党政机关干部、企业、事业单位工作人员应征入伍，保留其编制并由原单位发给离职入伍当月的全部工资、津贴、补贴。退伍后回原单位安排工作，原单位应给予办理复工、复职；原单位编制已满或者撤销、倒闭、合并不能安排工作的，由区人民政府负责安置。

第三条　符合征集条件的下岗工人优先批准入伍，入伍后保留下岗职工待遇，退伍后优先安排工作。

第四条　征集属国家计划内招收的待就业大专以上毕业生，不发安置卡。批准入伍后，由区征兵办编造人员花名册，送区人事、劳动部门备案。退伍后按照《退伍义务兵安置条例》规定，结合台江区实际，实行优于一般城镇义务兵的货币安置。

退役大学生士兵可参加国有企业招录、基层专武干部配备、村居“两委”班子选举等。

第五条　义务兵在服役期间立功，除原部队给予奖励外，民政部门凭立功证书或喜报给予奖励。奖励标准：被授予荣誉称号或荣立一等功的，增发当年优待金的80%；荣立二等功的，增发当年优待金的60%；荣立三等功的，增发当年优待金的30%。

奖励实施工作由区武装部、民政部门会同区财政部门核办，经费从优抚金中列支。

### 第二章　惩处

第六条　适龄公民拒绝、逃避兵役登记和征兵体格检查的，由区人民政府责令限期改正；逾期不改正的，由区人民政府强制其进行兵役登记和体格检查，并可处以2000元以上10000元以下的罚款。

应征公民拒绝、逃避征集的，由区人民政府责令限期改正；逾期不改正的，由区人民政府强制其履行兵役义务；拒不改正的，处以10000元以上50000元以下的罚款，在两年内不得录（聘）用为机关、团体、事业单位和国有企业职工，不得办理出国出境、升学手续；原是机关、团体、事业单位和国有企业职工的，两年内不予晋级、晋职，并由所在单位或者主管部门给予相应处分。

应征公民入伍后拒绝、逃避服兵役被部队退兵的，由区人民政府处以10000元以上50000元以下的罚款，在三年内不得录（聘）用为机关、团体、事业单位和国有企业职工，不得办理出国出境、升学手续；原是机关、团体、事业单位和国有企业职工的，不予复工、复职；原是全日制高等学校学生的，不得恢复学籍。

第七条　适龄公民参加招工、招干、升学考试，办理出境、劳务输出、申请土地或滩涂使用权、贷款，申领工商营业执照、机动车（船）驾驶证时，应出示《兵役登记证》。

有关单位对没有《兵役登记证》的适龄公民，不得办理上述所列手续，如有违反，有关单位应追究直接责任人员的行政责任；情节特别严重的，由兵役机关提请上级主管或同级人民政府追究单位领导的行政责任。

第八条　全区按照户籍人口0.4‰下达征集指标，在此基础上，由区征兵办进行指标调控。凡未完成征集任务的单位，按差额数向超额完成任务的单位支付优待金（分两年按相应的优待金标准从未完成任务的单位中扣除，并转移支付给超额完成任务的单位）；未完成规定任务的单位，由区财政局按照相应标准予以扣除。

第九条　征兵工作纳入台江区年度街道和区直部门绩效评估考核内容，征兵工作绩效分值1.5分。

（一）全额完成当年按街道人口比率分配征兵任务数的街道，该项得满分。

（二）未完成当年征兵任务的街道，每少完成一个征兵任务指标扣0.1分，直至该项分数扣完为止。

（三）当年由于思想、政审、体检原因出现退换兵的街道及责任科局，每出现一例扣0.5分，直至该项分数扣完为止。

（四）连续两年未完成任务的街道，对街道办主要领导进行诫勉谈话，对街道武装部长进行效能告诫，街道党、政主要领导在次年全区征兵工作会议上作情况说明，并由区政府通报批评；连续三年未完成任务的街道，对街道党、政主要领导效能告诫，对街道武装部长按照区绩效管理规定追究相应责任。

第十条　机关、团体、企业事业单位及其他组织，有下列干涉、阻挠适龄公民参加兵役登记、体检、政审和走访行为之一，由区人民政府责令限期改正；逾期不改正，处以3000元以上30000元以下罚款；对单位直接负责的主管人员和其他直接责任人员处以2000元以上10000元以下罚款，并由主管部门或所在单位给予相应处分。

（一）拒不接受征兵工作任务的；

（二）拒不配合有关部门对适龄公民进行兵役登记、体格检查、政治审查的；

（三）阻挠适龄公民参加兵役登记、体格检查或者应征入伍的；

（四）隐瞒真实情况、弄虚作假或者采用其他手段庇护应征公民逃避服兵役的；

（五）拒绝或者不按规定落实有关义务兵优待安置政策的；

（六）为拒绝、逃避征集的应征公民违法办理录（聘）用、出国出境、升学、晋级、晋职、复工、复职、复学手续的。

第十一条　公民有下列行为之一，依照治安管理有关法规给予处罚；构成犯罪的，依法追究刑事责任：

（一）阻碍征兵工作人员依法执行公务的；

（二）用殴打、限制人身自由等方法阻挠适龄公民参加兵役登记、体格检查或者应征入伍的；

（三）其他扰乱征兵工作秩序行为的。

第十二条　兵役职能部门收受贿赂、滥用职权、玩忽职守、徇私舞弊、接送不合格兵员的，追究单位负责人、承办人的行政责任。构成犯罪的，依法追究其刑事责任。

第十三条　对行政处罚不服的单位或个人，可在收到兵役机关处罚通知书之日起60日内，向上一级兵役机关申请复议；也可以在兵役机关处罚通知书之日起3个月内，向人民法院提起诉讼。

### 第三章　附则

第十四条　本《规定》适用于本行政区域内的机关社会团体、企业（含三资企业、私营企业）、事业单位、个体工商户和公民。

第十五条　本《规定》解释权属台江区人民武装部。

第十六条　本《规定》自颁布之日起30日后实施。2009年颁布的《台江区征兵工作奖惩暂行规定》同时予以废止。

# 关于规范台江区政府投资项目审批流程的若干意见（试行）

（2013年12月16日）

为深入贯彻落实科学发展观，进一步提高政府投资项目的质量和投资效益，根据国家、省、市关于政府投资项目立项审批的有关规定，结合台江区实际，现对区政府投资项目审批流程规范如下：

一、区级政府投资项目是指台江区区级国家机关、国有企事业单位使用政府性资金建设的固定资产投资项目。政府性资金是指应纳入政府预算管理的资金，包括税收收入、社会保险基金收入、非税收入（含政府性基金收入、专项收入、彩票资金收入、行政事业性收入、罚没收入、国有资本经营收入、国有资源或资产有偿使用收入、其他非税收入）、贷款转贷回收金收入、债务收入、转移性收入；政府间接融资资金；政府管理的其他资金。

二、区级政府投资项目视项目的不同情况实行不同的审批程序。

（一）根据有关法律、法规规定，应当执行项目建议书、项目可行性研究报告、项目初步设计及概算等国家规定的建设程序的城市基本建设项目，分三阶段审批，先批项目建议书，其次批项目可行性研究报告，最后批项目初步设计及概算。

1. 项目建议书的报批

（1）项目建议书文本的内容：

项目建议书是要求建设某一具体项目的建议文件，是建设程序中最初阶段的工作，是投资决策前对拟建项目的轮廓设想。项目建议书文本一般应包括以下内容：一是项目建设的必要性和依据；二是拟建项目的地点、内容和规模；三是拟建项目的投资估算和资金筹措初步方案；四是经济效益和社会效益的初步分析；五是项目的进度安排。

（2）报批项目建议书的必备文件：

①项目业主单位报送的申请文件；

②项目建议书文本；

③有关市、区会议纪要；

④根据有关法律、法规或规章规定应提交的其他材料。

2. 项目可行性研究报告的报批

（1）项目可行性研究报告文本的内容：

项目可行性研究报告是项目建议书批准后对项目在技术上是否可行和经济上是否合理进行科学的分析和论证。项目可行性研究报告内容一般应包括以下内容：一是建设项目概述；二是规模论证和建设条件；三是初步建设方案和实施进度计划；四是资源利用和能源耗用分析；五是生态环境影响分析；六是投资估算和资金筹措；七是节能评价；八是工程招投标；九是经济效益和社会效益评价；十是社会稳定风险分析评估；十一是法律、法规或规章规定的其他内容。

（2）报批项目可行性研究报告的必备文件：

①项目业主单位报送的申请文件；依法必须实行招标的，项目单位应当按两种类型报送项目招标方案核准的有关材料；

②具有相应资质的工程咨询机构编制的可行性研究报告文本；

③有关市、区会议纪要；

④项目业主工商营业执照或项目法人组建方案；

⑤项目资金筹措证明，包括财政资金承诺函、自筹资金证明、相应级别的银行贷款资金意向承诺函；

⑥城乡规划行政主管部门出具的项目选址意见书和规划设计条件指标函（划拨地块提供）或国有土地使用权出让合同（出让地块提供）；

⑦国土资源行政主管部门出具的项目用地预审意见或提交土地使用权属的相关证明；

⑧环境保护行政主管部门出具的项目环境影响评价报告的审批意见；

⑨有能力机构编制的节能评估文件（节能评估报告书或节能评估报告表）或项目建设单位自行填写的节能登记表；

⑩拟列入省、市、区重点建设的，与人民群众利益密切相关、对社会安定稳定可能造成重大影响、对生态环境可能造成重大影响的重大建设项目，在编制项目可行性研究报告时应同步开展社会稳定风险分析评估并形成风险评估报告或说明材料，并报行业主管部门出具审核意见。规划选址、用地、环评等前置审批意见中应有相应的社会稳定风险评估审核意见；

⑪涉及用海的、征占林地的及水土保持的还应提供海洋渔业、林业、水利行政主管部门出具的项目行业审查意见；

⑫项目行业主管部门出具的项目行业审查意见；

⑬按法律、法规或规章规定应提交的其他材料。

3. 项目初步设计及概算的报批

（1）项目初步设计及概算文本的内容：

项目初步设计及概算文本一般需包括初步设计方案说明、投资概算、设计图纸等内容。

（2）报批项目初步设计及概算的必备文件：

①项目业主单位报送项目的申请文件；

②具有相应资质的工程咨询机构编制的勘察报告和初步设计文件一份（不含需要提交专家进行评估论证的份数）；

③根据有关法律、法规或规章规定应提交的其他材料。

（二）其他小型城市基本建设政府投资项目审批手续可适当简化，项目建议书和可行性研究报告两道审批手续可合并为一道手续。

1. 其他小型城市基本建设项目是指总投资在3000万元以下的项目。

2. 报批的必备文件：

①项目业主单位报送的申请文件；依法必须实行招标的，项目单位应当按两种类型报送项目招标方案核准的有关材料；

②城市规划行政主管部门出具的城市规划意见；

③国土资源行政主管部门出具的项目用地预审意见或提交土地使用权属的相关证明；

④环境保护行政主管部门出具的项目环境影响评价报告的审批意见；

⑤有关市、区会议纪要；

⑥财政部门出具的资金承诺函；

⑦工程预算财政评审报告；

⑧按法律、法规或规章规定应提交的其他材料。

（三）根据台委办发〔2008〕23号文件规定，除以上基本城市建设项目以外的其他投资金额超过10万元（含10万元）以上的装修、装饰工程、修缮及改、扩建项目的报批。

报批的必备文件：

①项目业主单位报送的申请文件；依法必须实行招标的，项目单位应当按两种类型报送项目招标方案核准的有关材料；

②建设工程方案或设计图纸；

③经财政部门审核的工程预算书；

④资金来源证明；

⑤有关市、区会议纪要；

⑥按法律、法规或规章规定应提交的其他材料。

（四）以上项目的工程招标方案核准

依法必须招标项目，项目单位在报批项目的同时，应当按照规定程序将包含以下内容的招标事项一并报送核准。

1. 招标事项范围：

（1）项目的勘察、设计、施工、监理以及重要设备、材料等采购活动的具体招标范围（全部招标、部分招标或者不招标）；

（2）项目拟采用的招标方式（公开招标或邀请招标）；

（3）项目拟采用的招标组织形式（委托招标或自行招标）。

2. 核准的必备文件：

（1）申请委托招标项目的材料：

①项目业主单位报送的申请文件；

②招标事项核准申报表；

③项目法人营业执照、章程（工商局已备案）；

④资金来源证明。

（2）申请自行招标的材料：

①项目业主单位报送的申请文件；

②招标事项核准申报表；

③项目法人营业执照、章程（工商局已备案）；

④资金来源证明；

⑤与招标项目规模和复杂程度相适应的专业技术力量情况说明；

⑥设有专门的招标机构或者三名以上专职招标业务人员的情况证明；

⑦熟悉和掌握有关招标投标的法律、法规和规章的情况说明。

三、重大项目或有特殊情况需经区政府常务会议或区政府集体研究同意后按程序报批。

四、区发改局负责本区范围内政府投资项目的立项审批、招投标事项核准工作。

五、其他事项

（一）本意见适用范围为本行政区域内机关、事业单位及其他组织。

（二）本意见的内容由台江区发改局负责解释。

（三）本意见在公布30日后正式施行，在施行起5年内有效。自本意见正式施行起，《福州市台江区人民政府办公室印发〈关于规范台江区政府投资项目立项（备案）审批流程的若干意见（试行）〉的通知》（台政办〔2009〕188号）同时废止。

（编辑 李秀丹）

# 统计资料

表 15　　2013 年台江区主要指标完成情况表

| 项 目 | 区计划 | 市计划 | 区人大计划 | 1—12 月 总 量 | 1—12 月 同比增长 | 完成区计划 | 完成市计划（以完成增长率计划为准） | 完成区人大计划 | 全市平均增幅 |
|---|---|---|---|---|---|---|---|---|---|
| GDP | 12% | 12% | 10% | 3070571 万元 | 11.1% | 99.2% | 99.2% | 101% | 11.5% |
| 固定资产投资 | 2869000 万元 | 2869000 万元<br>13% | 2100000 万元 | 2991391 万元 | 17.8% | 104.3% | 104.3% | 142.4% | 18.5% |
| 工业固定资产投资 | 351000 万元 | 351000 万元<br>13% | – | 353181 万元 | 13.8% | 100.6% | 100.7% | – | – |
| 全部工业总产值 | – | – | – | 1542136 万元 | 13.6% | – | – | – | – |
| 规模以上工业 | 20% | – | – | 1434486 万元 | 14.1% | 99.6% | – | – | – |
| 规模以上工业增加值 | – | 13.5% | 6% | 310246 万元 | 13.6% | – | 100% | 107.1% | 13.7% |
| 全部社会消费品零售额 | 16.5% | 16.5% | 16% | 3259920 万元 | 17.1% | 100.5% | 100.5% | 101% | 15.6% |
| 其中限上零售额 | 28.14% | – | – | 1487093 万元 | 29.2% | 100.8% | – | – | – |
| 商品销售额 | 27% | – | – | 7509618 万元 | 19.22% | 93.9% | – | – | – |
| 其中限上销售额 | 37.4% | – | – | 3221121 万元 | 29.02% | 93.9% | – | – | – |
| 财政总收入 | 279000 万元 | 280000 万元<br>15.5% | 10% | 260847 万元 | 7.6% | 93.5% | 93.2% | 97.8% | – |
| 地方公共财政收入 | 159000 万元 | 159000 万元<br>15.5% | 11% | 160114 万元 | 16.2% | 100.7% | 100.6% | 104.7% | 18.8% |

续表 15

| 项 目 | 区计划 | 市计划 | 区人大计划 | 1—12 月 | | 完成区计划 | 完成市计划（以完成增长率计划为准） | 完成区人大计划 | 全市平均增幅 |
|---|---|---|---|---|---|---|---|---|---|
| | | | | 总量 | 同比增长 | | | | |
| 合同外资 | 23000 万美元 | – | – | 24257 万美元 | 5.39% | 105.5% | – | – | – |
| 进口总额 | – | – | – | 21794 万美元 | 85.97% | – | – | – | – |
| 出口总额 1—12 月 | 72700 万美元 | 72655 万美元 -35.4% | – | 72960 万美元 | 28.84% | 100.4% | 199.8% | – | 6.83% |
| 建 筑 业 | 1190000 万元 | – | – | 1234750 万元 | 26.52% | 103.8% | – | – | – |
| 建筑业总包企业产值 | – | – | – | 949617 万元 | 29.56% | – | – | – | – |
| 建筑业增加值 | – | 18% | – | 435197 万元 | 13.6% | – | 95.6% | – | – |
| 第三产业增加值 | – | 13.3% | – | 2390897 万元 | 10.5% | – | 97.7% | – | – |
| 居民人均可支配收入 | – | – | – | 3.1461 万元 | 12.8% | – | – | – | – |

（陈 渝）

（编辑 李秀丹）

# 索引

## 说明

一、本索引采用主题词分析法，按主题词首字汉语拼音字母（同音字按声调）顺序排列。

二、栏目、分目标题用黑体字。“特载”“专文”“大事记”“集体 人物”“台江区2013年规范性文件（选录）”“统计资料”内容不作索引。

三、索引主题词后的数字表示页码，数字后的a、b、c表示栏别左中右。

四、空一字起排的款目为上一主题的“附见”。

## A



## B



## C

## D



## E



## F

## G



## H

## J



## K



## L

## M



## N



## P



## Q

## R



## S

## T



## W

## X



## Y



## Z